学ぶ人は、変えてゆく人だ。

目の前にある問題はもちろん、

人生の問いや、

社会の課題を自ら見つけ、

挑み続けるために、人は学ぶ。

「学び」で、

少しずつ世界は変えてゆける。

いつでも、どこでも、誰でも、

学ぶことができる世の中へ。

旺文社

JN046917

大学入試

一問一答
地理

改訂版

ターゲット
2500

河合塾講師 **松本 聡**

旺文社

本書の特長と使い方

本書の特長

本書は，「地理」の大学入試対策として必要十分な，
2,500語を収録した一問一答形式の問題集です。
基本・標準の2レベルと実戦的な問題を集めた2つの編から成る構成となっているため，
自分のレベル・目標に応じて，集中的・効率的に学習できます。

難関大で差をつけたい
から難関大レベルまで
やるぞ！

実戦的な問題で実力アップ
統計資料問題 100 問
共通テスト問題にチャレンジ

共通テストのみの受験
だから入試基礎レベル
をがんばろう。

難関大で必ず覚える
私大上位レベル　標準の 750 語
目標の目安とする大学：早稲田大学・慶應義塾大学・上智大学・
学習院大学・明治大学・青山学院大学・立教大学・中央大学・法政大学・
立命館大学・関西大学・関西学院大学・北海道大学・京都大学・
東京学芸大学・東京都立大学（首都大学東京）・東京大学　など

共通テスト・私大上位で必ず覚える
入試基礎レベル　基本の 1,750 語
目標の目安とする大学：共通テスト・駒澤大学・日本大学・専修大学・東洋大学・
京都産業大学・近畿大学・西南学院大学・明治学院大学・成蹊大学・成城大学・
新潟大学・愛知教育大学・福井大学・和歌山大学・高崎経済大学　など

※ここであげた大学は，あくまで目標の目安です。
実際に受験する大学の過去問には必ず目を通し，傾向をつかむようにしましょう。

本書の基本的な使い方

①まずは p.4 からの「『一問一答』の最強の使い方」を確認しましょう。
一問一答を使用して，効率的に用語を覚えるための学習法を提示しています。

②本文は，ページの左側に問題文，右側に空欄の解答を掲載しています。
解答は付属の赤シートで隠して確認することができます。

③解けなかった問題（または解けた問題）は，問題文の左端に設けたチェック
ボックスにチェックを入れて，復習するようにしましょう。

『全国大学入試問題正解』を過去10年分以上分析！

各問題には，旺文社の『全国大学入試問題正解』を過去10年分以上分析した出題大学データに基づく，類題を出題している大学名（基本的には近年の問題，選択肢なども含む）を，原則として掲載しています。また，出題データに基づき，よく出ている問題には，頻出 マークを入れています。

黒太字は重要用語＆ヒント！

問題文中の黒い太字は，空欄以外にも設問の対象となりうる重要用語や，解答を導くためのヒントです。これらの用語も意識して覚えておくように心がけましょう。

問題文も意識して読もう！

問題文の文章は，大学の入試問題で実際に出題された文章ではなく，出されやすい文章，用語を覚えやすい文章としています。また，基本問題の問題文中の用語が標準問題の解答になってることもあります。常に問題文を意識して読んでおくことで，次のレベルの学習につながります。

地図・表・グラフ問題も掲載！

地図・表・グラフなどの問題も収録しています。さらに，巻末の統計資料問題100問と共通テスト問題にチャレンジでは，実戦的な問題を掲載しています。

巻末索引も充実！

巻末索引で，どの用語がどのレベルで出題されているかがすぐにわかります。

p.4からの「『一問一答』の最強の使い方」の動画が，特典サイトにあります。こちらもぜひ確認してください。

特典サイト **https://www.obunsha.co.jp/service/shakaitarget/**
※特典サイトは予告なく終了することがあります。

（諸注意）
※ 解答欄の（　　）は言い換えを表しています。
※ 問題の解答には，主に，教科書や入試問題でよく扱われる，代表的な国・地域・固有名詞などの名称及び表記を掲載しています。

『一問一答』の最強の使い方

　『一問一答』は，用語を覚えているかどうか，確認するための参考書です。使い方も簡単で，左段の問題文の空欄にあてはまる用語を答えられるか，確認していくだけです。

　一方，実際の受験問題は多種多様で，単純に用語を暗記しただけでは，太刀打ちできないものが多いのも事実です。

　『一問一答』を用いて，用語をより確実に覚え，実際の試験で使える知識にするため，以下の3点を心がけるようにしましょう。

> ① 教科書や参考書を併用する
> ② スケジュールを立てる
> ③ 復習の時間を設ける

❶ 教科書や参考書を併用する

　もし，まったく学習していない内容があれば，まずは教科書や参考書などで該当する単元の内容を，確認するようにしましょう。

　『一問一答』を学習していく中で，間違えた内容，理解があやふやな内容は，教科書や参考書で，再確認しましょう。その時に自分なりに気付いたり，記憶の助けとなるポイントをこの本に追加で書き込んだりしてみてもよいでしょう。一通り覚えたらもう一度，教科書を読んでみるのもオススメです。

❷ スケジュールを立てる

　『一問一答』に限らず，参考書はやりきることが重要です。いつまでに終えるか，そのために毎日どれぐらい進めるかを，決めることが大切です。

　本書は，二段階レベルに分かれているため，最初は「入試基礎レベル」，131ページ分だけを終える，などの使い方が可能です。「入試基礎レベル」を1ヶ月で終える」ことを目標にする場合，まず，終了まで31日間と設定します。その際，「日曜は一週間分の復習の日にする」など，知識の定着のための，復習の日を設けましょう。日曜が31日の中に4日あるとして，残りは27日となります。「入試基礎レベル」131ページを27日で割ると，約5ページを1日に進めればよいことになります。

❸ 復習の時間を設ける

知識は，アウトプット（ここでは，解答を導き出すこと）を繰り返すことでより深く定着し，すぐに思い出せるようになります。

以下のような流れで，1日，そして1週間の学習の中で，復習の時間を繰り返し設けることを心がけましょう。

1 まずは，学習する範囲を教科書などで復習する

2 『一問一答』で確認し，解けなかった問題にチェックを入れる

3 解けなかった問題の内容を，改めて教科書などで確認する

4 その日のうちに，解けなかった問題にもう一度取り組む

5 1週間に一度，復習の日を決め，週の学習内容全体をもう一度確認する

これは NG！「だめな使い方」

× 「『一問一答』だけで勉強する」

本書は入試に出た問題を分析し，そのうえで問題文を作成しています。ですが，大学入試では様々な形式の問題が出題されます。単純な用語の暗記だけに陥らないよう，前述の通り，教科書や参考書の併用を心掛けましょう。

× 「地名・特定の用語と解答だけを覚える」

地名や特定の用語と解答だけをセットで覚えてしまうと，同じパターンの穴埋め問題だけにしか対応できません。入試では，用語の内容を理解していないと解けない正誤判定問題や，資料，表・グラフなどを用いた問題も多く出題されます。このような問題に対応できるようになるには，問題文の国や地域含め，問題文そのものの内容を意識することが大事です。

解答の用語から，問題文が導き出せるようになったら，記述問題にも対応できる実力が養えたことになります。

× 「解ける問題ばかり学習する」

間違えた問題，苦手な問題はつい後回しにしがちです。ですが，間違えた問題，解けなかった問題を，次に似たようなかたちで出題された時には絶対に間違えないようにすることが，実力を伸ばす重要なポイントです。そのためには，チェックボックスを用いて，間違えた問題を記録しておきましょう。復習の時，間違えた問題だけを重点的に学習することで，効率的な学習が可能です。

もくじ

編集協力：　株式会社オルタナプロ（北林潤也）
装丁デザイン：　有限会社アチワデザイン室　前田由美子
本文デザイン：　牧野剛士
組版：　幸和印刷株式会社
データベース作成協力：　有限会社トライアングル，幸和印刷株式会社
校閲・校正：　坂本勉，小田嶋永，株式会社東京出版サービスセンター，株式会社ぷれす
企画協力：　中森泰樹

共通テスト・私大上位で必ず覚える
入試基礎レベル

基本の1,750語

1章　地図の利用

地図の利用

地図投影法

☐01 球面である地球を，平面である地図上に描き出す方法を
　　　□□□□□という。　　　　　　　　　　　　　　　（高崎経済大）
　　　地図投影法

☐02 **頻出** 　a 　図法は，経緯線が直交しており，任意の2地
　　　点を結んだ直線は 　b 　航路を示す。そのため，大航
　　　海時代以降，　c 　として利用されてきた。高緯度ほど
　　　距離と面積が拡大され，緯度60度では距離は2倍，面
　　　積は4倍となり，極は描けない。　　　　　　　　　（福井大）
　　　a メルカトル
　　　b 等角
　　　c 海図

☐03 　a 　図法は，経線が中央経線を除いて楕円になってい
　　　る。緯線は水平な平行直線だが高緯度ほど間隔がせまく，
　　　同じ正積図法の 　b 　図法に比べて中・高緯度地方の
　　　形の歪みが小さい。　　　　　　　　　　　　　　（名城大）
　　　a モルワイデ
　　　b サンソン

☐04 すべての地点間の距離を正しく表現できるのは□□□□
　　　だけである。　　　　　　　　　　　　　　　　　（法政大）
　　　地球儀

☐05 球面上の2地点間の最短コースを□□□□航路（コース）
　　　という。　　　　　　　　　　　　　　　　　　　（福岡大）
　　　大圏（大円）

☐06 　a 　図法は，図の中心と任意の地点を結ぶ直線が
　　　 　b 　航路（コース）を示し，その地点までの距離・方
　　　位が正しい。　　　　　　　　　　　　　　　　　（日本大）
　　　a 正距方位
　　　b 大圏（大円）

☐07 地球の中心をはさんだ正反対の地点を**対蹠点**という。
　　　 　a 　図法で世界地図を描くと真円となり，外周円は
　　　中心の対蹠点で，中心から外周円までの実際の距離は
　　　 　b 　万kmである。　　　　　　　　　　　　　　（日本大）
　　　a 正距方位
　　　b 2

☐08 □□□□のシンボルマークは，北極点を中心として南緯
　　　60度まで描いた正距方位図法による地図に，オリーブ
　　　の枝をあしらったものである。
　　　国連
　　　（国際連合）

地形図

☐ 09 地形図は，等高線で地形（土地の起伏）や高さを描き，建物や道路，植生や土地利用など，その土地の景観を記号として盛り込んだ[ ]図である。　（立命館大）
一般

☐ 10 土地利用図，海図，地質図や各種統計地図は，使用目的に応じて特定の主題を表現した地図であり，[ ]図とよばれる。　（北海学園大）
主題

☐ 11 ２万５千分の１地形図は，空中写真測量などによる[a]であり，国土交通省[b]が発行する。　（札幌大）
a 実測図
b 国土地理院

☐ 12 ５万分の１地形図は，実測図の２万５千分の１地形図をもとに作成される[ ]である。　（立命館大）
編集図

☐ 13 [ ]は，等しい高さの地点を結んだ線である。
（東北学院大）
等高線

☐ 14 等高線の閉曲線（閉じた曲線）の内側は，周囲より[ ]い。
高

☐ 15 岩（ ）や土の崖（ ）のように[ ]で表現できないところは地図記号で描かれるが，[ ]の間隔が特にせまい場合も崖となっている。　（関西学院大）
等高線

☐ 16 等高線には，主曲線と計曲線があり，このうち，[a]は細い実線で示され，２万５千分の１地形図では[b]m間隔，５万分の１地形図では[c]m間隔で表示される。　（愛知大）
a 主曲線
b 10
c 20

☐ 17 破線で示される補助曲線は，傾斜が緩やかで，[a]だけでは起伏を表現しきれない場合に引かれ，[b]とはならないことがある。　（近畿大）
a 主曲線
b 閉曲線

☐ 18 尾根は，両側に比べて標高が[a]く分水界となるところで，谷は両側に比べ標高が[b]い地点が連なったものであり，水の通り道となる。
a 高
b 低

☐ 19 尾根の等高線は高度の[ ]い方へ張り出して示され，谷の等高線は高度の低い方から高い方へ食い込んで示される。　（立命館大）
低

☑20 ある地点に水が集まってくる範囲が集水域で、ある河川の集水域が　　　　である。　　　　　（佛教大）

　　　流域

☑21 　a　万分の1地形図で、図上縦4cm、横4cmの正方形の土地の面積をkm²で求める場合は、図上4cmの実際の距離は　b　kmなので　c　km²、ha（ヘクタール）の場合は、100m×100m＝1haだから　d　haとなる。　　　　　（獨協大）

　　　a 5（2.5）
　　　b 2（1）
　　　c 4（1）
　　　d 400（100）

☑22 [頻出]　　　　は、$\dfrac{2地点間の標高差}{2地点間の水平距離}$　で求めるが、分数のまま、または％で示す。2地点間の水平距離が200mで標高差が10mの場合、　　　　は$\dfrac{1}{20}$または5％である。　　　　　（高崎経済大）

　　　勾配（2地点間の平均勾配）

新しい地図と地理情報

☑23 　　　　（遠隔探査）とは、対象に触れずに遠隔から調査する技術全般を指し、土地利用・環境破壊・気象・海洋などの情報を得ることができる。例えば、人工衛星を用いた気象情報収集などがあげられる。　　　　　（明治大）

　　　リモートセンシング

☑24 リモートセンシングなどで収集したデータをコンピュータにより処理し、地図上に表現するなどの処理体系を、　a　（GIS：Geographic Information System）とよぶ。気象予報図や水害・地震・火山災害などの自然災害に備える　b　（災害予測図）の作成のほか、カーナビゲーションシステムにも利用されている。　　　　　（法政大）

　　　a 地理情報システム
　　　b ハザードマップ

☑25 人工衛星からの電波を受信して、地球上の位置を正確に把握するしくみを　　　　（Global Navigation Satellite System）とよび、アメリカ合衆国ではGPS、日本ではみちびき、EUではガリレオが運用されている。

　　　GNSS

2章 系統地理—自然環境

地形

地形をつくる力と地形の規模

☑01 広い地域の地形を変化させる緩やかな隆起・沈降運動を［　　］という。（駒澤大）
造陸運動

☑02 せまい地域の地形を激しく変化させる隆起・沈降運動を［　　］（大陸地殻の誕生・成長過程）といい，褶曲（しゅうきょく）・断層運動をともなう。（札幌大）
造山運動

地球と世界の陸地と海洋

☑03 地球はやや扁平（へんぺい）な回転楕円（だえん）体であり，半径は約6,400 km，赤道・子午線全周は約［　　］km である。（専修大）
40,000

☑04 地球の表面積は約［ a ］億 km^2 であり，そのうち陸地は約［ b ］割を占める。（松山大）
a 5.1
b 3

☑05 地軸は公転面の法線（公転面に対して垂直な線）に対して約［ a ］度傾いている。地球はその状態で公転しているため，北半球と南半球で［ b ］が逆になる。（神奈川大）
a 23.4
b 季節

☑06 陸地面積が最大となる陸半球の中心は，［ a ］の西部の地点。この地点の対蹠（たいせき）点には［ b ］のアンティポディース諸島が位置し，水半球の中心となっている。（関西学院大）
a フランス
b ニュージーランド

☑07 陸地は，アジアとヨーロッパを含む［ a ］，アフリカ，南アメリカ，北アメリカ，［ b ］，南極の各大陸と，グリーンランド島などの島々にわけられる。（松山大）
a ユーラシア
b オーストラリア

☑08 頻出 海洋は，［ a ］，［ b ］，［ c ］の三大洋とヨーロッパの地中海などの付属海にわけられる。（松山大）
a 太平洋
b 大西洋
c インド洋
（順不同）

☑ 09 海底（大洋底）では，水深 4,000～6,000 m の平坦（へいたん）な　　　　　が広い面積を占める。 — 深海平原

☑ 10 **頻出** 海底の大山脈である　　　　　は，大洋底の中央部にみられる。 （福岡大） — 海嶺（かいれい）

☑ 11 **頻出** 大陸の縁辺部には水深 200 m までの浅い　**a**　や水深 6,000 m を超える　**b**　がみられる。（明治学院大） — a 大陸棚　b 海溝

☑ 12 海洋の最深地点は，　　　　　西部の**マリアナ海溝**に位置し，最深部は水深 10,920 m に達する。 （学習院大） — 太平洋

プレートテクトニクス

☑ 13 地球の表面は，10 数枚のプレートに覆われており，　　　　　の対流によってそれぞれが水平方向に移動する。 （関西大） — マントル

☑ 14 プレート境界には，広がる境界，　　　　　境界，ずれる境界の 3 つがある。 （関西大） — せばまる

☑ 15 　　　　　プレート境界では，地球内部からマントルが上昇して，プレートが生成される。 （愛知教育大） — 広がる

☑ 16 プレートは，地球の表面を覆う厚さ約 100 km の硬い岩石の板であり，構成する岩石の違いにより　**a**　プレートと　**b**　プレートにわけられる。 （成城大） — a 海洋　b 大陸　（順不同）

☑ 17 　**a**　プレートは，　**b**　プレートに比べ構成する岩石の密度が大きく，重い。 （北海学園大） — a 海洋　b 大陸

☑ 18 　　　　　プレート境界では，一方のプレートが他方の下にもぐりこんで，プレートが消滅する。 （成城大） — せばまる

☑ 19 　**a**　プレートが　**b**　プレートの下にもぐりこむことが多い。 （駒澤大） — a 海洋　b 大陸

☑ 20 **頻出** 陸上での広がる境界である　　　　　は，紅海からアフリカ大陸東部を南北に走り，安定陸塊に分類されるが，標高が高い地域で，地震や火山もみられる。 （駒澤大） — アフリカ大地溝帯

☑ 21 火山活動の活発な弧状列島（島弧）や山脈は　　　　　に沿って形成され，環太平洋造山帯に多くみられる。（東洋大） — 海溝

☑ 22 ◻◻◻◻◻ プレートどうしが衝突すると（衝突帯），ヒマラヤ山脈のように，地震活動は活発だが火山がほとんどみられない山脈が形成される。　　　　　　　　（信州大）

大陸

☑ 23 ずれるプレート境界は，相対するプレートが互いにすれ違う境界であり，そこには長大な ◻a◻ 断層がみられ，アメリカ合衆国の ◻b◻ 州に位置する ◻c◻ 断層がこの例として有名である。　　　　　　　　　　（立命館大）

a 横ずれ
b カリフォルニア
c サンアンドレアス

☑ 24 ◻◻◻◻◻ 境界には火山はみられないが地震は多発する。　　　　　　　　　　　　　　　　　　（日本大）

ずれる

☑ 25 プレート境界は変動帯にあたり，地震が多発し一般に火山も多くみられる。しかし，プレート境界でなくても，地下のマントルが直接上昇する ◻a◻ とよばれるところがあり，火山活動が活発である。太平洋プレートの中央付近に位置する ◻b◻ 諸島はその例である。　（立教大）

a ホットスポット
b ハワイ

世界の大地形と資源

☑ 26 **頻出** 世界の大地形は，造山運動が生じた地質時代により，◻◻◻◻◻・古期造山帯・新期造山帯にわけられ，一般に造山運動を受けた後の経過時間が長いほど地形は低くなだらかになる。　　　　　　　　　　　（法政大）

安定陸塊

☑ 27 **頻出** 大地形は資源の埋蔵とも関係が深く，安定陸塊では ◻a◻ や金鉱，古期造山帯では ◻b◻ の埋蔵が多い。新期造山帯とその周辺では金属資源の ◻c◻ ，◻d◻ ，◻e◻ の産出が多い。　　　　　　　（法政大）

a 鉄鉱石
b 石炭
c 銅鉱
d 銀鉱
e すず鉱
（c〜e は順不同）

☑ 28 安定陸塊は，◻◻◻◻◻ 時代以来存在する地域で，その後長期間にわたり侵食を受けて平坦化した地域である。　　　　　　　　　　　　　　　（和歌山大）

先カンブリア

☑29 **頻出** ◯◯◯◯ は，先カンブリア時代の基盤岩石が露出した地域で，侵食を受けて準平原となっているところが多い。 (専修大)

楯状地

☑30 ◯◯◯◯ は，先カンブリア時代の基盤岩石の上に古生代以降の地層が堆積した地域で，侵食を受けて構造平野となっているところが多い。 (國學院大)

卓状地

☑31 古期造山帯は，◯◯◯◯ に造山運動を受け，その後は現在まで侵食を受け続けてなだらかな山地となっている。 (法政大)

古生代

☑32 古期造山帯の山脈にも，中国北西部に位置する ◯◯◯◯ 山脈など，一旦低くなだらかになったが，その後のプレートの運動の影響により再隆起して高く険しくなった山脈もある。 (松山大)

テンシャン

☑33 新期造山帯は，地震帯・火山帯と対応し，◯◯◯◯ 造山帯と環太平洋造山帯にわけられる。 (広島経済大)

アルプス・ヒマラヤ

☑34 新期造山帯は，せばまるプレート境界に位置し，中生代末から ◯◯◯◯ にかけての造山運動で高く険しい山地となっている。 (関西学院大)

新生代

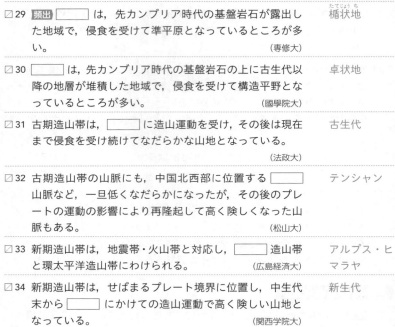

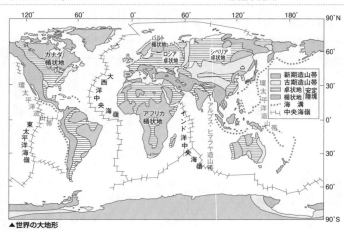

▲世界の大地形

小地形

平野の地形

☑ 01 平野は, 規模の大きな a と規模の小さな b に
わけられる。 （國學院大）

a 侵食平野
b 堆積平野

☑ 02 **侵食平野**は, 岩盤が侵食されて平坦になった広い平野で,
 に多くみられる。 （國學院大）

安定陸塊

☑ 03 a は, 安定陸塊の楯状地に多くみられ, 硬い岩石が
侵食から取り残された b もみられる。 （学習院大）

a 準平原
b 残丘

☑ 04 は, 安定陸塊の卓状地に多くみられ, ほぼ水平な
地層が地表にあらわれた侵食平野である。 （福岡大）

構造平野

☑ 05 a は, 一方が急傾斜, 他方が緩傾斜の丘陵列で, 硬
軟の互層が緩やかに傾斜しているところに, 差別侵食に
より形成され, b に多くみられる。 （中央大）

a ケスタ
b 構造平野

河川や海洋の作用で形成された平野

☑ 06 頻出 **堆積平野**とは, a や海水の堆積作用によって
形成された, 新しくせまい平野であり, b と海岸平
野にわけられる。 （福岡大）

a 河川
b 沖積平野

☑ 07 **扇状地**は, 河川が山地から平野に流れ出る a に形
成され, 粒径の大きな b が堆積する。 （筑波大）

a 谷口
b 砂礫

☑ 08 頻出 **氾濫原**は, 河川の氾濫によって土砂が堆積して形
成され, 泥質で水はけの悪い a と砂質で微高地の
 b がみられる。 （福岡大）

a 後背湿地
b 自然堤防

☑ 09 **三角州 (デルタ)** は, 河川が海などに注ぎ込む a に
形成され, 粒径の小さな砂・ b が堆積する。
（東京大）

a 河口
b 泥

☑ 10 沖積平野や海岸平野は, 海面の低下や陸地の隆起により,
河岸段丘や海岸段丘などの となる。 （松山大）

台地

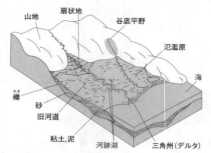

山地　扇状地　谷底平野

氾濫原

海

礫
砂
旧河道

粘土,泥　河跡湖　三角州(デルタ)　◀沖積平野

☑11 **頻出** 日本の台地は，更新世（約 260 万年前から 1 万年前までの地質時代名）に河川の作用によって形成された氾濫原などの a が，海面の低下や陸地の隆起により台地化したもので，河岸や海岸にみられる b 地形もこれに含まれる。　(松山大)

a 沖積平野
b 段丘

沈水海岸

☑12 陸地の沈降や海面の上昇により形成される 海岸は，出入りの激しい海岸線が特徴である。　(日本大)

沈水

☑13 a による V 字谷をもつ山地が沈水すると，ノコギリの歯のような出入りの激しい海岸線が特徴の b 海岸ができる。　(明治大)

a 河食
b リアス

☑14 **頻出** a による U 字谷に海水が浸入すると，内陸まで奥深く入り込んだ湾で両岸が絶壁の b が形成される。　(明治学院大)

a 氷食
b フィヨルド

☑15 河川が海に注ぐ a 部が沈水すると，ラッパ状の入り江が特徴の b ができる。　(明治大)

a 河口
b エスチュアリ(三角江)

沿岸流による地形とカルスト地形など

☑16 沿岸流の作用による砂礫の堆積地形には，砂礫が鳥のくちばし状に堆積した a や，砂礫が湾口を閉ざすように堆積した b がある。　(西南学院大)

a 砂嘴
b 砂州

☑17 砂礫が陸地と島を繋ぐように堆積したものを [____]，これによって繋がれた島を **陸繋島**（りくけいとう）という。　　（西南学院大）

陸繋砂州（りくけい）
（トンボロ）

☑18 **サンゴ礁**（しょう）は，生物であるサンゴがつくる石灰質の骨格が積み重なってできる岩礁であり，海岸を縁取るように形成される。陸地の沈降や海面上昇により，[a]→[b]→[c]の順に発達する。温暖で透明度の高い浅い海に多い。　　（愛知教育大）

a 裾礁（きょしょう）
b 堡礁（ほしょう）（バリアリーフ）
c 環礁

☑19 日本のサンゴ礁は，沖縄県や鹿児島県，東京都の南部の島々でみられ，そのほとんどが [____] である。　　（西南学院大）

裾礁（きょしょう）

☑20 **カルスト地形**とは，[a]が二酸化炭素を含む弱酸性の雨水や地下水によって [b]されて形成された地形の総称で，[c]西部のカルスト地方が名称の由来である。　　（佛教大）

a 石灰岩
b 溶食
c スロベニア

☑21 石灰岩の台地では，すり鉢状の凹地である [a]や，これが繋がった [b]，さらに大きくなって**ポリエ**とよばれる溶食盆地が形成され，地下には [c]もみられる。　　（札幌大）

a ドリーネ
b ウバーレ
c 鍾乳洞（しょうにゅうどう）

氷河地形

☑22 山岳氷河は，山地の谷頭部に [____] とよばれる半椀状（はんわん）の凹地をつくる。　　（愛知教育大）

カール（圏谷）

☑23 氷河の先端や側方には，氷河が侵食・運搬した岩屑（がんせつ）などが堆積し，[____] とよばれる小高い丘もつくられる。　　（福岡大）

モレーン（堆石）

乾燥地形

☑24 降水量が蒸発量を下回る乾燥地域は，地表を覆う植生に乏しく，激しい気温変化によって岩盤が膨張と収縮を繰り返して粉砕される [a]や，風による侵食作用である [b]などを受けやすい。　　（東海大）

a 風化
b 風食

☑ 25 乾燥地域には，岩石が広く露出する岩石砂漠や礫砂漠，砂丘の発達する ☐ a ☐ がみられるが，砂漠の多くは岩石砂漠や礫砂漠である。アメリカ合衆国西部の乾燥地域には，周囲を侵食されテーブル状になった ☐ b ☐ や，さらに侵食が進み塔状となった ☐ c ☐ もみられる。

(学習院大)

a 砂砂漠
b メサ
c ビュート

小地形の地形図読図

扇状地

☑ 01 **扇状地**は，河川が山地から平野に流れ出る ☐ a ☐ に，幾度も流路を変えながら ☐ b ☐ を堆積させた地形である。

(駒澤大)

a 谷口
b 砂礫

☑ 02 粒径の大きな ☐ a ☐ が厚く堆積して水はけがよいため，☐ b ☐ 部では河川水が地下に浸透して伏流し，☐ c ☐ となることが多い。ここには畑や果樹園などがみられるが，近年は上水道の整備によって，成立の新しい住宅地もみられるようになった。

(札幌大)

a 砂礫
b 扇央
c 水無川

☑ 03 地下水が湧出するのが ☐ a ☐ 部で，ここには成立の古い集落が立地し，☐ b ☐ もみられる。

(福岡大)

a 扇端
b 水田

☑ 04 氾濫を繰り返す河川に人工堤防を建設して流路を固定すると，堤防間の河床部に大量の ☐ a ☐ が堆積する。これにより，河床の高度が周囲よりも高い ☐ b ☐ が形成されることもある。道路や鉄道が，河川の下のトンネルを通っている例もある。

(札幌大)

a 砂礫
b 天井川

▼扇状地

（国土地理院発行・2万5,000分の1地形図「海津（滋賀県）」）

01　　　　基本　　　　1750　　　　標準　　　　2500

氾濫原と三角州（デルタ）

☑05 ⬚⬚⬚⬚⬚ は，河川が氾濫を繰り返すことで形成された平野である。 *(愛知大)*

氾濫原

☑06 氾濫原では，河川は ⬚a⬚ する。その流路沿いには洪水時に河川の両岸に ⬚b⬚ が堆積してできた微高地の ⬚c⬚ がみられる。 *(東北学院大)*

a 蛇行
b 砂
c 自然堤防

☑07 自然堤防の背後には，河川からあふれ出た水が長期間にわたり湛水し，⬚a⬚ が堆積した ⬚b⬚ が広がる。 *(高崎経済大)*

a 泥
b 後背湿地

☑08 氾濫原には，河川の流路が変化したことにより旧流路が本流から切り離された ⬚⬚⬚⬚⬚ もみられる。 *(駒澤大)*

河跡湖
（三日月湖）

☑09 **頻出** 等高線からは読み取れないが，周囲よりも高く水はけがよいため，⬚⬚⬚⬚⬚ には成立時期の古い集落が立地し，畑などもみられる。 *(福岡大)*

自然堤防

☑10 **頻出** 低湿な ⬚a⬚ は水田として利用されることが多いが，⬚b⬚ の整備が進んだ近年は，住宅地もみられるようになった。 *(立教大)*

a 後背湿地
b 人工堤防

☑11 **頻出** 河川が海洋などに注ぐ河口部にみられる，粒径の小さな ⬚a⬚ や粘土などが堆積して形成された ⬚b⬚ においても，土地利用は氾濫原と大きな違いはなく，水はけのよい微高地上には集落や畑などがみられ，低湿地には水田が広がる。 *(東洋大)*

a 泥
b 三角州
（デルタ）

▼氾濫原

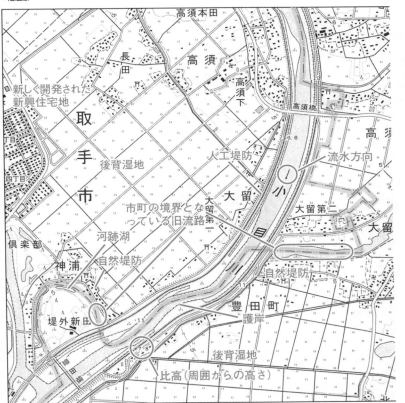

高須本田

高須

高須下

長田

高須橋

新しく開発された
新興住宅地

取手市

後背湿地

人工堤防

流水方向

小

大留

大留第二

市町の境界とな
っている旧流路

大留第一

河跡湖

大留第一

自然堤防

神浦

堤外新田

目

大留

倶楽部

四丁目

一丁目

高須

自然堤防

豊田町

護岸

後背湿地

比高(周囲からの高さ)

(国土地理院発行・2万5,000分の1地形図「龍ヶ崎(茨城県・千葉県)」)

01　　　基本　　　1750　　　標準　　　2500

台地

☑ 12 一般に，台地と沖積平野との間には，等高線間隔の特に
せまい ▢ がみられる。 （専修大）

崖

☑ 13 ▢ では，台地上で地下に浸透した水が湧出するた
め，成立時期の古い集落がみられる。

台地崖下

☑ 14 台地上は水が得にくいため， a や b などとし
て利用されてきたが， c などの整備を進めて，広大
な土地を必要とする住宅団地やゴルフ場，工業団地など
も造成されるようになった。 （専修大）

a 畑
b 果樹園
（a・b は順不同）
c 上水道

▼台地と氾濫原

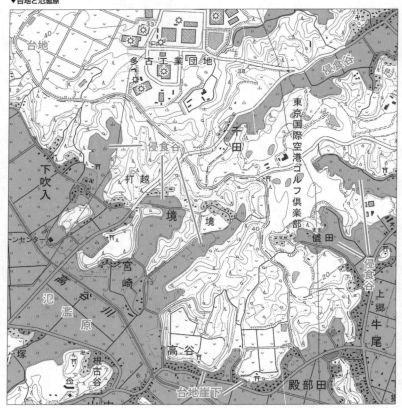

（国土地理院発行・2万5,000分の1地形図「多古（千葉県）」）

海岸平野

☑15 **海岸平野**は，海水の作用によって形成された浅く平坦（へいたん）な　　単調
海底が，離水（海面の低下・陸地の隆起）によって陸地
となった平野で，海岸線が [　　　] である。

☑16 離水を繰り返すことにより，海岸線に平行する数列の　　微高地（浜堤）
[　　　] が形成され，その間には低湿地もみられる。
（愛知大）

☑17 海岸平野の古い集落は，水害にあいにくい [　　　] 上に　　微高地（浜堤）
立地し，低湿地は水田として利用される。　（専修大）

▼海岸平野

（国土地理院発行・2万5,000分の1地形図「上総片貝（千葉県）」）

気候

気候を特色づける要素と因子

☑01 [　　　] には，気温・降水量・風（風向・風速）・湿度な　　気候要素
どがある。
（愛知大）

☐ 02 気候要素に影響を与えるのが a であり， b ・ c ・地形・海流・隔海度（海岸からの距離）などがある。 （学習院大）

a 気候因子
b 緯度
c 標高
（b・c は順不同）

地球規模でみた気温

☐ 03 高度の影響を除くため，気温を標高 0 m の値に換算する a を施した世界の等温線は，高緯度ほど低温となるため，緯線にほぼ b しているが，海流（暖流や寒流）の影響を受ける地域では湾曲している。

a 海面更正
b 平行

☐ 04 最暖月平均気温と最寒月平均気温の差を 　　 という。 （愛知教育大）

気温の年較差

☐ 05 気温の年較差は，太陽からの受熱量の年変化の大きい a ほど大きく， b 大陸東部の内陸では約 60℃ に達する。 （法政大）

a 高緯度
b ユーラシア

☐ 06 上空へ行くほど気温が低下する割合を，気温の逓減率といい，湿潤な空気では，高度 1,000 m につき気温は約 　　 ℃低下する。 （東海大）

6

☐ 07 頻出 低緯度地方には，赤道直下の a のキト（標高約 2,800 m）， b のナイロビ（標高約 1,700 m）などの高山都市がみられる。 （学習院大）

a エクアドル
b ケニア

☐ 08 1 日の最高気温と最低気温の差を 　　 という。

気温の日較差

☐ 09 気温の年較差と気温の日較差は a で大きい。比熱の大きい海洋の影響を強く受ける b では小さい。 （松山大）

a 大陸内部
b 沿岸

☐ 10 頻出 北半球の a 地方では，夏季は大陸西岸と大陸東岸の気温差は小さいが，冬季は大陸西岸が大陸東岸よりも暖かい。これは， b では海洋から暖かな c が吹くのに対し， d では冬季に低温となった大陸内部から e （季節風）が吹くためである。 （学習院大）

a 中・高緯度
b 大陸西岸
c 偏西風
d 大陸東岸
e 寒冷な風

☑11 [　　　　] 地方の大陸西岸では，赤道方向へ流れる寒流の　　　　低緯度
影響を受けるため，東岸よりも低温となり，乾燥地域も
みられる。　　　　　　　　　　　　　　　　　（愛知教育大）

世界各地で発達する風

☑12 風は，空気の密度が大きい [　a　] 部から，空気の密度　　a 高圧
が小さい [　b　] 部に向かって吹き，高圧部では [　c　]　　b 低圧
気流，低圧部では [　d　] 気流となる。　　（成城大）　　c 下降
　　　　　　　　　　　　　　　　　　　　　　　　　　　　　　d 上昇

☑13 風は，地球の自転の影響を受けるため，[　a　] 半球では　　a 北
風が向かう方向をみて右側（時計回り），[　b　] 半球で　　b 南
は左側（反時計回り）に，それぞれ曲がる。　　（神奈川大）

☑14 赤道付近では，空気が強い日射を受けて上昇し，[　　　]　　赤道低圧帯
が形成される。　　　　　　　　　　　　　　　（西南学院大）　　（熱帯収束帯）

☑15 頻出 赤道付近で上昇した空気は高緯度側へ向かい，回帰　　亜熱帯高圧帯
線付近の上空で低温，高圧となり，[　　　] を形成　　（中緯度高圧
する。　　　　　　　　　　　　　　　　　　　（専修大）　　帯）

☑16 亜熱帯高圧帯からは，高緯度側へ [　a　] 風，低緯度側へ　　a 偏西
[　b　] 風が吹く。　　　　　　　　　　　　　（成城大）　　b 貿易

☑17 偏西風は，北半球・南半球ともに [　a　] から [　b　] へ　　a 西
向かう。　　　　　　　　　　　　　　　　　　（成城大）　　b 東

☑18 貿易風は，北半球では [　a　] から，南半球では [　b　]　　a 北東
から吹き，それぞれ赤道へ向かう。　　　　　　（成城大）　　b 南東

☑19 寒冷な両極には [　　　] が形成され，ここから低緯度側　　極高圧帯
に，東から西へ向かう極（偏）東風が吹く。

☑20 頻出 大陸と海洋の比熱の違いから，夏季は大陸と比べ低　　a 高圧
温となる海洋が，冬季は海洋と比べ低温となる大陸が，　　b 季節風（モ
それぞれ [　a　] 部となり風が吹き出す。夏季と冬季で　　ンスーン）
風向きが逆となる風は [　b　] とよばれる。　（松山大）

☑21 季節風（モンスーン）は，特に，南アジアから東アジア　　モンスーンア
にかけての [　　　] でみられる。　　　　　（國學院大）　　ジア

27

☑ 22 南アジアのインド半島や東南アジアの ［ a ］半島では，
夏季の ［ b ］から吹く風が多雨をもたらすが，冬季は
［ c ］から吹く風によって少雨となる。

a インドシナ
b 南西
c 北東

☑ 23 中国東部や朝鮮半島，日本付近などの東アジアでは，夏
季は ［ a ］からの風が吹いて多雨をもたらすが，冬季
は ［ b ］からの風が吹いて少雨となる。 (成城大)

a 南東
b 北西

☑ 24 ヨーロッパの地中海方面から ［ a ］山脈を越えて北麓
へ吹く高温で乾燥した局地風を ［ b ］という。 (福岡大)

a アルプス
b フェーン

☑ 25 **頻出** 赤道周辺や，寒流の流れる海域を除いた低緯度地方
の海洋上で発生・発達する熱帯低気圧は，東アジアでは
［ a ］，インド洋では ［ b ］，カリブ海やその周辺では
［ c ］とよばれる。 (成城大)

a 台風
b サイクロン
c ハリケーン

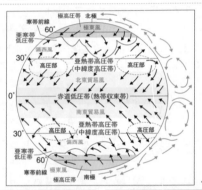

◀大気の大循環

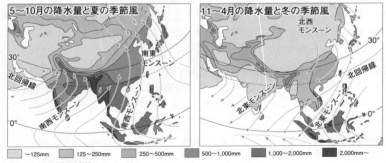

▲モンスーンアジアの気候

世界各地で発達する局地風

☑26 日本では，山から吹き下ろす寒冷な冬季の ▢ のこ
とを，山の名称などを用いて，六甲おろし，筑波おろし，
赤城おろしなどとよんでいる。 　　　　　（成城大）

北西季節風

☑27 ▢a に東北地方の ▢b 岸に吹く北東風の ▢c
は，この地方に冷害をもたらす。 　　　（愛知教育大）

a 初夏
b 太平洋
c やませ

地球規模でみた降水

☑28 降雨には，▢a ・前線性降雨・▢b などがある。
　　　　　　　　　　　　　　　　　　　　　（佛教大）

a 対流性降雨
b 地形性降雨
（順不同）

☑29 ▢a とは，海洋からの大量の水蒸気を含んだ空気が山
にぶつかり，山地風上側で強制的に ▢b 気流がおこ
ることで，降水をもたらす。 　　　　　　（松山大）

a 地形性降雨
b 上昇

☑30 地形性降雨は，夏季の ▢a が ▢b 山脈にぶつかる
ところにあるアッサム地方や，▢c が ▢d 山脈に
ぶつかるところにあたるチリ南部などでみられる。
　　　　　　　　　　　　　　　　　　　（学習院大）

a 南西季節風
b ヒマラヤ
c 偏西風
d アンデス

☑31 日本において初夏から夏にかけて ▢a 海気団と
▢b 気団との間に出現する ▢c は前線性降雨をも
たらす。 　　　　　　　　　　　　　　　（成城大）

a オホーツク
b 小笠原
c 梅雨前線

☑32 ▢a とは，地表近くの空気が暖められて生じた ▢b
気流によるもので，熱帯でほぼ毎日午後にみられる突風
をともなう豪雨や，日本の ▢c が典型例である。
　　　　　　　　　　　　　　　　　　　　　（佛教大）

a 対流性降雨
b 上昇
c 夕立

☑33 ▢a とは，暖かい空気と冷たい空気がぶつかり，冷た
い空気の上に暖かい空気が乗り上げて ▢b 気流を形
成し，降水をもたらすものである。 　　　（佛教大）

a 前線性降雨
b 上昇

☑34 ▢ の位置する赤道付近と，寒帯前線帯（亜寒帯低
圧帯）の位置する緯度40度から50度付近は多雨である。
　　　　　　　　　　　　　　　　　　　（高崎経済大）

赤道低圧帯
（熱帯収束帯）

☑ 35 【頻出】 ⬚ の位置する回帰線付近と極高圧帯の位置する極地方は少雨である。 (専修大)

亜熱帯高圧帯（中緯度高圧帯）

☑ 36 回帰線付近は少雨かつ高温であるため，降水量よりも蒸発量が多く，⬚ 帯が広がるが，低温で蒸発量の少ない極地方は ⬚ 地域とはならない。

乾燥

降水量
■ 1,000mm〜
■ 500〜1,000mm

北回帰線

南回帰線

▲年降水量の分布

北極圏
北回帰線
赤道
南回帰線
蒸発量
降水量
南極圏

▲緯度別の降水量と蒸発量

ケッペンの気候区分

ケッペンの気候区分

☑ 01 【頻出】 冬季の気温が上昇するにつれ，北半球の高緯度地方から低緯度側に向かい，⬚ a → ⬚ b →常緑広葉樹へと変化する。 (広島修道大)

a 針葉樹
b 落葉広葉樹

☑ 02 年間で最も寒い月の平均気温を ⬚ という。

最寒月平均気温

☑ 03 年間で最も暖かい月の平均気温を ⬚ という。 (和歌山大)

最暖月平均気温

☑ 04 【頻出】 気候帯は ⬚ a から離れるにしたがい ⬚ b （熱帯）から ⬚ c （寒帯）へと配列している。 (愛知教育大)

a 赤道
b A
c E

☑ 05 乾燥限界値は，⬚ a と年降水量，降水の ⬚ b から算出する。 (東洋大)

a 年平均気温
b 季節配分

☑06 年降水量や降水の季節配分とは関係なく，□□□□が0℃以上10℃未満ならばET（ツンドラ気候）と区分する。

(名城大)

最暖月平均気温

☑07 □□□□が0℃未満ならばEF（氷雪気候）に区分する。

(専修大)

最暖月平均気温

☑08 乾燥限界値以上の年降水量があり，□a□が10℃以上ならば，A（熱帯），C（温帯），D（冷帯・亜寒帯）のいずれかであり，これらは□b□によって区分する。

(関西大)

a 最暖月平均気温

b 最寒月平均気温

☑09 最寒月平均気温が，□□□□℃以上をA（熱帯）に区分する。

(東洋大)

18

☑10 最寒月平均気温が，□a□℃以上□b□℃未満をC（温帯）に区分する。

(東洋大)

a −3

b 18

☑11 最寒月平均気温が，□□□□℃未満をD（冷帯・亜寒帯）に区分する。

(東洋大)

−3

☑12 D（冷帯・亜寒帯）は北半球にのみ分布し，B（乾燥帯）とCs（地中海性気候）は大陸□a□岸，Cw（温暖冬季少雨気候）とDw（冷帯冬季少雨気候）は大陸□b□部に分布している。

a 西

b 東

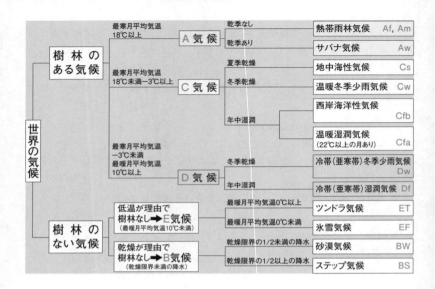

大気の大循環

大陸西岸の降水の季節配分

☑ 01 太陽からの熱を最も多く受けて上昇気流が卓越する ▢ a ▢ は, 北半球では夏の7月頃に赤道付近から ▢ b ▢ し, 南半球では夏の1月頃に赤道付近から ▢ c ▢ する。
(成城大)

a 赤道低圧帯 (熱帯収束帯)
b 北上
c 南下

☑ 02 回帰線付近の ▢ a ▢ や, 緯度40度から50度付近に位置する ▢ b ▢ も, 南北に移動する。
(松山大)

a 亜熱帯高圧帯 (中緯度高圧帯)
b 寒帯前線帯 (亜寒帯低圧帯)

☑ 03 赤道付近は, 年間を通して ▢ a ▢ に覆われるため, 年中多雨の ▢ b ▢ となる。
(成城大)

a 赤道低圧帯 (熱帯収束帯)
b Af (熱帯雨林気候)

☑ 04 **頻出** Af（熱帯雨林気候）の周辺は，夏季は a に，冬季は b に覆われ，雨季乾季が明瞭な c となる。 （成城大）

- a 赤道低圧帯（熱帯収束帯）
- b 亜熱帯高圧帯（中緯度高圧帯）
- c Aw（サバナ気候）

☑ 05 **頻出** 回帰線付近は，年間を通して a に覆われるため，年中少雨で蒸発量が降水量をかなり上回る b となる。 （専修大）

- a 亜熱帯高圧帯（中緯度高圧帯）
- b BW（砂漠気候）

☑ 06 **頻出** BW（砂漠気候）の高緯度側は，夏季は a に，冬季は b に覆われる c となる。一方，BWの低緯度側は，夏季は d に，冬季は a に覆われる c となる。 （関東学院大）

- a 亜熱帯高圧帯（中緯度高圧帯）
- b 寒帯前線帯（亜寒帯低圧帯）
- c BS（ステップ気候）
- d 赤道低圧帯（熱帯収束帯）

☑ 07 **頻出** a は b の高緯度側に分布し，夏季は c に覆われ少雨，冬季は d に覆われ多雨となる。 （関西大）

- a Cs（地中海性気候）
- b BS（ステップ気候）
- c 亜熱帯高圧帯（中緯度高圧帯）
- d 寒帯前線帯（亜寒帯低圧帯）

☑08 大陸西岸でみられる規則性のある気候配列は，□□□□な　季節風
　　　どの影響を強く受ける大陸東岸ではみられない。(札幌大)　（モンスーン）

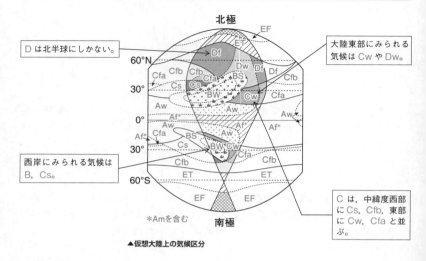

▲仮想大陸上の気候区分

植生・土壌の特徴

植生と土壌

☑01 **熱帯雨林**は，多種類の□□□□からなる密林で，低木から　常緑広葉樹
　　　高木まで層構造をなす。　(広島修道大)

☑02 熱帯雨林は，アマゾン川流域の　a　や，東南アジアの　a セルバ
　　　　b　が典型例である。　(北海学園大)　b ジャングル

☑03 頻出 熱帯や亜熱帯の河口付近の淡水と海水が混じる潮　マングローブ
　　　間帯には□□□□もみられる。　(東北学院大)

☑04 C（温帯）には，広く□□□□が分布する。　落葉広葉樹林

☑05 大陸西岸の温帯の低緯度側にはCs（地中海性気候）が　硬葉樹林
　　　分布し，地中海沿岸では，夏季の乾燥に耐えるため葉の
　　　小さい**オリーブ**やコルクがしなどの常緑広葉樹からなる
　　　□□□□が分布する。　(筑波大)

☐ 06 ユーラシア大陸東岸で，温帯の中国南部や日本の低緯度
側などには，シイ，カシなどの□□□□からなる常緑広葉
樹林が分布する。 　　　　　　　　　　　　　（成城大）

照葉樹

☐ 07 C（温帯）の高緯度側からD（冷帯・亜寒帯）の低緯度
側との境界には，落葉広葉樹と針葉樹との□□□□が分
布する。 　　　　　　　　　　　　　　　（青山学院大）

混合林

☐ 08 **頻出** D（冷帯）には，針葉樹の純林である□□□□が広
くみられる。 　　　　　　　　　　　　　　（西南学院大）

タイガ

☐ 09 **頻出** サバナとは，疎林が混じる熱帯長草草原のことで，
東アフリカのケニアやタンザニアでは□ a □，南アメリ
カ北部ベネズエラのオリノコ川流域では□ b □，ブラジ
ル高原では□ c □やセラードとよばれる。 　（学習院大）

a サバナ
　（サバンナ）
b リャノ
c カンポ

☐ 10 C（温帯）の降水量が少ない地域には，草原が広がって
おり，北アメリカ中央部の□ a □や，アルゼンチンの
□ b □などが有名である。 　　　　　　　（青山学院大）

a プレーリー
b パンパ

☐ 11 **頻出** 中央アジアに位置するカザフスタンの草原の名称
（カザフステップ）に由来する□□□□は，砂漠のおもに
高緯度側に分布する短草草原である。 　　　　　（法政大）

ステップ

☐ 12 動植物の遺骸が腐ってできた有機物を□□□□といい，
土壌は，岩石が風化したものに，□□□□が混ざって形成
されたものである。 　　　　　　　　　　（青山学院大）

腐植

☐ 13 土壌は，気候や植生の影響を強く受けて形成された
□ a □と，岩石などの影響を強く受けて局地的に分布す
る□ b □とにわけられる。 　　　　　　　　　（駒澤大）

a 成帯土壌
b 間帯土壌

土壌（成帯土壌）

☐ 14 A（熱帯）の□□□□や赤黄色土は，赤色で，やせている。
　　　　　　　　　　　　　　　　　　　　　　（札幌大）

ラトソル

☐ 15 B（乾燥帯）の砂漠土と□□□□土は，アルカリ性である。
　　　　　　　　　　　　　　　　　　　　（明治学院大）

栗色

☐ 16 **頻出** 半乾燥地域の黒色土には□□□□やプレーリー土，
パンパ土があり，肥沃である。 　　　　　　　（神奈川大）

チェルノーゼ
ム

☑ 17 C（温帯）の落葉広葉樹林のもとで生成される ☐☐☐☐ 土は，肥沃である。　　　　　　　　　　　（日本大）　　褐色森林

☑ 18 D（冷帯）の ☐☐☐☐ は灰白色・強酸性で，やせている。　　ポドゾル
　　　　　　　　　　　　　　　　　　　　　　（関西大）

☑ 19 ET（ツンドラ気候）には ☐☐☐☐ 土が分布している。　　ツンドラ（永
　　　　　　　　　　　　　　　　　　　　　　（立教大）　　久凍土）

土壌（間帯土壌）

☑ 20 **地中海地方**の ☐☐☐☐ は，石灰岩が風化したもので赤色　　テラロッサ
　　である。　　　　　　　　　　　　　　（西南学院大）

☑ 21 **ブラジル高原南部**の ☐☐☐☐ は，玄武岩などが風化した　　テラローシャ
　　もので赤紫色で，コーヒー栽培に適している。　　（明治大）

☑ 22 頻出 **インド・デカン高原**の ☐☐☐☐ は，玄武岩が風化し　　レグール
　　たもので黒色，綿花栽培に適している。　　　（松山大）

☑ 23 細かな砂や粘土が風に運ばれて堆積したものを ☐☐☐☐　　レス
　　といい，北アメリカやヨーロッパなど氷河堆積物起源の
　　ものと，中国の**黄土（ホワンツー）高原**など砂漠起源の
　　ものがある。　　　　　　　　　　　　　（東北学院大）

各気候区の特徴

熱帯雨林気候（Af）

☑ 01 Af（熱帯雨林気候）は，☐☐☐☐ 付近に分布し，気温の年　　赤道
　　較差が小さい。　　　　　　　　　　　　（近畿大）

☑ 02 年中 ☐☐☐☐ 帯の影響を受け多雨である。　（高崎経済大）　　赤道低圧
　　　　　　　　　　　　　　　　　　　　　　　　　　　　（熱帯収束）

☑ 03 雨は対流性降雨で，ほぼ毎日午後にみられる突風をとも　　スコール
　　なう豪雨である ☐☐☐☐ として，短時間にまとまって降
　　る。　　　　　　　　　　　　　　　　　（法政大）

☑ 04 **頻出** アジアや南アメリカの Af（熱帯雨林気候）の ‌ a ‌
側には，乾季はあるが ‌ b ‌ が生育する Am（乾季は
あるが ‌ b ‌ のみられる気候・熱帯モンスーン気候）
が分布する。 （獨協大）

a 高緯度
b 熱帯雨林

☑ 05 湿気や野獣からの害を避けるため ‌ ‌ 住居が多くみ
られる。 （筑波大）

高床式

サバナ気候（Aw）

☑ 06 Af（熱帯雨林気候）の周囲には，Aw（ ‌ ‌ ）が分布
する。 （学習院大）

サバナ気候

☑ 07 夏季（高日季）には ‌ a ‌ の圏内となり多雨，冬季（低
日季）には ‌ b ‌ の圏内となり少雨となる。 （専修大）

a 赤道低圧帯
（熱帯収束
帯）
b 亜熱帯高圧
帯（中緯度
高圧帯）

砂漠気候（BW）

☑ 08 砂漠は，年中 ‌ a ‌ の圏内となる地域，海洋から隔たっ
ている大陸内部（ ‌ b ‌ ），卓越風に対して ‌ c ‌ とな
る地域， ‌ d ‌ の流れる低緯度の大陸西岸に位置する。
（立命館大）

a 亜熱帯高圧
帯（中緯度
高圧帯）
b 中央アジア
c 山地の風下
側
d 寒流

☑ 09 サハラ砂漠やカラハリ砂漠（アフリカ南部）など ‌ a ‌
付近の大陸 ‌ b ‌ では，亜熱帯高圧帯の支配を受け，
‌ c ‌ 気流が卓越し，降水をもたらす上昇気流が発生
しにくい。 （愛知教育大）

a 回帰線
b 西岸
c 下降

☑ 10 モンゴルのゴビ砂漠やタリム盆地の ‌ a ‌ 砂漠など海
洋から隔たっている度合いを示す ‌ b ‌ が大きい地域
では，海洋からの水蒸気が届かないため降水量が少ない。
（福岡大）

a タクラマカ
ン
b 隔海度

☑11 アルゼンチンの [a] 台地など [b] では，山地の風　a パタゴニア
上側で降水がみられ，風下側では水分が失われるため降　b 山地の風下
水量が少ない。　(愛知教育大)　側

☑12 **頻出** アンゴラ海岸からナミブ砂漠にかけての地域やペ　a 寒流
ルー海岸からアタカマ砂漠にかけての地域など，[a]　b 低緯度
の流れる [b] の大陸西岸では，沖を流れる [a] に
よって，大気の下層が冷却され，上昇気流が生じないた
め雨が降りにくい。　(近畿大)

ステップ気候（BS）

☑13 BS（[　　　　]）は，砂漠気候の周辺に位置する。　ステップ気候

☑14 乾燥地域の遊牧民は，モンゴルの [　　　　] などの移動式　ゲル
住居を利用する。　(法政大)

温暖冬季少雨気候（Cw）

☑15 **頻出** Cw（温暖冬季少雨気候）は，[　　　　] の影響を受け　季節風
夏季は多雨，冬季は少雨となる中国からインド北部にか　(モンスーン)
けての地域に分布する。　(成城大)

☑16 [a] 大陸や [b] 大陸の Aw（サバナ気候）地域の　a アフリカ
高原は，降水の季節配分が低地と同じだが，高度による　b 南アメリカ
[c] により最寒月平均気温が 18℃を下回るため，A　c 気温の逓減
（熱帯）ではなく C（温帯）気候の Cw（温暖冬季少雨　(a・b は順不
気候）となる。　(駒澤大)　同)

温暖湿潤気候（Cfa）

☑17 Cfa（温暖湿潤気候）は，緯度 30 度から 40 度の大陸　東岸
[　　　　] に分布する。　(関西学院大)

☑18 最暖月平均気温が [　　　　] ℃を超え夏季は高温となり，　22
四季が明瞭である。

☑19 Cfa（温暖湿潤気候）の低緯度側にはシイ・カシなどの　照葉樹
[　　　　] 林がみられる。　(福岡大)

地中海性気候（Cs）

☐ 20 Cs（地中海性気候）は，緯度30度から45度付近の大陸 ☐ に分布する。

西岸

☐ 21 夏季は ☐a☐ に覆われ少雨，冬季は ☐b☐ に覆われ多雨で，乾季雨季が明瞭である。 （専修大）

a 亜熱帯高圧帯（中緯度高圧帯）

b 寒帯前線帯（亜寒帯低圧帯）

西岸海洋性気候（Cfb）

☐ 22 頻出 Cfb（西岸海洋性気候）は， ☐ 気候区の高緯度側で，緯度40度から60度の大陸西岸に分布する。（中央大）

Cs（地中海性）

☐ 23 ☐ の影響を受け年中湿潤である。 （学習院大）

寒帯前線帯（亜寒帯低圧帯）

☐ 24 東岸に位置するCfa（温暖湿潤気候）より高緯度側に分布するため，最暖月の平均気温が ☐ ℃を超えない。

22

☐ 25 南半球のオーストラリアやニュージーランドでは， ☐ にも分布する。 （関西学院大）

東岸

冷帯（亜寒帯）湿潤気候（Df）・冷帯（亜寒帯）冬季少雨気候（Dw）

☐ 26 D（冷帯，亜寒帯）は， ☐ にのみ分布する。 （福井大）

北半球

☐ 27 Df（冷帯湿潤気候）は，ヨーロッパ東部からシベリア西部・中央部，北アメリカ大陸の高緯度地域に分布し，☐ の影響により年中湿潤である。 （成城大）

寒帯前線帯（亜寒帯低圧帯）

☐ 28 Dw（冷帯冬季少雨気候）は， ☐ 大陸北東部のみに分布する。

ユーラシア

☐ 29 冬季シベリア ☐a☐ に覆われるDw（冷帯冬季少雨気候）地域は，冬は厳寒で少雨であり，気温の ☐b☐ が極めて大きい。 （関西大）

a 高気圧

b 年較差

☑ 30 **頻出** シベリア東部など　**a**　が広がる地域では，家屋
などからの熱により凍土が融解して建物が傾くのを防ぐ
ため，　**b**　の住居もみられる。　　　　　　　（札幌大）

a 永久凍土
b 高床式

ツンドラ気候（ET）

☑ 31 ET（　**a**　）は，降水量や降水の季節配分に関係なく，
　b　は 10℃未満，0℃以上である。　　　　（和歌山大）

a ツンドラ気
　候
b 最暖月平均
　気温

☑ 32 夏季は凍土層の表面が融け，□□□□類や菌類などの地
衣・蘚苔類と，小低木もみられる。

コケ

☑ 33 ET（ツンドラ気候）は，北極海沿岸のほか，□□□□高原
など高山地域にも分布する。　　　　　　　　　（駒澤大）

チベット

☑ 34 北極海沿岸では，□□□□の遊牧が行われている。
　　　　　　　　　　　　　　　　　　　　　　（首都大東京）

トナカイ

☑ 35 チベット高原やヒマラヤ，テンシャン山麓では□□□□
の遊牧が行われている。　　　　　　　　　　　（駒澤大）

ヤク

☑ 36 アンデス山脈では□□□□やアルパカなどの飼育が行わ
れている。　　　　　　　　　　　　　　　　　（首都大東京）

リャマ

氷雪気候（EF）

☑ 37 南極大陸・グリーンランド島内陸は□□□□に覆われて
いる。　　　　　　　　　　　　　　　　　　　（神奈川大）

大陸氷河（氷
床）

陸水と海洋

陸水

☐ 01 地下水には，地表面に最も近く地表からの雨水などの浸
透水などの影響を受けやすい ⎡ a ⎤ 地下水や，上下二
層の不透水層に挟まれた ⎡ b ⎤ 地下水などがある。オ
ーストラリア大陸の ⎡ c ⎤ （グレートアーテジアン）盆
地では， ⎡ b ⎤ 地下水層まで掘り抜いた鑽井（掘り抜き
井戸）が牧羊・牧牛に利用されている。地盤が軟弱な沖
積平野では，地下水の過剰揚水により ⎡ d ⎤ が生じる。

（青山学院大）

a 自由
b 被圧
c 大鑽井
d 地盤沈下

☐ 02 湖沼は，成因・塩分濃度・栄養分（窒素・リンなど）濃
度で分類される。 ⎡ a ⎤ 湖は， ⎡ a ⎤ によってできた
凹地に水がたまってできたもので，**バイカル湖**，**タンガ
ニーカ湖**，**死海**など。火口湖・カルデラ湖は，火口・カ
ルデラに水がたまってできたもので，**十和田湖**など。
⎡ b ⎤ は，海だったところが砂州によって切り離され
てできたもので，**サロマ湖**など。氷河湖は， ⎡ c ⎤ によ
ってできた凹地に水がたまってできたもので，**五大湖**や
北ヨーロッパに多い。

（学習院大）

a 断層
b 潟湖
　（ラグーン）
c 氷食

河川

☐ 03 河川流量の年変化は，河川水の集まる ⎡ a ⎤ の自然環
境（地形や気候），特に降水の ⎡ b ⎤ との関係が深い。

a 流域
b 季節配分

☐ 04 一般には降水の季節配分を反映し，雨季に河川流量は最
大となるが，寒冷地域では融雪期が最大となることが多
く，シベリアでは ⎡　　　⎤ のある初夏（5～6月頃）に最
大となる。

融雪洪水
（洪水）

☐ 05 日本の河川は，高く険しい山地を源とし，流量の年変化
が ⎡ a ⎤ 。ヨーロッパなど大陸の河川は，勾配が緩や
かな山地を源とし，流量の年変化は ⎡ b ⎤ ，河川交通
に利用されることが日本に比べて多い。

a 大きい
b 小さく

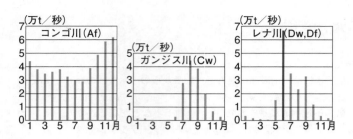

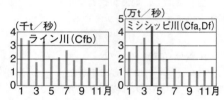

※グラフの青い部分は融雪の影響が大きい月を示している

▲河川の流量変化

海洋

☑06 世界の主な海流の表層は，亜熱帯高圧帯（中緯度高圧帯）から低緯度側へ吹き出す ___a___ 風と，高緯度側へ吹き出す ___b___ 風と同じ向きに流れる。
（駒澤大）

a 貿易
b 偏西

☑07 海流は，地球の自転の影響により，北半球では ___a___ に，南半球では ___b___ に力を受けて曲がる。一般に，暖流は低緯度側から高緯度側へ，寒流は高緯度側から低緯度側へ流れる。
（関西学院大）

a 右
b 左

☑08 寒流と暖流がぶつかる _____ は，海底から海面へ湧き上がる海水の流れ（湧昇流）ができるため，好漁場となる。
（立命館大）

潮境（潮目）

☑09 ___a___ の赤道付近で東から西へ吹く ___b___ 風がなんらかの要因で弱まると，この付近の海面水温が異常に上昇する ___c___ 現象が発生する。
（成城大）

a 東太平洋
b 貿易
c エルニーニョ

日本の自然環境

日本の地形

☐ 01 **頻出** 新期造山帯に属する日本列島は，2つの海洋プレートが，2つの大陸プレートの下に沈み込み，　a　に沿って形成された　b　（島弧）である。　　　（東北福祉大）

a 海溝
b 弧状列島

☐ 02 本州には，東北日本と西南日本をわけ，プレート境界にあたる　　　　（大地溝帯）が位置する。　　　（学習院大）

フォッサマグナ

☐ 03 　　　　（大地溝帯）の西縁には，**糸魚川・静岡構造線**が南北に走る。　　　（東海大）

フォッサマグナ

☐ 04 西南日本は　　　　（メジアンライン）によって内帯と外帯にわけられる。　　　（明治大）

中央構造線

日本の気候

☐ 05 夏季は高温で，冬季は低温となる，　　　　が明瞭な Cfa（温暖湿潤気候）が広く分布する。　　　（関西大）

四季

☐ 06 初夏は，オホーツク海高気圧（寒帯気団）と小笠原高気圧（熱帯気団）との間に生じた　　　　前線（寒帯前線）が停滞すると，長雨となる。　　　（広島経済大）

梅雨

☐ 07 梅雨前線が北上して梅雨が明けると，本州以南は　　　　高気圧に覆われ盛夏となる。　　　（広島経済大）

小笠原

☐ 08 ケッペンの区分では，北海道は Df（　a　），本州以南は Cfa（　b　）である。　　　（学習院大）

a 冷帯湿潤気候
b 温暖湿潤気候

3章 系統地理—資源と産業

農業

農業の発達と成立条件

☐ 01 **根栽農耕文化**は，年中高温多雨な　　　　ではじまった。
ここは，タロいもやヤムいも，バナナ，さとうきびなど
の栽培起源地である。
（福井大）

東南アジア

☐ 02 　a　農耕文化は，雨季と乾季が明瞭な西アフリカではじまった。ここは，ひえ などの　b　の栽培起源地である。
（福井大）

a サバナ
b 雑穀

☐ 03 **地中海農耕文化**は，冬季湿潤な　a　ではじまった。
ここは，秋まきの　b　や大麦などの栽培起源地である。
（福井大）

a 西アジア
b 小麦

☐ 04 **頻出** **新大陸農耕文化**は，　a　ではじまった。ここは，
　b　やジャガイモ，キャッサバなどの栽培起源地で
ある。
（福井大）

a 中南アメリ
カ
b とうもろこ
し

☐ 05 気候や地形などの　a　条件と，経済水準や文化など
の　b　条件の違いにより，世界にはさまざまな形態
の農業がみられる。

a 自然
b 社会

☐ 06 一般に，牧畜は年降水量 250 mm 以上，畑作は 500 mm
以上，稲作は　　　　mm 以上の地域で行われる。
（関西学院大）

1,000

☐ 07 **頻出** 農耕の限界は，最暖月平均気温 10℃の等温線とほ
ぼ一致し，これより寒冷なツンドラ地域ではトナカイな
どの　　　　が行われる。
（学習院大）

遊牧

☐ 08 **頻出** 降水量が少ない地域では，地下水をくみ上げて散水
する　　　　もみられる。
（広島経済大）

センター
ピボット

☐ 09 傾斜地では，段々畑や　　　　などの階段耕作が行われ
る。
（慶應義塾大）

棚田

☑ 10 アメリカ合衆国などの畑作地域では，雨水などによる土　　等高線耕作
壌侵食を防ぐため，等高線に沿って畝をつくり，帯状に
作付けする　　　　　もみられる。

☑ 11 農業の社会条件とは，資本や技術，　　　　　との距離や歴　　市場
史，政策などのことをさす。　　　　　　　　　　（東京大）

☑ 12 自然条件は同じでも，　　　　　条件が異なれば農業形態は　　社会
異なってくる。

☑ 13 土地に対して多くの労働力や資本を投下する農業を　　　　a 集約
　　a　的農業，あまり投下しない農業を　　b　的農業　　b 粗放
という。　　　　　　　　　　　　　　　　　　（学習院大）

☑ 14 一般に，人口が多く経営規模が小さい地域では労働集約　　a 高
度が　　a　くなり，人口が少なく経営規模が大きい地　　b 低
域の労働集約度は　　b　くなる。　　　　　　　（福井大）

☑ 15 　　a　当たりの生産量を**土地生産性**，　　b　の生産量　　a 単位（農地）
を**労働生産性**という。　　　　　　　　　　　（成城大）　　　面積
　　　　　　　　　　　　　　　　　　　　　　　　　　　　b 1人当たり
　　　　　　　　　　　　　　　　　　　　　　　　　　　　（単位労働
　　　　　　　　　　　　　　　　　　　　　　　　　　　　時間当た
　　　　　　　　　　　　　　　　　　　　　　　　　　　　り）

☑ 16 肥料や農業資材を多く利用して生産することを　　　　　　資本
集約という。

☑ 17 一般に，集約度が高まると　　a　生産性が高まり，機械　　a 土地
化が進むと　　b　生産性が高まる。　　　　　　（関西大）　　b 労働

☑ 18 ヨーロッパの農業は，土地生産性・労働生産性ともに　　a 高
　　a　く，アジアでは土地生産性が，アメリカ合衆国や　　b 労働生産性
オーストラリアなどの新大陸では　　b　が高い。
　　　　　　　　　　　　　　　　　　　　　　　　（関西大）

☑ 19 自給的農業とは，農民が生産した農産物を，市場に流通　　発展途上
させず自分で消費する農業で，農業人口率の高いアジア，
アフリカなどの　　　　　地域で行われている。（國學院大）

☑20 商業的農業とは，農産物の◻◻◻を目的とした農業で，
ヨーロッパやアメリカ合衆国など先進地域で行われてい
る。　　　　　　　　　　　　　　　　　　　　　（國學院大）

販売

☑21 企業的農業とは，商業的農業が大規模化したもので，ア
メリカ合衆国やオーストラリアなどの◻◻◻で行われ
る。　　　　　　　　　　　　　　　　　　　　　（國學院大）

新大陸

☑22 農業の集団化は，旧ソ連や中国，キューバなど◻◻◻
で行われたが，社会主義計画経済は農家の自主性を阻害
し，集団化は生産意欲を低下させ，生産が停滞したため
ほとんど崩壊している。　　　　　　　　　　　　（成城大）

社会主義国

自給的農業

☑23 **頻出** アジア・アフリカ・ラテンアメリカの熱帯中心に行
われる◻◻◻は，山林や原野を伐採し，乾燥させた後，
火入れして灰を肥料とするが，数年たつと雑草が繁茂し
たり，地力が低下したりするため移動して行われる。
　　　　　　　　　　　　　　　　　　　　　　　（上智大）

焼畑

☑24 ◻◻◻で行われる焼畑の作物は，キャッサバ・タロいも・
ヤムいもなどのいも類中心である。　　　　　　　（福井大）

Af（熱帯雨林
気候）

☑25 ◻◻◻で行われる焼畑の作物は，ミレットなどと称され
る，あわ・ひえ・もろこしなど雑穀中心である。
　　　　　　　　　　　　　　　　　　　　　（高崎経済大）

Aw（サバナ気
候）

☑26 **頻出** ◻◻◻とは，自然の草や水を求めて一定地域内を家
畜とともに家族全員で移動して行う牧畜である。
　　　　　　　　　　　　　　　　　　　　　　　（学習院大）

遊牧

☑27 北極海沿岸では◻ a ◻，アンデス地方ではリャマ・アル
パカ，チベット・ヒマラヤ・テンシャン地方では◻ b ◻
などの遊牧が行われる。　　　　　　　　　　　　（駒澤大）

a トナカイ
b ヤク

☑28 乾燥帯では，羊・ヤギ・馬（モンゴル），ラクダ（中東），
◻◻◻（サヘル）などの遊牧が行われる。　　（青山学院大）

牛

☐ 29 　a　（アジア式稲作）は，夏季の高温と　b　による年間 1,000 mm 以上の多雨を活かし，沖積平野で行われる。　（成城大）

a 集約的稲作
b 季節風（モンスーン）

☐ 30 降水量が少ない黄河流域，インドの　a　高原や　b　地方などでは，　c　（アジア式畑作）が行われる。　（駒澤大）

a デカン
b パンジャブ
c 集約的畑作

☐ 31 **頻出** 北アフリカ～西アジア～中央アジアの乾燥地域では，湧水地や外来河川沿い，地下水路などを用いた灌漑によって，なつめやし，小麦や綿花などを栽培する　　　　農業が行われる。　（上智大）

オアシス

商業的農業

☐ 32 古代ヨーロッパでは，地力の減退を防ぐため，耕地を二分して，耕作と休閑を繰り返す　　　　農業が行われた。　（名城大）

二圃式

☐ 33 夏季乾燥する地中海沿岸では冬穀物（　a　）が，冷涼な北西ヨーロッパでは夏穀物（　b　・えん麦）が栽培された。　（立命館大）

a 小麦
b 大麦

☐ 34 中世の北西ヨーロッパでは，地力の減退を防ぐため，耕地を夏穀物（大麦・えん麦など）・冬穀物（小麦やライ麦など）・休閑地に三分し，循環的に使用する　　　　農業が行われるようになった。　（札幌大）

三圃式

☐ 35 **頻出** 商業的混合農業とは，　　　　作物栽培と牛・豚などの家畜飼育を組み合わせ，肉類を販売する農業である。　（明治大）

飼料

☐ 36 ヨーロッパ北部では，　a　・じゃがいも栽培と　b　などの家畜飼育が行われる。　（関東学院大）

a ライ麦
b 豚

☐ 37 ヨーロッパ南部では，　a　・とうもろこし栽培と　b　などの家畜飼育が行われる。　（近畿大）

a 小麦
b 肉牛

☐ 38 アメリカ合衆国では，五大湖の南西側の　　　　でとうもろこし・大豆栽培と豚などの飼育が行われる。　（早稲田大）

コーンベルト

酪農

☑ 39 頻出 ⬚⬚⬚⬚ とは，生乳や乳製品を生産・販売する目的　　　酪農
で，乳牛を飼育する農業である。　　　　　　　　（北海学園大）

☑ 40 酪農は，消費地の近郊では鮮度が重要な ⬚a⬚ ，消費　　a 生乳
地から離れた所では保存がきくバターや ⬚b⬚ が生産　　b チーズ
の中心となる。　　　　　　　　　　　　　　　（関西学院大）

☑ 41 酪農は，かつて ⬚a⬚ に覆われ地力が低く，冷涼な気　　a 大陸氷河
候のヨーロッパの北海から ⬚b⬚ 沿岸，アメリカ合衆　　　（氷床）
国の ⬚c⬚ 沿岸から大西洋岸にかけての地域で行われ　　b バルト海
る。そのほか，オーストラリア南東部，ニュージーラン　　c 五大湖
ド北島，アルプス山麓でも行われている。　　　（立命館大）

園芸農業

☑ 42 ⬚⬚⬚⬚ とは，都市向けの新鮮な野菜・花卉・果物を，せ　　園芸農業
まい土地で集約的に生産する農業で，近郊農業と輸送園
芸にわけられる。　　　　　　　　　　　　　　（北海学園大）

☑ 43 ⬚⬚⬚⬚ は，アメリカ合衆国のメガロポリス，オランダ，　近郊農業
東京大都市圏など都市近郊で行われる。　　　　　（札幌大）

☑ 44 ⬚⬚⬚⬚ とは，温暖な気候を活かして，都市近郊よりも出　　促成栽培
荷時期を早める農業で，アメリカ合衆国のフロリダ半島
や日本の四国・九州の野菜栽培などで行われている。
　　　　　　　　　　　　　　　　　　　　　　（立命館大）

地中海式農業

☑ 45 地中海式農業とは，⬚⬚⬚⬚ に乾燥する Cs（地中海性気　　夏季
候）地域で行われる農業である。　　　　　　　　（明治大）

☑ 46 一般にはぶどうやオレンジ類などの ⬚⬚⬚⬚ 栽培が行わ　　樹木作物
れる。

☑ 47 頻出 ⬚a⬚ 沿岸では，⬚b⬚ やコルクがしの栽培が盛　　a 地中海
んで，湿潤な冬季は自給用の ⬚c⬚ 栽培が行われる。　　b オリーブ
　　　　　　　　　　　　　　　　　　　　　　（広島経済大）　c 小麦

☑ 48 地中海沿岸などでは，夏季は乾燥して低地の草地が枯れ
るため，低地に比べ気温が低く湿潤な高地で放牧し，冬
季は低地で飼育する _____ も行われている。　(東洋大)

移牧

☑ 49 カリフォルニア州では，灌漑による _____ 栽培が盛ん
で，近年は地中海沿岸でもヨーロッパの大都市向けの
_____ 栽培が行われるようになった。

野菜

企業的穀物農業

☑ 50 _____ 農業とは，19世紀後半から発展した，広大な農
場で大型機械を使用し小麦などを栽培する農業である。
　(明治学院大)

企業的穀物

☑ 51 アメリカ合衆国ではかつて農業開拓を担った _____ 農
場が減少し，大規模化が進んでいる。　(日本大)

家族経営

☑ 52 頻出 近年，アメリカ合衆国では， a が b （農
業関連産業）に進出している。　(中央大)

a 穀物メジャー
b アグリビジ
ネス

☑ 53 企業的穀物農業は，耕地面積に対して労働力の投入量が
少ないため a 的であり，土地生産性は b く，機
械化が進んでいるので労働生産性は c い。　(中央大)

a 粗放
b 低
c 高

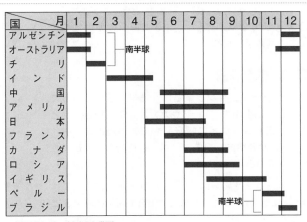

▲小麦カレンダー（小麦の収穫期）

☑54 企業的穀物農業は，年降水量 500 mm 前後の [＿＿＿] の　　黒色土
分布地域が中心である。　　　　　　　　　　（首都大東京）

☑55 **頻出** 企業的穀物農業は，北アメリカのカナダ南部から　　a プレーリー
アメリカ合衆国にかけての [a] や，アルゼンチンの　　b パンパ
[b] や，黒海北側の [c] 南部からロシア南部・カ　　c ウクライナ
ザフスタン北部にかけての地域や，オーストラリア南東　　d マリーダー
部の [d] 盆地で行われる。　　　　　　　　（関西大）　　　リング

企業的牧畜

☑56 企業的牧畜とは，肉牛・羊を広大な放牧地で飼育し，肉　　冷凍船
類・羊毛などを販売する農業で，当初は羊毛生産のため
の牧羊が発展した。19世紀に [＿＿＿] が実用化されると，
生肉の長距離輸送が可能となったため，牧牛も盛んとな
った。　　　　　　　　　　　　　　　　　　（明治大）

☑57 ベネズエラ・オリノコ川流域のリャノ，ブラジル高原の　　Aw(サバナ気
カンポ，オーストラリア北部などの [＿＿＿] 地域では牧　　候)
牛が行われる。　　　　　　　　　　　　（西南学院大）

☑58 牧羊は，オーストラリア，アルゼンチンの乾燥パンパや　　BS(ステップ
パタゴニア，南アフリカ共和国北部など [＿＿＿] 地域で　　気候)
みられる。　　　　　　　　　　　　　　（高崎経済大）

☑59 **頻出** アメリカ合衆国の [＿＿＿] など内陸の乾燥地域で　　グレート
は，牛の飼育が行われている。　　　　　　（愛知教育大）　　プレーンズ

プランテーション農業

☑60 **頻出** プランテーション農業とは，熱帯・亜熱帯地域で　　a コーヒー
行われる，輸出用の [a] やカカオ，茶，綿花，さと　　b モノ
うきび，天然ゴムなどの嗜好品や工芸作物の単一耕作　　　カルチャー
([b])が特徴的な農業で，輸送に便利な沿岸部で主
に行われている。　　　　　　　　　　　　（成城大）

☑61 プランテーション農業は [＿＿＿] に欧米諸国によっては　　植民地時代
じまったが，第二次世界大戦後は国営や現地資本経営と
なったところが多い。　　　　　　　　　　（國學院大）

☑62 単一耕作（ a ）は，国際価格の変動に影響を受けや
すいため，作物の b が進んでいるところもみられ
る。 （中央大）

a モノ
　カルチャー
b 多角化

農産物と農業統計

※統計年次は，生産統計は主に 2019 年，貿易統計は主に 2018 年で，
出典は主に FAOSTAT による。

三大穀物（米）

☑01 米の年間の生産量は約 ◻︎ 億トンである。

7

☑02 米の栽培起源地は ◻︎ の中国からインドとされる。
（立命館大）

モンスーンア
ジア

☑03 米は，生産上位に a の人口大国が並び，生産・消費
の約 b 割をこの地域の国々が占める。 （國學院大）

a モンスーン
　アジア
b 9

☑04 頻出 米は三大穀物の中で貿易量が最も少なく，輸出上位
はタイやアメリカ合衆国のほか，緑の革命によって自給
を達成したインドや a 政策により輸出用の栽培が
盛んとなったベトナム，西アジア向けの高級米生産で有
名な b などである。 （松山大）

a ドイモイ
b パキスタン

三大穀物（小麦）

☑05 小麦の年間の生産量は約 ◻︎ 億トンである。

7

☑06 小麦の栽培起源地は a とされ，米より冷涼少雨の
地域で生産され，新大陸では年降水量 500 mm 前後の
b 分布地域が生産の中心である。 （首都大東京）

a 西アジア
b 黒色土

☑07 一般には，秋に播種し，冬を越し初夏に収穫する ◻︎
小麦が栽培される。 （成城大）

冬

☑08 寒冷地では春に播種し，夏から秋に収穫する ◻︎ 小
麦もみられる。 （成城大）

春

☑ 09 オーストラリアなどの南半球の国々は，小麦を北半球から
の出荷量が減る ⬜⬜⬜ に出荷できるため，輸出競争
力が高い。 (首都大東京)

端境期

三大穀物（とうもろこし）

☑ 10 とうもろこしの年間の生産量は約 ⬜a⬜ 億トンで，
⬜b⬜ によるものが増加している。

a 11
b 遺伝子組換え

☑ 11 栽培起源地が熱帯アメリカ（メキシコ周辺など）とされる とうもろこしは，⬜⬜⬜ での生産が多い。 (関西大)

南北アメリカ

☑ 12 頻出 とうもろこしは，発展途上国では主に食用とされ，
先進国では ⬜⬜⬜ や食用油として多く利用される。
(関西大)

飼料

☑ 13 とうもろこしは，アメリカ合衆国では，液体バイオ燃料
の ⬜⬜⬜ の原料としての利用も増加した。 (日本大)

バイオ
エタノール

その他の穀物・豆類・いも類

☑ 14 頻出 ⬜a⬜ は，主にパンの原料として利用されるが，
小麦と比べ生産は圧倒的に少なく，ドイツやロシア，
⬜b⬜ などヨーロッパの冷涼地域での栽培が盛んで，
年間 1,200 万トン前後である。 (西南学院大)

a ライ麦
b ポーランド

☑ 15 ⬜a⬜ は，低緯度地域から高緯度地域，高山地域など栽
培範囲が最も広い麦で，主に ⬜b⬜ やビールなどの飲
料の原料とされる。年間生産量は約 1.4 億トンで，生産
上位国は，ロシアとヨーロッパ諸国，オーストラリア・
カナダである。 (明治学院大)

a 大麦
b 飼料

☑ 16 ⬜a⬜ は，冷涼地域で栽培され，主に ⬜b⬜ として利
用されるが，オートミール（西洋のおかゆ）として食用
にもされ，生産上位国は，ロシア・カナダである。
(立命館大)

a えん麦
b 飼料

☑17 大豆は食用のほか，食用油や飼料用としても利用され，__a__ での生産が多く，__b__ やアルゼンチンで大幅に増加している。 (慶應義塾大)

a アメリカ合衆国

b ブラジル

☑18 近年は，大豆の貿易量の過半が__　__向けであり，経済発展による肉の消費量の増加に対応するため，飼料用の輸入が増えている。 (日本大)

中国

☑19 じゃがいもは，栽培起源地が__　__地方とされる。 (関西大)

アンデス

☑20 頻出 じゃがいもは，冷涼な気候に適し，16世紀以降ヨーロッパに伝播して重要な食料となり，ヨーロッパ北部では__　__で豚の飼料作物としても栽培される。 (國學院大)

混合農業

☑21 キャッサバは，栽培起源地が__　__とされる。

熱帯アメリカ

☑22 キャッサバは，熱帯地域では，タロいもやヤムいもなどと同じく__　__でも栽培される。 (学習院大)

焼畑農業

☑23 キャッサバは，熱帯の発展途上国では重要な食料とされており，アフリカで人口最大の__　__の生産が多い。 (駒澤大)

ナイジェリア

嗜好作物と工芸作物

☑24 さとうきびは，砂糖の原料として，主に雨季と乾季が明瞭な__　__地域で栽培されてきた。 (関西大)

熱帯

☑25 頻出 さとうきびは，近年ブラジルなどでは，液体バイオ燃料の__　__の原料としての栽培も増えている。 (福岡大)

バイオエタノール

☑26 さとうきびは，耕種作物（種や苗を植える作物）としては最も生産量が多い作物で，年間生産量は__　__億トンを超える。

19

☑27 てんさいは，砂糖の原料として，19世紀のヨーロッパで栽培が盛んとなり，現在はフランスやロシアなど__　__な地域で栽培されている。 (獨協大)

冷涼

☑ 28 てんさいは，根を搾って，その汁を煮詰めて砂糖をつくる。搾りかすや葉は混合農業の　　　　として利用される。 (高崎経済大)

飼料

☑ 29 てんさいは，日本では　　　　が産地で，製糖も行われている。

北海道

☑ 30 カカオの栽培起源地は熱帯アメリカであるが，主産地は　a　・ガーナなどの　b　である。 (関西大)

a コートジボワール
b 西アフリカ

☑ 31 茶の生産上位国は，中国を除くとインド・　a　・スリランカなど旧　b　植民地が多い。輸入上位国は，ロシア・　b　・アメリカ合衆国である。 (関西学院大)

a ケニア
b イギリス

☑ 32 アラビカ種のコーヒーの栽培起源地は，　　　　高原南部のカッファ地方であり，熱帯の高原で多く栽培される。

エチオピア

☑ 33 コーヒーは，　a　やコロンビアなどの南アメリカだけでなく，ドイモイ政策で生産量が増加したベトナムなど　b　での生産も多い。輸入上位国は，アメリカ合衆国・ドイツである。 (立教大)

a ブラジル
b 東南アジア

☑ 34 バナナは，アジアや　a　での生産が多く，　b　やコスタリカなどには大規模農園がみられる。 (関西学院大)

a ラテンアメリカ
b フィリピン

☑ 35 バナナの輸出上位国は，　　　　・グアテマラ・フィリピン・コスタリカ・コロンビアである。 (北海道大)

エクアドル

☑ 36 天然ゴムの栽培起源地は　a　であるが，イギリスが植民地としていたマレー半島に移植して大農園を拓き，主産地は　b　となった。 (神奈川大)

a アマゾン盆地
b 東南アジア

☑ 37 かつて天然ゴムの生産世界一であった　　　　は，価格の低迷や老木化が進んだため，油やしへの転換が進んでいる。 (神奈川大)

マレーシア

☑ 38 パーム油は，　a　の果実から搾り取るものであり，石けんや食用油，近年は液体バイオ燃料の　b　の原料としても利用されている。 (西南学院大)

a 油やし
b バイオディーゼル

☐ 39 油やしの世界生産上位2か国は ▭ a ▭ とマレーシアで，約 ▭ b ▭ 割以上を占めるが，農園の拡大による ▭ c ▭ 伐採が問題となっている。　　　　　　　　　（松山大）

a インドネシア
b 8
c 熱帯林

☐ 40 ▭▭▭▭▭ の果実（ココナッツ）の胚乳（はいにゅう）を乾燥させたコプラから採取するコプラ油は，マーガリンなどの加工食品や石けん，ろうそくなどの原料とされる。

ココやし

☐ 41 ココナッツの生産上位国は，インドネシア・▭▭▭▭・インドで，コプラの生産は ▭▭▭▭ が多い。

フィリピン

☐ 42 **頻出** なつめやしは，北アフリカから西アジアの ▭▭▭▭ 農業地域で栽培される。実を食用にする。　　（上智大）

オアシス

☐ 43 ▭ a ▭ の果実であるデーツはカロリーが高いため，▭ b ▭・北アフリカの乾燥地域の重要な食料とされ，生産上位国は，エジプト・サウジアラビア・イラン・アルジェリアである。　　　　　　　　　　　　　（立命館大）

a なつめやし
b 西アジア

☐ 44 綿花は，年降水量 500 mm 以上，無霜期間（霜のおりない期間）が 200 日以上の地域が栽培に適する。近年は，▭ a ▭ により中国や中央アジア，南アジアの ▭ b ▭ 地域での栽培が増えている。　　　　　　　（東北学院大）

a 灌漑（かんがい）
b 乾燥

☐ 45 綿花の輸入上位国は，▭ a ▭・ベトナム・バングラデシュなど，安価な労働力を背景とした労働集約的な ▭ b ▭ 工業が発達している発展途上国である。

a 中国
b 繊維（綿）

地中海性気候地域に適した作物

☐ 46 **頻出** オリーブは，主に ▭▭▭▭ 周辺地域で栽培され，果実から採油したり，食用としたりする。　　　　（福岡大）

地中海

☐ 47 オリーブの生産上位国は，スペイン・▭▭▭▭・モロッコ・トルコ・ギリシャ・エジプト・ポルトガル・チュニジア・アルジェリアである。　　　　　　　　　　　（立命館大）

イタリア

☐ 48 ぶどうは，少雨地域でも栽培できる樹木作物であり，ヨーロッパでは主に ▭▭▭▭ 用として栽培される。　（福井大）

ワイン

☑49 ヨーロッパでは，□□□盆地付近がぶどうの栽培北限である。　　　　　　　　　　　　　　　（関西大）　　　　パリ

☑50 ぶどうの生産上位国は，中国・イタリア・アメリカ合衆国・スペイン・□□□・トルコ・インド・チリ・アルゼンチンで，ワインの生産上位国は，□□□・イタリア・アメリカ合衆国・スペイン・チリである。　（日本大）　　　フランス

☑51 オレンジ類の栽培は□□□気候に適し，生産上位国は，中国・ブラジル・インド・アメリカ合衆国・メキシコ・スペイン・エジプトである。　　　　　　　　（専修大）　　　亜熱帯

☑52 オレンジ類の輸出上位国は，□□□・南アフリカ共和国であり，バレンシアオレンジで有名な□□□は世界の輸出の約2割を占める。　　　　　　　　　　（立命館大）　　　スペイン

畜産

☑53 牛の世界の飼育頭数は約□□□億頭である。　　　　15

☑54 インド以外のバターの生産上位国は，アメリカ合衆国・□□□・ドイツ・フランスである。　（立命館大）　ニュージーランド

☑55 チーズの生産上位国は，□□□・フランス・ドイツ・イタリア・オランダである。　　　　　　　　（西南学院大）　アメリカ合衆国

☑56 頻出 インドは，牛を神聖な動物として牛肉を食べない□□□教徒が人口の約8割を占めるため，牛の頭数は多いが，牛肉の生産は人口の割には少ない。ただし，ギーとよばれるバターオイルや牛乳の生産は多い。　（東北学院大）　ヒンドゥー

☑57 豚の世界の飼育頭数は約□□□億頭である。　　　　8.5

☑58 豚肉の生産は中国が多いが，輸出はスペイン・□□□・オランダ・アメリカ合衆国・デンマークなどが上位である。　　　　　　　　　　　　　　　　　　　（明治大）　ドイツ

☑59 豚は□□□を信仰する国々では飼育されず，インドでも飼育頭数は少ない。　　　　　　　　　　　（立命館大）　イスラーム

☑60 羊の世界の飼育頭数は約□□□億頭である。　　　　12

☐ 61 羊は粗食のため，牧草の少ない乾燥地域でも多数を飼育
　　でき，肉用種や毛用種（　　　　）などがある。　　　　メリノ種

☐ 62 羊毛の生産・輸出は，人口の少ない南半球の　　　　や
　　ニュージーランドが上位に入る。　　　　　　　　（日本大）　オーストラリア

世界の食料問題

食料供給

☐ 01 一般に，食料供給量は生活が豊かな　a　で多く，
　　　b　で少ないが，食文化の違いも反映する。（近畿大）
　　a 先進国
　　b 発展途上国

☐ 02 頻出 アフリカの　a　地域では，キャッサバなどの
　　　b　類が主食となる。　　　　　　　　（関東学院大）
　　a Af（熱帯雨林気候）
　　b いも

☐ 03 インドは　　　　　な理由で肉類の供給量が少ない。
　　宗教的

緑の革命

☐ 04 頻出 緑の革命とは，発展途上地域の食料不足を解決す
　　るため，1960年代後半から東南アジア・南アジアで
　　　a　や小麦，ラテンアメリカで小麦や　b　の高多
　　収量品種を導入し，増産をはかったもので，インドなど
　　多くの国々で食料　c　を達成した。　　（和歌山大）
　　a 米
　　b とうもろこし
　　c 自給

☐ 05 緑の革命には，　a　や化学肥料・農薬が必要であり，
　　多額の　b　を要するため，導入できた農家・地域と，
　　できなかった農家・地域との間で貧富の　c　が拡大
　　した。　　　　　　　　　　　　　　　　　　（大阪大）
　　a 灌漑
　　b 資本
　　c 格差

エネルギー・鉱産資源

エネルギー革命

☐ 01 頻出 19世紀後半の産業革命で蒸気機関が実用化され，燃
　　料消費の中心が　a　から　b　へ変化した。（明治大）
　　a 薪炭
　　b 石炭

☑ 02 **頻出** 20世紀に入り自動車用エンジンなどの内燃機関が普及すると，　a　の消費が増え，1960年代には石炭の消費を上回った。これを　b　革命という。　（新潟大）

a 石油
b エネルギー

☑ 03 1973年と1979年の　a　後は，代替エネルギーとして　b　や原子力の利用が進んだ。近年は，再生可能エネルギーとして風力や太陽光などを利用した発電が増加している。　（明治大）

a 石油危機（オイルショック）
b 天然ガス

一次エネルギー消費

☑ 04 1人当たりの一次エネルギー消費量は　a　で多く，　b　では少ない。　（学習院大）

a 先進国
b 発展途上国

☑ 05 先進国の中では特に，新大陸の　　　　やカナダ，オーストラリアで一次エネルギー消費量が多い。　（学習院大）

アメリカ合衆国

☑ 06 一次エネルギー消費が石炭中心の国は，　　　　・インド・ポーランド・南アフリカ共和国など，発展途上国や東ヨーロッパの石炭生産量が多い国である。　（学習院大）

中国

☑ 07 一次エネルギー消費が石油中心の国は，　　　　などの産油国や，日本などエネルギーの大半を輸入に依存する国である。

西アジア

☑ 08 一次エネルギー消費が　　　　中心の国は，ロシアやオランダなどである。

天然ガス

☑ 09 **頻出** 一次エネルギー消費において，電力の割合の高い国は，　a　発電中心のフランスや，　b　発電中心のカナダ，ブラジルなどである。　（学習院大）

a 原子力
b 水力

☑ 10 　a　とは未加工のエネルギーのことであり，　b　（主に石炭），液体燃料（主に石油），ガス体燃料にわけられる。　（慶應義塾大）

a 一次エネルギー
b 固体燃料

☑ 11 一次エネルギーを使用してつくられる　　　　などは，二次エネルギーとされる。　（松山大）

電力・コークス・液化天然ガス（LNG）

☑ 12 **頻出** フランスの一次エネルギー供給に占める ▭ の　　原子力
割合は 42％であり，総発電量に占める ▭ 発電の割
合は 71％である（2019 年）。　　　　　（明治学院大）

☑ 13 ブラジルの一次エネルギー供給に占める ▭ の割合　　水力
は 11.8％であり，総発電量に占める ▭ 発電の割合
は 63.5％である（2019 年）。　　　　　　　（中央大）

化石燃料

☑ 14 古生代・中生代に堆積した地層には，▭ 燃料が多く　　化石
埋蔵されている。　　　　　　　　　　　　（東海大）

石炭

☑ 15 燃焼時に火力の大きい良質な石炭は ▭ に多く埋蔵　　古期造山帯
されている。　　　　　　　　　　　　　　（明治大）

☑ 16 **頻出** 石炭の生産 1 位は ▭a▭ で世界生産の過半を占め　　a 中国
る。次いでインド・▭b▭・▭c▭・アメリカ合衆国・　　b インドネシ
ロシア・南アフリカ共和国が並ぶ（2017 年）。　　　　　　ア
　　　　　　　　　　　　　　　　　　　　（関西学院大）　　c オーストラ
　　　　　　　　　　　　　　　　　　　　　　　　　　　リア

☑ 17 石炭の輸出上位はインドネシアや ▭ であり，輸入　　オーストラリ
は中国・インド・日本・韓国などが並ぶ（2017 年）。　　　ア
　　　　　　　　　　　　　　　　　　　　（関西学院大）

石油

☑ 18 **頻出** 原油の生産上位は ▭a▭ の産出が増えたアメリカ　　a シェールオ
合衆国と，ロシア・▭b▭・イラク・カナダが並び，西　　　イル
アジアが約 3 割を占める（2019 年）。　　（関西学院大）　　b サウジアラ
　　　　　　　　　　　　　　　　　　　　　　　　　　　ビア

☑ 19 原油の輸出上位は ▭ ・ロシア・イラク・カナダ・　　サウジアラビ
アラブ首長国連邦・イランである（2017 年）。　　　　　　ア
　　　　　　　　　　　　　　　　　　　　（関西学院大）

☑20 原油の輸入上位は中国・□□□・インド・日本・韓国である（2017年）。　　　　　　　　　　　（関西学院大）

アメリカ合衆国

石油価格の動向

☑21 自国の資源を自国の発展のために使おうとする，主権回復の動きを□□□という。　　　　　　　（慶應義塾大）

資源ナショナリズム

☑22 **資源ナショナリズム**を背景に，オイルメジャーによる支配から脱却するため西アジアの産油国を中心に1960年に□□□が結成された。　　　　　　　　　　　　　　（中央大）

OPEC（石油輸出国機構）

☑23 〔頻出〕1970年代の二度の□□□を契機に石油価格は高騰し，油田の国有化も進んだ。　　　　　　　（明治大）

石油危機（オイルショック）

☑24 〔頻出〕石油危機（オイルショック）以降，先進国は代替エネルギーとして天然ガスや□a□の利用を進める一方，□b□政策を実施した。石油の□c□は低迷し，非OPEC諸国における油田開発（北海油田など）も進み，□d□が増えた。このため，石油価格は，1980年代半ばに下落した。　　　　　　　　　　　　　　（法政大）

a 原子力
b 省エネルギー
c 需要
d 供給

☑25 1990年代末以降は，□□□やインドなどの石油需要増などを背景として，高騰と下落をくり返している。

中国

天然ガス

☑26 天然ガスは，石炭や石油に比べて燃焼時の二酸化炭素排出量が少なく，硫黄分が排出されない□□□である。

クリーンエネルギー

☑27 天然ガスは，都市ガス用としての利用が多いが，先進国では□a□とともに□b□用としても利用される。

a 石炭
b 発電

☑28 天然ガスの生産は，□a□・□b□，次いでイラン・カナダ・カタールなどが並ぶ（2018年）。　　（法政大）

a アメリカ合衆国
b ロシア

☑29 天然ガスの輸出はロシア・□a□・ノルウェー・アメリカ合衆国，輸入はドイツ・中国・□b□がそれぞれ上位国である（2019年）。　　　　　　　　　（関西学院大）

a カタール
b 日本

☑ 30 近年は，アメリカ合衆国やカナダなどで頁岩層から採取 　　シェールガス
する □ の開発も進んでいる。 　　　　　　　　（福岡大）

☑ 31 日本などでは液化天然ガス（LNG）船を利用して輸入 　　パイプライン
するが，大陸では □ で輸送される。 　　　　　　（法政大）

電力

☑ 32 発電量は， □ a ・ □ b が上位国であり，次いでイ 　　a 中国
ンド・ロシア・日本などが並ぶ（2018 年）。 　（駒澤大） 　　b アメリカ合
　　　　　　　　　　　　　　　　　　　　　　　　　　　　衆国

☑ 33 水力発電中心の国は，発電構成比で約 95％の □ a ， 　　a ノルウェー
約 60％のブラジル・ □ b などである（2017 年）。 　　b カナダ
　　　　　　　　　　　　　　　　　　　　　　　　（関西大）

☑ 34 [頻出] □ 発電中心の国は，発電構成比で約 70％のフ 　　原子力
ランスが挙げられる（2019 年）。 　　　　　（関西学院大）

再生可能エネルギーによる発電

☑ 35 **地熱発電**は，地熱を利用してできた蒸気でタービンを回 　　a 火山
して発電するもので，□ a □ の多いプレート境界付近に 　　b ニュージー
位置する国での発電が多い。発電量上位は，アメリカ合 　　　ランド
衆国・インドネシア・フィリピン・□ b □・イタリア・
トルコ・メキシコである（2017 年）。 　　（関西学院大）

☑ 36 **風力発電**は，風車を回して発電するが，発電量は不安定。 　　デンマーク
発電量上位は，中国・アメリカ合衆国・ドイツ・インド・
イギリス。偏西風の利用が可能な □ では，総発電
量の約 50％を占める（2017 年）。 　　　　　　（明治大）

☑ 37 太陽光発電は，太陽電池を使用する。発電量上位は， 　　中国
□ ・アメリカ合衆国・日本・ドイツである（2017 年）。
　　　　　　　　　　　　　　　　　　　　　　（学習院大）

鉄鉱石

☑ 38 □ は，地球の質量の約 3 分の 1 を占め，埋蔵量の非 　　鉄
常に多い金属である。 　　　　　　　　　　（立命館大）

☑39 頻出 鉄鉱石は，**安定陸塊**の楯状地での産出が多く，世界生産1位は a である。次いでブラジル・ b ，そしてインドが続く（2019年）。 （関西大）

a オーストラリア

b 中国

☑40 鉄鉱石の輸出上位国は， a ・ブラジル・南アフリカ共和国・カナダ・ウクライナ，輸入上位国は， b ・日本・韓国・ドイツである（2017年）。 （関西大）

a オーストラリア

b 中国

銅鉱

☑41 銅鉱は， 産業の発達とともに需要が増大した。 （駒澤大）

電気

☑42 頻出 銅鉱は，**新期造山帯**の a 帯での埋蔵が多く，世界生産1位は b であり，ペルー・中国・ c ・コンゴ民主共和国が続く（2019年）。 （関西学院大）

a 火山

b チリ

c アメリカ合衆国

☑43 アフリカのコンゴ民主共和国・ザンビアの国境付近の も重要な銅鉱の産地である。 （成城大）

カッパーベルト

ボーキサイト

☑44 頻出 ボーキサイトは， の原料。ラトソルの分布する**熱帯**に多く埋蔵されている。 （明治学院大）

アルミニウム

☑45 ボーキサイトの生産1位は であり，中国・ギニア・ブラジル・インドが続き，カリブ海のジャマイカも重要な産地である（2019年）。 （明治大）

オーストラリア

金鉱とレアメタル（希少金属）

☑46 は，錆びない貴金属であり，貨幣・装飾用のほか，半導体や電子基板にも利用される。生産1位は中国であり，オーストラリア・ロシア・アメリカ合衆国・カナダが並ぶ（2019年）。 （東北学院大）

金

☑47 頻出 **産業のビタミン**とよばれる は，先端技術産業の発展で需要が増大した。マンガン・クロム・コバルト・タングステン・リチウムなどがある。 （明治大）

レアメタル（希少金属）

☑ 48 技術革新により廃棄される家電製品からのレアメタル　　都市鉱山
（希少金属）の回収量が増加しており，都市を鉱山にみ
たてて，[　　　]（地上資源）ともよばれる。　　（上智大）

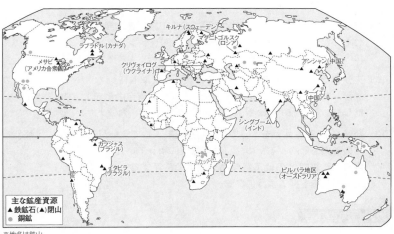

※地名は鉄山。

▲ **世界の主な鉄鉱石と銅鉱の産地**

工業

産業革命

☑ 01 [　　　]の発明や実用化などの技術革新によって，工場　　蒸気機関
制手工業（マニュファクチュア）から工場制機械工業に
変化し，大量生産が可能になった。　　　　　（立命館大）

発展途上国の工業化

☑ 02 [　a　]工業化政策は，政府主導の保護政策のもと，製品　　a 輸入代替型
に国際競争力がなく，国内市場がせまいことなどにより，　　b 輸出指向型
限界がある。そこで多くの国では，[　b　]工業化政策に
転換した。　　　　　　　　　　　　　　　（國學院大）

☑ 03 **頻出** ⬚⬚⬚ 工業化政策は，国内の安価な労働力を背景 　　輸出指向型
に，先進国の資本と技術を導入して工業化をめざすもの
で，繊維や電気機械工業などのような労働集約型の工業
の発展につながった。　　　　　　　　　　（慶應義塾大）

☑ 04 1960 年代後半から，輸出指向型による工業化を進展さ 　　韓国
せたのが⬚⬚⬚・台湾・ホンコン（香港）・シンガポー
ルのアジア NIEs である。　　　　　　　　　　（明治大）

☑ 05 アジアでは，1980 年代に ⬚a⬚・⬚b⬚（準 NIEs）な 　　a マレーシア
どが，1990 年代には改革開放政策により経済自由化を 　　b タイ
推し進めた中国が，めざましく発展した。　　（関西大） 　　（順不同）

☑ 06 発展途上国は，外貨を使って工業製品を輸入してきたが， 　　輸入代替型
この外貨を節約するために，従来輸入に頼っていた日用
雑貨，繊維などの軽工業製品を国内で生産する ⬚⬚⬚
工業化政策を採るようになる。　　　　　　　（関西大）

原料指向型工業

☑ 07 原料の産地が限定され（⬚a⬚），生産工程で製品の重 　　a 局地原料
量が大幅に減少する（⬚b⬚）場合は，原料産地で製品 　　b 重量減損原
を生産すると，軽量化してから市場へ輸送することがで 　　　料
きるため，輸送費は最低となる。

☑ 08 鉄鉱石や石炭などを原料とする鉄鋼業や，石灰石を主原 　　セメント
料とする ⬚⬚⬚ 工業などが原料指向型工業に当てはま
る。　　　　　　　　　　　　　　　　　　　　（日本大）

市場指向型工業

☑ 09 原料がどこでも入手できる（⬚⬚⬚）の場合は，人口の 　　普遍原料
多い市場（大都市）で生産すると，輸送費が最低となる。
　　　　　　　　　　　　　　　　　　　　　　（新潟大）

☑ 10 水を主原料とするビール工業や ⬚⬚⬚ 工業が市場指向 　　清涼飲料水
型工業に当てはまる。

☑ 11 市場の情報や流行が重要な ⬚⬚⬚ 工業や，高級服飾品 　　印刷
の生産は特定の大都市に集中する。

労働力指向型工業

☑12 　 a 　 の産地が限定され，生産工程でほとんど重さが減らない（　 b 　）場合は，原料産地と市場との間のどこに工場を建てても　 c 　費は変わらない。そのため，　 d 　費の安価なところに立地する。　　　　　　　（東洋大）

a 原料
b 純粋原料
c 輸送
d 労働

☑13 頻出 　 a 　工業や　 b 　工業など，縫製や組み立てで　 c 　を多く必要とする工業が典型的であり，発展途上国に立地することが多い。　　　　　　　（明治学院大）

a 繊維
b 電気機械
(a・bは順不同)
c 労働力

臨海指向型工業

☑14 原料を輸入に依存する工業の場合は，　 a 　に近接する　 b 　部に立地する。

a 大都市
b 港湾

☑15 頻出 日本では，　　　　　や石油化学工業が太平洋ベルトの臨海部に集中している。　　　　　　　（成城大）

鉄鋼業

臨空港指向型工業

☑16 集積回路をはじめとして，小型軽量で付加価値が高い製品は，生産費に占める　　　　　　の割合が低いため，航空機による輸送が可能となる。　　　　　　　（成城大）

輸送費

☑17 日本の先端技術産業の生産部門は，安価な労働力と土地が得られる　　　　　　などの地方空港周辺に多く立地している。　　　　　　　（成城大）

九州

繊維工業

☑18 綿糸の生産1位は中国で，　　　　　・パキスタン・トルコ・ブラジル・インドネシアが続く（2014年）。

インド

☑19 羊毛工業（毛織物工業）の原料の羊毛は，南半球の　 a 　・　 b 　で供給が多く，製品の生産は北半球で多い。　　　　　　　（日本大）

a オーストラリア
b ニュージーランド
(順不同)

☑20 化学繊維工業は，石油を原料とする ［ a ］・ポリエステ
ルや，［ b ］を原料とするレーヨンなどを生産する工業
である。　　　　　　　　　　　　　　　　　（高崎経済大）

a ナイロン
b パルプ

☑21 先進国のアパレル企業には，製造施設を自社で保有しな
い［　　］企業もみられる。

ファブレス

鉄鋼業

☑22 鉄鋼業は鉄鉱石・［ a ］を主原料とし，立地は主に，
［ b ］立地型，鉄山立地型，［ b ］・鉄山立地型，
［ c ］立地型にわけられる。　　　　　　　　（成城大）

a 石炭
b 炭田
c 臨海

☑23 粗鋼の生産1位は中国で，［　　　］・日本・アメリカ合衆
国・ロシア・韓国が続く（2019年）。　　　　（獨協大）

インド

アルミニウム工業

☑24 アルミニウム精錬には大量の［　　　］を使用するため，
［　　　］費の安価な国での生産が多い。　　（関西学院大）

電力

☑25 頻出 アルミニウムの生産1位は中国で，インド・ロシア・
［　　　］・アラブ首長国連邦・オーストラリア・ノルウェ
ーが続く（2018年）。　　　　　　　　　　（関西学院大）

カナダ

☑26 アルミニウムの生産上位国のうち，カナダ・ブラジル・
ノルウェーは［　　　］発電中心の国，アラブ首長国連邦
は西アジアの産油国で，天然ガスによる火力発電が中心
の国である。　　　　　　　　　　　　　　　（学習院大）

水力

機械工業

☑27 ［ a ］を受けて，低燃費の日本車の輸出が増加し，日本
は1980年から1993年まで生産1位であったが，欧米
との［ b ］を避けるために現地市場での生産が増え，
国内生産は減少した。　　　　　　　　　　　（明治大）

a 石油危機
（オイル
ショック）
b 貿易摩擦

☑28 自動車の生産は，2009年以降は中国が生産1位で，[　a　]・日本・[　b　]・インド・メキシコ・韓国・ブラジル・スペイン・フランスが続く（2019年）。

（関西学院大）

a アメリカ合衆国
b ドイツ

☑29 船舶の生産は，東アジアの中国・[　　　]・日本で世界生産の約9割を占める（2019年）。

韓国

☑30 航空機の生産上位メーカーには，アメリカ合衆国のボーイング社（生産拠点は[　a　]）と，ヨーロッパのフランス・イギリス・ドイツ・スペインなどで共同生産するエアバス社（生産拠点はフランスの[　b　]）がある。

（西南学院大）

a シアトル
b トゥールーズ

☑31 二輪自動車は，[　　　]の発展途上国・地域で需要が大きく，生産上位国は，インド・中国である（2017年）。

（日本大）

アジア

☑32 造船業は，[　　　]後，タンカー需要の低下で生産が停滞したが，近年の発展途上国の工業化により需要が増加している。

（専修大）

石油危機（オイルショック）

☑33 テレビなどの[　　　]の多くは，人口が多く，国内需要も大きい中国が生産1位である。

家電

☑34 電気機械工業では，量産製品は先進国から発展途上国へ生産の中心が移るが，[　　　]製品は先進国でも生産される。

高付加価値

☑35 頻出 パソコン生産は単純組立で，[　　　]的な側面が強いため，中国での生産が約98％を占める（2015年）。

（駒澤大）

労働集約

☑36 オペレーションシステム（OS）などのソフトウェア開発は，[　　　]がほぼ独占している。

アメリカ合衆国

☑ 37 先端技術産業の集積地には，アメリカ合衆国の [a] （サンノゼ周辺）， [b] （ダラス周辺）， [c] （ボストン周辺）などがある。 （広島経済大）

a シリコンヴァレー
b シリコンプレーン
c エレクトロニクスハイウェー

☑ 38 アジアの先端技術産業の集積地には，インド南部の [a] や，中国のシェンチェン（深圳），日本の [b] （九州）などがある。 （國學院大）

a バンガロール
b シリコンアイランド

窯業・土石業

☑ 39 セメント工業は [　　] 産地，陶磁器工業は陶土産地に立地する。 （日本大）

石灰石

☑ 40 窯業には， [　　] 工業やセラミックス工業も含まれる。 （日本大）

ガラス

紙・パルプ工業

☑ 41 木材チップを化学的に処理して [　　] をつくり，これを原料として紙を生産する。 （高崎経済大）

パルプ

☑ 42 パルプ・紙工場は [　　] 地域や用水の得やすい地域に立地する。 （上智大）

林業

☑ 43 近年は， [　　] パルプが大量に使用される。

古紙

☑ 44 製紙パルプの生産1位はアメリカ合衆国で，ブラジル・中国・ [　　] ・スウェーデン・フィンランド・ロシアが続く（2018年）。 （北海道大）

カナダ

☑ 45 紙・板紙の生産1位は中国で，アメリカ合衆国・日本・ドイツ・インド・インドネシア・韓国・フィンランド・ブラジル・カナダ・ [　　] が続く（2018年）。 （関西大）

スウェーデン

☐ 46 明治時代以降の工業化政策により，第一次世界大戦後には，阪神・京浜・中京・北九州の [____] が形成された。 — 四大工業地帯

☐ 47 第二次世界大戦前は軽工業中心で，主要な輸出品目は [____]，綿織物，絹織物であった。 （法政大） — 生糸

☐ 48 1950〜53 年までの [____] による特需をきっかけとして，急速に復興が進んだ。 （明治大） — 朝鮮戦争

☐ 49 1955〜73 年の [____] には，重化学工業化が進展した。 （北海道大） — 高度経済成長期

☐ 50 **頻出** 原材料・燃料を輸入し，工業製品を輸出する [____] 貿易で成長した。 （慶應義塾大） — 加工

☐ 51 1965 年に，日本の [____] 超過（貿易黒字）となり，アメリカ合衆国などとの間に貿易摩擦が発生した。 （獨協大） — 輸出

☐ 52 **貿易摩擦** は，1960 年代に繊維製品，1970 年代に [____]，1980 年代にカラーテレビ・VTR・自動車で生じた。 （福岡大） — 鉄鋼

☐ 53 1970 年代から，安価な労働力を求めて [____] へ企業が進出した。 （西南学院大） — アジア NIEs（新興工業経済地域）

☐ 54 **頻出** 1980 年代半ばからは [____] が進み，ASEAN（東南アジア諸国連合）諸国や中国へ生産拠点を移した。 （慶應義塾大） — 円高

☐ 55 1980 年代には [____] を回避するため，自動車を中心に市場である欧米諸国にも生産拠点を立地させた。 （中央大） — 貿易摩擦

☐ 56 1985 年の [a] 後の 1986 年末から続いた好景気（[b]）は，1991 年に崩壊し，不況となった。 （高崎経済大） — a プラザ合意 b バブル経済

☐ 57 工業化の進む新興国への輸出向けで，2002 年以降景気は緩やかに回復したが，2008 年の金融危機（[____]）により輸出が大きく減少した。 （愛知教育大） — リーマンショック・

☑58 2011年の東北地方太平洋沖地震と原子力発電所事故，原燃料価格の高騰などの影響を受け，[　　　]超過（貿易赤字）となった。

輸入

☑59 都道府県別の製造品出荷額1位は[　　　]で，神奈川・大阪・静岡・兵庫が続く（2017年）。　　　（中央大）

愛知

☑60 製造品出荷額を都市別でみると1位は[　　　]（愛知）で，川崎（神奈川）・横浜（神奈川）・市原（千葉）・倉敷（岡山）・大阪（大阪）・堺（大阪）・名古屋（愛知）・神戸（兵庫）が続く（2017年）。　　　（東京大）

豊田

☑61 [　　　]工業地帯（東京・神奈川）は，かつて出荷額日本一であったが，工場移転などで減少した。　　　（関西学院大）

京浜

☑62 東京・神奈川ともに出荷額1位は輸送用機械であるが，東京は2位に[　　　]工業が入る（2017年）。

印刷

☑63 頻出 [　a　]工業地帯（愛知・三重）は，かつて繊維・窯業中心であったが，[　b　]工業が中心となり，1999年以降は出荷額日本一である。　　　（獨協大）

a 中京
b 自動車

☑64 頻出 [　a　]工業地帯（大阪・兵庫）は，第二次世界大戦前までは出荷額日本一の工業地帯であったが，[　b　]工業や[　c　]工業の衰退により現在は地位が低下している。　　　（関西大）

a 阪神
b 繊維
c 金属
（b・cは順不同）

☑65 [　a　]工業地域（栃木・群馬・埼玉）は，京浜工業地帯の拡大にともない発展した。群馬では[　b　]工業が中心である。　　　（慶應義塾大）

a 関東内陸
（北関東）
b 自動車

☑66 [　　　]工業地域（千葉）は，石油化学工業中心である。　　　（東京大）

京葉

☑67 [　a　]工業地域（静岡）は，[　b　]などで輸送用機械（自動車・二輪自動車）工業が発展した。[　c　]では製紙・パルプ工業が発達している。　　　（青山学院大）

a 東海
b 浜松
c 富士

☑68 [　　　]工業地域（岡山・広島・山口・香川・愛媛）は，石油化学工業，造船，金属が発達している。　　　（法政大）

瀬戸内

☑69 | a | 工業地域（福岡）は，かつて金属中心であったが，
近年は | b | 工業とその関連工場の進出がみられる。

a 北九州

b 自動車

(青山学院大)

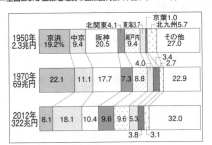

全国	機械 46.0%		金属 13.4	化学 13.1	食料品 12.1	その他 14.2	321兆 9,395億円
京浜 工業地帯	49.4		8.9	17.7	11.0	12.6	25兆 9,961億円
中京 工業地帯	69.4			9.4	6.2 4.7	9.5	57兆 7,854億円
阪神 工業地帯	36.9	20.7		17.0	11.0	13.1	33兆 1,478億円
関東内陸 工業地域	45.9	11.6	9.6	15.1		17.1	32兆 844億円
瀬戸内 工業地域	35.2	18.6	21.9		8.1	14.1	30兆 6,879億円
東海 工業地域	51.7	7.8	11.0	13.7		15.1	16兆 9,119億円
京葉 工業地域	13.1	21.5	39.9		15.8	9.5	12兆 1,895億円
北九州 工業地域	46.6	16.3	5.6	16.9		14.1	9兆 8,040億円

繊維1.2
0.4
0.8
1.3
0.7
2.1
0.7
0.2
0.5

(日本国勢図会 20/21)

▲全国および工業地域別の工業出荷額の内訳（2017年）

1950年 2.3兆円	京浜 19.2%	中京 9.4	阪神 20.5	瀬戸内 9.4		その他 27.0	
1970年 69兆円	22.1	11.1	17.7	7.3	8.8	22.9	
2012年 322兆円	8.1	18.1	10.4	9.6	9.6	5.3	32.0

北関東4.1 東海3.7
京葉1.0
北九州5.7
3.4
4.0 2.7
3.8 3.1

▲全国の工業出荷額の地域別内訳と推移

商業と流通

小売業と卸売業

☑01 [＿＿＿＿]は，スーパーマーケット・コンビニエンスストア・
デパートなどの小売業者が，消費者に販売した金額であ
る。 (関西学院大)

小売業販売額

☑02 [a]は，メーカーと小売業との橋わたしとしての役割
をもち，[b]は，[a]者がメーカー（製造業）など
から仕入れた商品を小売業者に販売した金額である。
(國學院大)

a 卸売業
b 卸売業販売
額

☑03 卸売業は，流通の拠点となる大都市に集積し，東京・大
阪・[a]・[b]・仙台などで販売額が多い。(獨協大)

a 名古屋
b 福岡
（順不同）

☑04 ある地域の小売業販売額は，その地域の[＿＿＿＿]規模に
ほぼ対応する。 (学習院大)

人口

消費行動と消費関連産業

☑05 食料品や薬など日常的に購入する[＿＿＿＿]を扱う商店や
コンビニエンスストア，スーパーマーケットなどの商圏
（買い物客が集まってくる範囲）はせまい。 (東京学芸大)

最寄り品

☑06 高級衣料品や家具など[＿＿＿＿]を扱うデパートや専門店
の商圏は広い。 (東京学芸大)

買い回り品

☑07 自動車の普及（モータリゼーション）により，大規模な
駐車場をもつショッピングモール（ショッピングセンタ
ー）などが都市[＿＿＿＿]の主要道路沿いに立地する。
(愛知教育大)

郊外

☑08 徒歩や鉄道・バスなどの[＿＿＿＿]の利用を前提としてい
た地方の中小都市の駅前商店街は衰退している。
(法政大)

公共交通機関

☑09 生活時間の多様化にともない，24時間営業が基本の
[a]や，店舗をもたずテレビ・インターネットなどを
利用して販売する[b]が増加している。 (北海学園大)

a コンビニエ
ンスストア
b 通信販売

余暇と観光・リゾート産業

☑ 10 ヨーロッパの先進国では，第二次世界大戦後，[____]や長期休暇の普及が進んで労働時間が減少し，余暇時間が増加した。

週休2日制

☑ 11 日本の労働時間は，1990年代以降に週休2日制の導入で減ったが，現在も[____]の先進国に比べ長い。 (獨協大)

ヨーロッパ

貿易

☑ 12 **頻出** [____]貿易は，先進国相互間の貿易で多くみられ，工業製品を輸出入するが，貿易摩擦が生じることもある。 (立命館大)

水平

☑ 13 **頻出** [a]（南北）貿易は，先進国と発展途上国間の貿易で多くみられ，発展途上国からは農産物や鉱産資源などの[b]が，先進国からは工業製品が輸出される。 (慶應義塾大)

a 垂直
b 一次産品

☑ 14 [____]貿易は，国内産業を保護し産業の空洞化を防ぐ目的で，関税などで輸入制限を行うことである。 (立命館大)

保護

☑ 15 自由貿易は，関税の賦課など[____]の干渉を排して，生産者などが自由に行う貿易のことである。

国家

☑ 16 GATT（関税と貿易に関する一般協定）を引きついで発展させて結成された[a]（世界貿易機関）は，関税や輸入制限など貿易上の障壁をなくすとともに，モノ以外の飲食や運輸などの[b]貿易や，著作権などの[c]権の貿易に関するルールを協議している。(東海大)

a WTO
b サービス
c 知的所有

☑ 17 輸出額世界1位は[a]で，次いでアメリカ合衆国・[b]・オランダ・[c]・フランス・韓国・ホンコン・イタリア・イギリスが続く（2019年）。 (関西大)

a 中国
b ドイツ
c 日本

☑ 18 輸入額はアメリカ合衆国と中国が上位国で，次いで[____]・日本・イギリス・フランスが続く（2019年）。

ドイツ

☑ 19 アメリカ合衆国は[a]（貿易赤字）国で，中国とドイツは[b]（貿易黒字）国である（2019年）。 (筑波大)

a 輸入超過
b 輸出超過

☑ 20 EU（欧州連合）は，□□□□□ が盛んで，貿易額は世界の　　域内貿易
約 30％を占め，GDP（国内総生産）に対する貿易額（貿
易依存度）が高い国が多い。

☑ 21 NAFTA（北米自由貿易協定）は，アメリカ合衆国と　　　a カナダ
□ a □ の自由貿易協定に □ b □ を加えて，1994 年に　　b メキシコ
発効したもので，貿易額は世界の約 15％を占める。
□ a □ と □ b □ は，アメリカ合衆国向け輸出が 75％
程度を占める（2019 年）。NAFTA は 2020 年に USMCA
（アメリカ合衆国・メキシコ・カナダ協定）に変更された。

（東北学院大）

☑ 22 頻出 中国や ASEAN（東南アジア諸国連合）諸国は，輸　　アメリカ合衆
出先上位に □□□□□ と日本，輸入先上位に中国・日本と　　国
なっている国が多かったが，近年は輸出入とも中国が上
位となっている国が多い。 （首都大東京）

☑ 23 ASEAN（東南アジア諸国連合）諸国は，工業化が進展し，　　一次産品
輸出上位品であった鉱産資源や農産物などの □□□□□ に
代わって，工業製品が上位を占める国がほとんどで，域
内貿易も増加し，世界貿易の約 7％を占める（2019 年）。

（和歌山大）

☑ 24 アフリカでは，一次産品の輸出が中心で，□□□□□ が貿易　　旧宗主国
相手の上位にみられる。 （信州大）

☑ 25 ラテンアメリカでは，輸出入の上位がアメリカ合衆国と　　中国
□□□□□ である国が多い。

☑ 26 ブラジル，アルゼンチンなどが加盟する □□□□□（南米南　　メルコスール
部共同市場）でも，域内貿易が増加している。 （中央大）　MERCOSUR

日本の貿易

☑ 27 輸出ではアメリカ合衆国・中国が上位国・地域であり，　　韓国
□□□□□・台湾・ホンコン（香港）・タイが続く（2019 年）。

（学習院大）

☐ 28 輸入では1位が中国であり，アメリカ合衆国・□□□□・韓国・サウジアラビア・台湾・アラブ首長国連邦が続く（2019年）。　　　　　（成城大）

オーストラリア

☐ 29 1985年頃までは原材料・燃料を輸入して工業製品を輸出する　a　型であったが，それ以降は円高が急進し，アジアなどからの工業製品の輸入が増加した。しかし，先進国の中では工業製品の輸入に占める割合が低く，工業製品輸出国との貿易は　b　である。　　（慶應義塾大）

a 加工貿易
b 輸出超過（黒字）

☐ 30 **頻出** 日本は，アジア，北アメリカ，ヨーロッパを主な貿易相手地域としており，国別では，第二次世界大戦後は一貫して　a　を輸出入とも最大の相手国としてきたが，現在の輸出入1位は　b　である。

a アメリカ合衆国
b 中国

☐ 31 原燃料輸出国との貿易は□□□□となっている。　　　　　　　　　　　　　　　　　（明治学院大）

輸入超過（赤字）

☐ 32 2011年の**東北地方太平洋沖地震**とそれにともなう原子力発電所事故によって，□□□□や石炭などの火力発電用の燃料輸入が増加した。　　　　　（愛知教育大）

液化天然ガス（LNG）

☐ 33 貿易額上位港は，　a　・名古屋港・　b　・横浜港・関西国際空港・神戸港・大阪港で，空港は，　c　などの先端技術産業の高付加価値製品の輸出入が多い。

a 成田空港
b 東京港
（a・bは順不同）
c 集積回路

☐ 34 海港は，輸出は　a　とその部品など，輸入は工業地域の港（名古屋・横浜）では原燃料，大都市の港（東京・大阪）では　b　・肉類・魚介類などが上位品となっている。　　　　　　　　　　　　（立命館大）

a 自動車
b 衣類

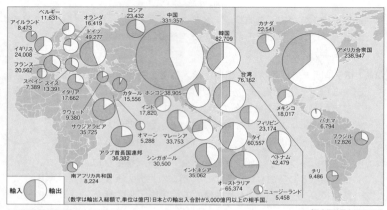

▲日本の主な貿易相手国（2019 年）　（数字は輸出入総額で,単位は億円）日本との輸出入合計が5,000億円以上の相手国。

（日本国勢図会2020/21）

対外援助

☑ 35 **OECD（経済協力開発機構）** の下部機関である DAC（開発援助委員会）に加盟する先進国は，□□□□（政府開発援助）を通し発展途上国へ援助を行っている。（立命館大）

ODA

☑ 36 日本の ODA（政府開発援助）の拠出額は，1991 年から 2000 年まで世界１位であったが，近年は□□□□・ドイツ・イギリスに次ぐことが多い。（関東学院大）

アメリカ合衆国

☑ 37 ヨーロッパの国々は，GNI（国民総所得）に占める ODA（政府開発援助）拠出額の割合が　a　いが，アメリカ合衆国や日本は　b　い。

a 高
b 低

☑ 38 歴史的・地理的に関係の深い地域への拠出が多く，アジアは日本から，アフリカは□□□□から，ラテンアメリカはアメリカ合衆国からの援助額が多い。

ヨーロッパ

☑ 39 日本の JICA（国際協力機構）は，ODA のうち二国間援助の形態である技術協力・有償資金協力・無償資金協力を担い，民間の　a　（NGO）や　b　（NPO）などを通じた海外ボランティア活動も行われている。（國學院大）

a 非政府組織
b 非営利組織

☑ 40 世界平和の維持のため，自衛隊が□□□□（国連平和維持活動）に参加している。（福岡大）

PKO

4章 系統地理─生活と文化

環境問題

地球環境問題と国際的な取り組み

☑01 公害とは，　a　，水質汚濁，土壌汚染，　b　，振動，　c　，悪臭によって，人の健康または生活環境に被害が生ずることである。　　　　　　　　　　（学習院大）

a 大気汚染
b 騒音
c 地盤沈下
（順不同）

☑02 公害は，　a　では産業革命以降に多く発生したものの，現在では対策が進んで沈静化しているが，　b　での発生が拡大し深刻化している。　　　（明治学院大）

a 先進国
b 発展途上国

☑03 近年では，地球温暖化や　a　破壊などのように地球規模の　b　が発生している。　　　　　　（中央大）

a オゾン層
b 環境問題

☑04 頻出 これに対する国際的な取り組みとして，1972年には，　a　のストックホルムで国連人間環境会議が開催され，　b　（国連環境計画）が設立された。（明治学院大）

a スウェーデン
b UNEP

☑05 1992年には，ブラジルの　a　で環境と開発に関する国連会議（地球サミット）が開催され，「　b　」を理念に生物多様性条約や気候変動枠組条約などが採択された。　　　　　　　　　　　　　　　　（日本女子大）

a リオデジャネイロ
b 持続可能な開発

さまざまな環境問題

☑06 19世紀末の　　　　　鉱毒事件にはじまる日本の公害問題は，高度経済成長期に深刻化した。　　　（立命館大）

足尾銅山

☑07 有機水銀による水俣湾沿岸（熊本県）と阿賀野川下流域（新潟県）の　a　，カドミウムによる神通川流域（富山県）の　b　，亜硫酸ガスによる四日市ぜんそくは，四大公害病とよばれる。　　　　　　　　　　（法政大）

a 水俣病
b イタイイタイ病

☑08 ┃a┃とは，煙（smoke）と霧（fog）を合わせた造語 a スモッグ
　　で，┃b┃を燃やした際に出る亜硫酸ガスなどによる大 b 石炭
　　気汚染であり，呼吸器疾患などの健康被害が発生し，か
　　つて冬のロンドンで多数の死者を出した。　　（駒澤大）

☑09 ┃a┃は，工場や自動車の排出ガスが紫外線を受けて反 a 光化学
　　応して光化学オキシダントなどが生成されるもので，呼 　 スモッグ
　　吸器疾患などの健康被害が発生する。夏の┃b┃での b ロサンゼル
　　発生が問題となり，日本では高度経済成長期に頻発し， 　 ス
　　現在も大都市圏を中心に発生している。　　（立命館大）

☑10 河川や湖，海で生活・農業・工業排水などにより┃a┃ a 富栄養化
　　が進むと，水質汚濁が進行し，プランクトンの大量発生 b 赤潮
　　によって┃b┃などが生じて魚類が死滅することがあ
　　る。　　（慶應義塾大）

☑11 タンカー航路は廃油による汚染が進んでおり，┃　　┃事 座礁
　　故による原油流出も深刻な水質汚濁の原因である。

☑12 日本各地で┃a┃廃棄物の違法投棄が行われ，┃b┃ a 産業
　　汚染などの問題が発生している。　　（國學院大） b 土壌

☑13 放射性廃棄物やPCB（ポリ塩化ビフェニル）など有害物 廃棄物
　　質を含む┃　　┃の国際移動は，バーゼル条約によって
　　禁止されているが，近年は電子機器やバッテリーなどの
　　┃　　┃が発展途上国へ輸出され，問題となっている。
　　　　（明治学院大）

☑14 酸性雨とは，工場の排煙や自動車の排出ガスに含まれる a 硫黄酸化物
　　┃a┃（SOx），┃b┃（NOx）が溶けこんだ ph 5.6 以 b 窒素酸化物
　　下の雨である。　　（札幌大）

☑15 頻出 ヨーロッパやアメリカの五大湖周辺，中国などで森 a 酸性
　　林の枯死や土壌・湖沼の┃a┃化による┃b┃破壊， b 生態系
　　歴史的建造物の溶解などの被害が生じた。　　（西南学院大）

☑16 汚染物質が上空の風によって，中部ヨーロッパから a スカンディ
　　┃a┃諸国へ，中国から┃b┃・日本などへ運ばれ， 　 ナヴィア
　　┃c┃が発生している。　　（高崎経済大） b 韓国
　　　　　　　　　　　　　　　　　　　　　　　　　　　　 c 越境汚染

☑ 17 ヨーロッパ諸国を中心として 1979 年に，□□□ 条約が主に酸性雨への対策として結ばれた。　(学習院大)

長距離越境大気汚染

☑ 18 [頻出] スプレーの噴射剤，冷凍庫やクーラーの冷媒，集積回路の洗浄剤などに利用された □a□ が，成層圏で □b□ を吸収するオゾン層を破壊し，□c□ 上空などにオゾンホールを形成している。　(駒澤大)

a フロン
b 紫外線
c 南極

☑ 19 □a□ による皮膚ガンの増加など健康被害が危惧され，モントリオール議定書では，先進国は 1996 年(発展途上国は 2015 年)までのフロンの全廃が決められ，□b□ も，発展途上国には猶予が認められているものの，2030 年までに全廃することが求められている。　(札幌大)

a 紫外線
b 代替フロン

☑ 20 [頻出] 太陽光線は通すが，地表面から放射される赤外線は通さない二酸化炭素 (CO_2)，フロン，永久凍土の融解などによって発生する □a□ などの □b□ が増加することで，地球規模での気温上昇が予想されている。　(明治大)

a メタン
b 温室効果ガス

☑ 21 極地方などの □□□ の融解などによって海面が上昇すると，バングラデシュやサンゴ礁の島々からなるツバルなど，低平な国々では国土水没の恐れがある。　(福岡大)

大陸氷河(氷床)

☑ 22 1997 年の**気候変動枠組条約第 3 回締約国会議**(地球温暖化防止京都会議)で □a□ の温室効果ガスの削減目標値を定めた □b□ が 2005 年に発効した。　(中京大)

a 先進国
b 京都議定書

☑ 23 京都議定書は，当時最大の二酸化炭素排出国であった □a□ が離脱したことに加え，現在最大の排出国である □b□ をはじめ，工業化が進み排出量が増大している発展途上国に削減義務がないなど，問題点が多かった。　(立教大)

a アメリカ合衆国
b 中国

☑ 24 現在は，ポスト京都議定書の議論が締約国会議などで進められ，2015 年に締結された □□□ 協定は全加盟国が参加する枠組みである。　(学習院大)

パリ

☑ 25 ヨーロッパや日本では，化石燃料の炭素含有量に応じて使用者に課す □□□ (環境税)の導入も進められている。

炭素税

☑ 26 1986年，　a　の首都キエフ（当時は旧ソ連）の北方にある　b　原子力発電所で原子炉破壊事故が発生し，上空の風に運ばれた放射性物質で周囲の土壌や動植物が汚染された。　（法政大）

a ウクライナ
b チェルノブイリ

☑ 27 アメリカ合衆国・中国・ロシアは主に国内の砂漠で，　　　　は南太平洋のムルロア環礁などで，核実験を行ってきた。　（青山学院大）

フランス

☑ 28 発展途上国では，　　　　による農地拡大などが植生破壊の主な原因である。　（大阪大）

人口急増

☑ 29 頻出　a　の伐採，　b　やプランテーション，放牧地などの拡大，輸出用木材の伐採などによって，ブラジルの　c　盆地や東南アジア，アフリカで熱帯林が減少している。　（福岡大）

a 薪炭材
b 焼畑
c アマゾン

☑ 30 伐採により表土が露出すると，　　　　が低下して雨水が短時間に河川に流れ込む。

保水力

☑ 31 砂漠化は砂漠気候化ではなく，植生に覆われた土地が　　　　になっていくことである。

不毛地

☑ 32 頻出　サハラ砂漠南縁の　a　では，降水量の減少といった自然的な要因に加えて，人口急増にともなう　b　や　c　，薪炭材の過伐採などによる植生破壊という人為的な要因により砂漠化が進行した。　（北海道大）

a サヘル
b 過耕作
c 過放牧
（b・c は順不同）

☑ 33 頻出　先進国でも，過耕作や過放牧に加えて，乾燥・半乾燥地域における灌漑による　　　　などで砂漠化が進行している。　（立教大）

塩害

環境保全

☑ 34 　　　　（国民環境基金）とは，貴重な自然環境や歴史的環境を住民が買い取って保存する運動で，イギリスからはじまり，日本でも知床の自然の保存運動など各地でみられる。　（法政大）

ナショナルトラスト

☑35 世界遺産条約は，1972年に □□□□ 総会で採択されたもので，自然・文化遺産を保護する。　（成城大）

ユネスコ

☑36 日本では，世界自然遺産として □a□ （青森県・秋田県），□b□ （鹿児島県），□c□ （北海道），□d□ （東京都）の4か所が，世界文化遺産として原爆ドーム（□e□ 県），白川郷・五箇山（□f□ 県・富山県），富士山（静岡県・山梨県），富岡製糸場（□g□ 県）などが登録されている。　（駒澤大）

a 白神山地
b 屋久島
c 知床
d 小笠原諸島
e 広島
f 岐阜
g 群馬

☑37 **頻出** 特に水鳥の生息地として国際的に重要な □a□ に関する条約（□b□ ）は，水鳥の生息地として国際的に重要な □a□ を保全するもので，日本では，釧路湿原や琵琶湖などが登録されている。　（広島経済大）

a 湿地
b ラムサール条約

☑38 先進国を中心にみられるようになっている頭文字にRのつく循環型社会をめざす活動は5つあり，資源として再利用する □a□ ，古着などを繰り返し使う □b□ ，修理して使う □c□ ，ゴミを減らす □d□ ，環境負荷になるものをなるべく買わない □e□ がある。　（明治大）

a Recycle（リサイクル）
b Reuse（リユース）
c Repair（リペア）
d Reduce（リデュース）
e Refuse（リフューズ）

▲日本の公害

人口

人口と人口密度

☑01 人類が常住している〔　　　　〕（エクメーネ）に対して，砂漠や寒冷地域,高山地域など無居住地域（アネクメーネ）は陸地の約1割を占める。　　　　　　　　　　　　　（近畿大）

居住地域

☑02 ノルウェーやオーストラリアの資源産地のように，〔　　　　〕や乾燥によってアネクメーネとなっていても，居住者がみられるところもある。

寒冷

☑03 世界人口は2020年に〔　　　　〕億人を超えた。

78

☑04 地域別（州）にみると，〔　　　　〕の人口が最も多く，世界人口の約6割を占める。　　　　　　　　　　　　　　（明治大）

アジア

☑05 〔　a　〕が約13.4億人，ヨーロッパが約7.5億人，〔　b　〕が約6.5億人，北アメリカが約3.7億人，オセアニアが約4,300万人である（2020年）。

a アフリカ
b 中南アメリカ

☑06 10億人を超える国は，世界第1位の〔　a　〕と第2位の〔　b　〕である。

a 中国
b インド

☑07 3億人を超える国は ［ a ］ で，2億人を超える国は ［ b ］，［ c ］，［ d ］，［ e ］である（2020年）。

a アメリカ合衆国
b インドネシア
c パキスタン
d ブラジル
e ナイジェリア
（b〜eは順不同）

☑08 1億人を超える国はバングラデシュ，［ a ］，メキシコ，日本，［ b ］，［ c ］，［ d ］である（2020年）。

a ロシア
b エチオピア
c フィリピン
d エジプト
（順不同）

☑09 8,000万人を超える国は ［ a ］，コンゴ民主共和国，トルコ，イラン，［ b ］である（2020年）。

a ベトナム
b ドイツ
（順不同）

☑10 世界の人口密度は約60人/km²で，大陸別では，［ a ］が144人/km²で最も高い。次いで ［ b ］ が45人/km²，ヨーロッパが34人/km²，中南アメリカが33人/km²，［ c ］が20人/km²で，オセアニアが最も低く5人/km²である（2019年）。 (明治大)

a アジア
b アフリカ
c 北アメリカ

☑11 人口1,000万人以上の国では，［   ］が1,000人/km²以上，韓国が500人/km²以上，インド・オランダが400人/km²以上，ベルギー・日本などが300人/km²以上で人口密度が高い（2020年）。

バングラデシュ

☑12 人口に関わる指標の単位は ［ a ］（パーミル）で示されることもあり，［ b ］率とよばれる。 (立命館大)

a ‰
b 千分

☑13 人口の自然増加は，［ a ］数から ［ b ］数を引いた値をさす。 (福井大)

a 出生
b 死亡

☑14 人口の社会増加は，［ a ］数から ［ b ］数を引いた値をさす。 (福井大)

a 転入
b 転出

☑ 15 人口増加は, [a] 増加と [b] 増加を合計した値を
さす。　　　　　　　　　　　　　　　　　　　　　　　（札幌大）

a 自然
b 社会

人口の推移

☑ 16 19世紀, 産業革命後の [a] では人口が倍増し, 移住
先の [b] の人口も急増した。 [c] では, 植民地支
配や奴隷貿易の影響で人口が停滞していた。　　　　（関西学院大）

a ヨーロッパ
b 新大陸
c アフリカ

☑ 17 頻出 第二次世界大戦後, 発展途上国では [a] や衛生
状態の改善などによって死亡率, 特に5歳未満の [b]
死亡率が低下した。出生率は高いままであったので,
[c] とよばれるほど人口が急増した。　　　　　　（名古屋大）

a 医療の普及
b 乳幼児
c 人口爆発

☑ 18 世界の年平均人口増加率は1.05%（2019〜20年）で,
近年は低下傾向にあり, 地域別でみると, [a] が最も
高く2.49%。次いでオセアニアが1.30%, 中南アメリ
カが0.90%, [b] が0.86%, 北アメリカが0.62%,
[c] が0.06%である。　　　　　　　　　　　　　　（近畿大）

a アフリカ
b アジア
c ヨーロッパ

人口転換と人口構成

☑ 19 **人口転換**とは, [a] 型から [b] 型を経て, [c]
型へ変化することである。　　　　　　　　　　　　（高崎経済大）

a 多産多死
b 多産少死
c 少産少死

☑ 20 多産多死型は, 出生率・死亡率ともに高く, 中・南
[　　　] の一部の国が当てはまる。　　　　　　　　（明治大）

アフリカ

☑ 21 頻出 第二次世界大戦後の発展途上国では, 医療の普及や
衛生状態の改善などにより, [a]（特に乳幼児死亡率）
が低下。しかし貧困のため, 子どもは家計を支える労働
力として重要であることなどにより, [b] は高いまま
で維持されたため, 自然増加率は高くなり, [c] が生
じた。　　　　　　　　　　　　　　　　　　　　　　（福井大）

a 死亡率
b 出生率
c 人口爆発

☑ 22 死亡率は, [　　　] の一部の国を除く発展途上国で, 高齢
化が進む先進国よりも低い。

中・南アフリ
カ

☑ 23 女性の社会進出や高学歴化，□□□□□の普及などにより出
生率が下がり，自然増加率が低下する。　　　　（明治大）

家族計画

☑ 24 頻出 先進国では，死亡率が □ a □ の進行により上昇し
て，多くの発展途上国よりも高くなる。日本・ドイツ・
イタリアなどでは，出生率が死亡率を下回る □ b □ 状
態となっている。　　　　　　　　　　　　　　（上智大）

a 高齢化
b 自然減少

☑ 25 アメリカ合衆国など新大陸の先進国では，移民の流入と
その出生率が高いことにより □ a □ の進行が遅く，
□ b □ 率は高めである。　　　　　　　　　　（福井大）

a 高齢化
b 自然増加

☑ 26 ロシアなど旧ソ連・□ a □ 諸国には，社会主義政権崩壊
による社会不安，医療サービスの低下などにより，出生
率の低下，死亡率の上昇が進み，□ b □ となっている国
もみられる。　　　　　　　　　　　　　　（愛知教育大）

a 東ヨーロッ
パ
b 自然減少

☑ 27 一般に年齢別では，年少（幼年）人口（15 歳未満），生
産年齢人口（15 歳から 64 歳），□□□□□人口（65 歳以上）
の 3 つに区分する。　　　　　　　　　　　（西南学院大）

老年

☑ 28 人口ピラミッドの型は，出生率が高い**多産多死型**と**多産
少死型**は，ともに底辺の広い □ a □ 型（ピラミッド型）
である。出生率の低下とともに，少産少死型に移行する
と，ピラミッドの底辺はせばまり，□ b □ 型になる。さ
らに出生率が低下すると，□ c □ 型になる。　　（近畿大）

a 富士山
b 釣鐘
c つぼ

☑ 29 農村から都市への人口移動によって，農村では**生産年齢
人口**割合の低い □ a □ 型に，都市ではその割合の高い
□ b □ 型になる。　　　　　　　　　　　　　（日本大）

a ひょうたん
b 星

☑ 30 □ a □ とともに，農林水産業などの第 1 次産業人口割合
が低下し，鉱工業などの第 2 次産業人口割合，商業など
の第 3 次産業人口割合が上昇する。第 2 次産業人口割
合が低下し，第 3 次産業人口割合のみが上昇するのが
□ b □ である。

a 工業化
b 脱工業化
（サービス
経済化）

☑ 31 一般には，□□□□□割合は 30〜40％台まで上昇した後，
賃金上昇などによる工場の海外移転などで低下する。

第 2 次産業
人口

☑ 32 発展途上国は，[a]人口が多いため**都市人口率は低い**
が，先進国は，[b]で第 2 次産業と第 3 次産業が発達
するため**都市人口率が高い**。　(関西学院大)

a 農村
b 都市

☑ 33 発展途上地域でも，ヨーロッパ人が都市を拠点として入
植を進めた[ ]や新大陸の国々では早い段階から都
市人口率が高い。

ラテンアメリ
カ

人口問題

☑ 34 世界人口会議など国際的な会議では，人口増加が経済発
展に必要と考える[a]と，人口抑制が経済発展には
必要と考える[b]との対立が深刻であった。

a 発展途上国
b 先進国

☑ 35 1994 年の国際人口開発会議において，女性の教育水準
の高さは[a]の実行率に比例し，[b]の高さと反
比例するため，人口増加の抑制には女性の社会的地位の
向上をめざす活動が重要であるとされた。　(日本大)

a 家族計画
b 乳幼児死亡
率

☑ 36 中国の[ ]（2015 年まで）など，東アジア・南アジ
アでは人口抑制策を採る国が多い。　(福井大)

一人っ子政策

☑ 37 [ ]やアフリカでは，女性の教育水準や社会的地位が
低いことなどから，出生率が依然として高い国が多い。
　(日本大)

西アジア

☑ 38 一般に，女性の社会進出や高学歴化，[ ]の普及など
により出生率が低下する。　(東京学芸大)

家族計画

☑ 39 **頻出** 1 人の女性が一生の間に生むとされる子どもの数
を示す[ ]は，先進国では将来の人口減少が予想され
る 2.1 を下回る国がほとんどであるが，発展途上国でも，
タイ（1.5），ブラジル（1.7）は低い（2019 年）。　(成城大)

合計特殊出生
率

☑ 40 [a]が早い時期から進んだ[b]諸国では，男女平
等の考え方が浸透していることに加え，福祉などの社会
保障の水準が高く，経済的な支援を含めた少子化対策も
行われている。これにより，スウェーデンなどの[c]
諸国やフランスのように出生率が上昇した国もみられ
る。　(上智大)

a 少子高齢化
b ヨーロッパ
c 北ヨーロッ
パ

人口移動

☑ 41 人口移動には，□□□を含め，農村から都市へ，発展途
上国から先進国への移動が多くみられる。 （法政大）
— 出稼ぎ

☑ 42 宗教的な理由による人口移動には，アメリカへのイギリ
スの清教徒（ピューリタン）の移住や，イスラエルの建
国にともなうパレスチナへの□□□人の移動などがあ
る。 （東北学院大）
— ユダヤ

☑ 43 かつて，イギリスは□a□を，旧ソ連やロシア帝国は
□b□を流刑地とし，受刑者に道路や鉄道などの整備，
鉱山開発をさせて開拓を進めた。 （近畿大）
— a オーストラリア
— b シベリア

☑ 44 **頻出** 国外への□□□とは，人種的・民族的・宗教的・
思想的・政治的差別や迫害，対外戦争や自然災害などに
より居住地域を逃れた人々，あるいは強制的に追われた
人々をさす。 （明治学院大）
— 難民

☑ 45 先進国は一般に難民の受入数が多いが，□□□は難民の
認定基準が厳しく，受入数は極めて少ない。
— 日本

☑ 46 世界では，UNHCR（□□□）などにより難民に対する
援助が進められている。 （成城大）
— 国連難民高等弁務官事務所

☑ 47 16世紀頃から□a□人やポルトガル人が□b□に，イ
ギリス人などが□c□に入植した。オーストラリアへ
は，19世紀以降イギリス人を中心に入植が進んだ。
— a スペイン
— b ラテンアメリカ
— c アングロアメリカ

☑ 48 16〜19世紀にアフリカから南北アメリカへの奴隷貿易
が行われ，北アメリカのコットンベルト，カリブ海諸国，
ブラジル北東部で□□□の労働力として利用された。
（和歌山大）
— プランテーション

☑ 49 □a□を中心に世界各地へ移住した中国人を華僑とい
う。現地生まれの中国系の人々は□b□とよばれ，主
に商業などで活躍している。現在の中国南東部のフーチ
エン（福建）省や□c□（広東）省出身者が多い。
（東北学院大）
— a 東南アジア
— b 華人
— c コワントン

☑50 19世紀に入って [a] が各国で廃止されると，イギリス植民地だったインドから，マレーシアやフィジー，アフリカ東部，南アメリカのガイアナなど世界各地のイギリス領に [b] 労働力としてインド半島南部の住民が中心となって移住した。　　　　　　　　　　（関西大）

a 奴隷制
b プランテーション

☑51 日本では，主に貧困から逃れるための [a] 開拓が目的で，明治時代から昭和初期にかけて，[b]・ペルー・ハワイなどへ主に貧困層が移住した。　　（明治大）

a 農業
b ブラジル

☑52 [　　　　] では，第二次世界大戦後，周辺諸国およびアフリカ・アジア諸国から労働者が流入した。

西ヨーロッパ

☑53 近年は，[a] へはポーランド・トルコ・ロシアから，[b] へはアルジェリアなど北アフリカの旧植民地から，イギリスへはポーランドのほか，インドなどアジアの旧植民地からの流入がみられる。　　　　（新潟大）

a ドイツ
b フランス

☑54 頻出 ドイツでは，1970年代の [a] による景気の停滞を受け，外国人労働者の帰国を奨励した。また，近年は西アジアや北アフリカなどからの [b] が流入している。　　　　　　　　　　　　　　　　　　（明治大）

a 石油危機（オイルショック）
b 難民

☑55 近年ヨーロッパでは，EU（欧州連合）域内の低所得国からEU域内の [a] への移動や，アフリカやアジア諸国からの [b] の移動も多い。　　（信州大）

a 先進地域
b 難民

☑56 アメリカ合衆国への移動は，[a] やキューバ，プエルトリコなどカリブ海諸国からの，[b] 語を母語とする [c] が中心であるが，中国などのアジア系も多い。　　　　　　　　　　　　　　　　　　（和歌山大）

a メキシコ
b スペイン
c ヒスパニック

☑57 日本への移動は，中国やフィリピンなどからが多かったが，[a] 産業など製造業での労働力不足を背景として，1990年の出入国管理法改正で [b] の就労目的での入国が認められ，これにより，[c] やペルーなどからの流入が増加した。2011年頃からは [d] の在留資格により，ベトナム人の流入が増加した。　　（九州大）

a 自動車
b 日系人
c ブラジル
d 技能実習

☑58 1947〜49 年の第 1 次 ☐ 以降，合計特殊出生率が
低下傾向にあった。 (明治大)

ベビーブーム

☑59 頻出 1955 年頃からはじまった ☐a☐ 期の初期には，東
京・大阪・名古屋などの大都市に，地方から就業機会を
求めて多くの若年層が流入し，全国的に ☐b☐・過密が
社会問題化した。 (立教大)

a 高度経済成
長
b 過疎

☑60 大都市圏では，人口流入によって ☐a☐ やその周辺部
が過密となって居住環境が悪化し，都市内部から郊外へ
人口が流出する ☐b☐ 現象が進行した。 (西南学院大)

a 都心
b ドーナツ化

☑61 ドーナツ化現象や地方からの人口流入により，東京大都
市圏では 1960〜65 年に ☐a☐・埼玉県・千葉県の人口
増加率が東京都を上回るようになった。遅れて 1970〜
75 年には，大阪大都市圏でも ☐b☐ と滋賀県の人口増
加率が大阪府を上回るようになった。このため，これら
大都市圏の郊外県では,新たに住宅団地（ニュータウン）
が造成され，☐c☐ 率だけでなく，☐d☐ 率も高かった。
その結果，これらの県が 1980 年代まで人口増加率上位
5 位までを独占した。 (成城大)

a 神奈川県
b 奈良県
c 社会増加
d 自然増加

☑62 1970 年代の ☐a☐ 後の低成長期には,地方から大都市
圏への人口移動は沈静化し，大都市圏から地方への
☐b☐（出身地へもどる）や，☐c☐（出身地に近い広
域の中心都市へもどる）もみられた。そのため，地方で
の人口減少県が少なくなった。 (明治大)

a 石油危機
（オイル
ショック）
b U ターン
c J ターン

☑63 頻出 1980 年代半ば以降になると，少子化・☐a☐ 化が
進み，社会増加率がマイナスのままで ☐b☐ が低下し
て人口増加率がマイナスとなった人口減少県が大幅に増
加し，これが現在まで続いている。 (神奈川大)

a 高齢
b 自然増加率

☑ 64 1990年代前半の, バブル経済崩壊後の地価下落によっ
て, 都心周辺や ［ a ］ 地域 (ウォーターフロント) など
の再開発が進み, 高層マンションが次々と建設され, 人
口の ［ b ］ がみられるようになった。東京都は ［ c ］
で人口が減少していたが, 1995〜2000年には人口増加
に転じ, 2000〜05年, 2010〜15年には, 人口増加率
が全国一となった。　　　　　　　　　　(西南学院大)

a 臨海
b 都心回帰
c ドーナツ化

☑ 65 近年は大阪でも, 都心とその周辺の ［　　　］ が進み, 東
京と同様に人口の都心回帰もみられる。　(和歌山大)

再開発

（　）内は都道府県数
増加 (8)
−0.4%までの減少 (14)
−0.4%をこえる減少 (25)

※沖縄県の人口増加率が高いのは,
　出生率が高く死亡率が低いため,
　自然増加率が高いことによる。

(平成27年国勢調査)

◀2010〜15年の人口増加率

村落・都市

村落

☑ 01 村落とは, 農林水産業・狩猟などの ［　　　］ 産業に従事
する人々によって構成される地域社会のことで, 第2次,
第3次産業に従事する人々で構成される都市に対する用
語である。　　　　　　　　　　　　　　(日本大)

第1次

☑ 02 頻出 村落は, ［ a ］ の扇端, ［ b ］ の崖下, 乾燥地域
の湧水地や外来河川沿いにみられる ［ c ］ など, 水が
得やすいところに立地する。　　　　　　(立命館大)

a 扇状地
b 台地
c オアシス

☑ 03 水の得やすい沖積低地（氾濫原や三角州）や海岸平野では、自然堤防や浜堤など　 a 　に遭いにくい　 b 　に立地する。　　　　　　　　　　　　　　　　　　（学習院大）

a 水害
b 微高地

☑ 04 地中海の周辺などにみられる　　　　　集落は、外敵からの防御のためであったり、感染症であるマラリアを媒介する蚊が生息する低湿地を嫌ったりしたことなどにより成立した。　　　　　　　　　　　　　　　　　　（筑波大）

丘上

村落の形態

☑ 05 **頻出** 村落の形態は、集村と　　　　　にわけられる。
　　　　　　　　　　　　　　　　　　　　　　　　　　（駒澤大）

散村

☑ 06 　　　　　は、防衛や共同作業などに有利であり、塊村・路村・円村などがある。　　　　　　　　　　　　　　（首都大東京）

集村

☑ 07 　　　　　とは、自然発生的に家屋が塊状に集合したものである。　　　　　　　　　　　　　　　　　　　　　　（日本大）

塊村

☑ 08 路村とは、　　　　　に沿って家屋が列状に並んだものである。　　　　　　　　　　　　　　　　　　　　　　　（上智大）

道路

☑ 09 武蔵野台地の新田集落やドイツ・ポーランドなどの　　　　　が路村の例であり、ともに開拓集落である。

林地村

☑ 10 　　　　　（環村）は、広場や草地を囲むように家屋が環状に並んだもので、ヨーロッパ北部にみられ、ドイツ東部からポーランドで特に発達した。　　　　　　　　　（日本大）

円村

☑ 11 **頻出** 　 a 　は、家屋が一戸または数戸ずつ散在している集落で、どこでも　 b 　が得られることや、治安がよいことが成立条件として重要である。家屋のまわりに耕地を集めることができるため、大規模農業経営に便利で、北アメリカやオーストラリアに多くみられる。　（日本大）

a 散村
b 水

☑ 12 日本では散村が、　 a 　（富山県）や、出雲平野（島根県）、讃岐平野（香川県）にみられる。近代（明治時代）には　 b 　にも成立した。　　　　　　　　　　　（日本大）

a 砺波平野
b 北海道

☑ 13 **タウンシップ制**は，18世紀後半よりアメリカ合衆国で
実施された　 a 　制度である。正確な測量をもとに，土
地を経緯線などを用いて　 b 　状に区分した。　（日本大）

a 土地区画
b 碁盤目

☑ 14 19世紀の西部開拓時代に成立した　　　　　は，タウンシ
ップ制によって区分された土地の1区画（約65 ha）を，
最低5年間は農業を行ったという実績をもとに無償で払
い下げるとする法律である。

ホームステッ
ド法

日本の歴史的村落

☑ 15 　　　　　は，飛鳥時代の大化の改新にともなう班田制によ
る土地区画制度で，塊村が多くみられる。　（愛知教育大）

条里制

☑ 16 現在でも，ヤマト朝廷の勢力圏であった奈良盆地・近江
盆地・讃岐平野など近畿以西に　　　　　・里などの地名が
多くみられるが，北海道など勢力圏外では条里制の遺構
はみられない。　（愛知教育大）

条

☑ 17 中世（戦乱が続いた鎌倉～戦国時代）には，　 a 　村落
が多くみられた。防衛のため集落のまわりに濠を巡らせ
た　 b 　集落は，奈良盆地を中心として西日本に分布
している。　（駒澤大）

a 防御的
b 環濠

☑ 18 　　　　　は，近世（江戸時代）に成立した。土木技術の発
達で，それまで土地条件が悪く開拓しにくかった台地上
や火山山麓，低湿地などが耕地化された。　（首都大東京）

新田集落

☑ 19 新田集落には，　　　　　・開・搦などの地名がみられる。
（首都大東京）

新田

☑ 20 **屯田兵村**は，士族授産と　 a 　の防衛・開拓が目的の村
落で，アメリカ合衆国の　 b 　を模して，直交する道路
で区画された。当時のロシアの南下政策を背景として，
平時は農業，戦時には兵務に従事する　 c 　が開拓に
あたった。1戸当たり約5 haの土地が与えられた。
（近畿大）

a 北海道
b タウンシッ
プ制
c 屯田兵

世界と日本の都市の発達

☑ 21 ＿＿＿・宗教の中心として，ギリシャやローマ帝国，中国などで都市が発達した。 ... 政治

☑ 22 日本では，平城京や平安京のように中国（唐の都）の＿＿＿を模した都市がつくられた。 ... 長安

☑ 23 ユーラシアでは防御のため城壁で囲まれた＿＿＿や囲郭村が多いが，日本ではほとんどみられない。 ... 囲郭都市

☑ 24 日本では，領主の居城を中心に城下町がつくられ，ここでは武家町・町人町・寺町など身分・ a による町割りや，防御のため見通しを悪くした鉤型の屈曲路や丁字路などの街路がみられる。また，街道の整備により b も発達した。 (法政大) ... a 職種 / b 宿場町

☑ 25 ジブラルタル（ジブラルタル海峡）・＿＿＿（ボスポラス海峡）など海峡に都市が立地した。 (日本大) ... イスタンブール

☑ 26 **頻出** a （テムズ川）・ロッテルダム（ライン川）・ b （ミシシッピ川）・ハンブルク（エルベ川）など河口に都市が立地した。 (名城大) ... a ロンドン / b ニューオーリンズ

☑ 27 直交路型道路網の都市では，道路網は＿＿＿状になる。中国の古代の都市（唐の都であった長安など）や，アメリカ合衆国の諸都市，北海道など開拓地に設けられた都市にみられる。 ... 碁盤目

☑ 28 a 型の道路網のヨーロッパの都市の多くは，広場・教会・王宮を中心として放射状の道路が形成され，後に環状道路が形成された。計画都市であるオーストラリアの首都 b もこれに当てはまる。 (名古屋大) ... a 放射環状路 / b キャンベラ

☑ 29 ＿＿＿型道路網は，見通しが悪いため，防御的機能が強く，イスラーム圏である西アジア，北アフリカの都市の旧市街地や，日本の城下町にもみられる。 (成城大) ... 迷路

都市の機能と都市圏

☑ 30 都市機能とは，都市が社会生活上に果たす働きであり，＿＿＿・経済・文化などの機能が挙げられる。 ... 政治

☑ 31 **頻出** 都市の　 a 　とは，すべての都市が保有している
機能で，都市が地域の中心地としてもつものであり，周
辺地域に物資や行政・教育・医療などの　 b 　を供給す
るものである。大都市ほど高次の　 c 　機能をもつ。
(法政大)

a 一般的機能
b サービス
c 中心地

☑ 32 都市の特殊機能とは，それぞれの都市に固有の機能で，
工業都市などの　 a 　都市，商業都市などの　 b 　都
市，政治・宗教・観光保養都市などの　 c 　都市があ
る。
(日本大)

a 生産
b 交易
c 消費

☑ 33 大都市になるほど　　　　　が多角化し，分類不能な総合
都市となる。

特殊機能

☑ 34 **都市圏**とは，都市の影響や勢力がおよぶ範囲で，　 a 　
や通勤圏などで表される。都市の規模が大きくなるほど，
高次の　 b 　機能をもつため，　 a 　や通勤圏は広く
なり，都市圏は拡大する。
(東京大)

a 商圏
b 中心地

☑ 35 　　　　　の高低によって，都市は階層構造をもち，官公庁
の出先機関や企業の本支社の立地などに関係する。

中心地機能

☑ 36 日本の　　　　　は，東京・大阪・名古屋である。
(法政大)

三大都市

☑ 37 各地方の行政・経済・文化の中心となる**広域中心都市**
（**地方中枢都市**）として，北海道の中心の　 a 　，東北
地方の中心の　 b 　，中国・四国地方の中心の　 c 　，
九州の中心の　 d 　が挙げられる。
(関西大)

a 札幌
b 仙台
c 広島
d 福岡

☑ 38 準広域中心都市とは，北陸地方の中心である石川県の
　 a 　や，四国地方の中心である香川県の　 b 　など
である。

a 金沢
b 高松

☑ 39 県域中心都市とは，　　　　　都市などをさす。(東京学芸大)

県庁所在

都市の発展

☑ 40 地価や鉄道・道路などの交通網の影響を受け，都市内部
の機能が分化するが，分化のタイプは　 a 　モデル・
扇形モデル・　 b 　モデルなどで説明されてきた。
(西南学院大)

a 同心円
b 多核心
(順不同)

☑41 **頻出** ┃ a ┃ には，官公庁や大企業の本支社などの中枢
管理機能が集まる ┃ b ┃（**CBD**：Central Business
District）が形成され，それに隣接してデパートなどの
商業施設や娯楽施設が集積する都心商店街ができる。
(和歌山大)

a 都心
b 中心業務地
区

☑42 都心は， ┃ a ┃ 人口は多いが， ┃ b ┃（常住）人口は少
ない。
(関西学院大)

a 昼間
b 夜間

☑43 都心は， ┃　　　┃ が高く，高層ビルや地下街がみられるな
ど，土地の高度利用が進んでいる。
(学習院大)

地価

☑44 官庁や企業などが建物を更新する都心に対して，都心周
辺の ┃　　　┃（旧市街地：都市内域）には，成立の古い住
宅や商店，中小工場などが混在する。
(福井大)

インナー
シティ

☑45 都心と郊外を結ぶ鉄道沿線の ┃ a ┃ には，都心の中枢管
理機能や商業機能の一部を担う ┃ b ┃ も形成される。
(明治学院大)

a ターミナル
b 副都心

☑46 工場地区は，河川沿いや海岸沿いの低地など， ┃　　　┃ が
安く，広い土地が得られ，主要交通路が通るところに形
成される。
(法政大)

地価

☑47 ┃ a ┃ 地区は，都市の発達にともない ┃ b ┃ や主要道
路沿いに形成される。閑静で交通の便がよいところに拡
大する。

a 住宅
b 鉄道

☑48 **頻出** 居住環境が悪化すると，都心と都心周辺部の人口が
減少し，郊外の人口が増加する ┃ a ┃ 現象が発生する。
郊外には ┃ b ┃ を中心とする衛星都市の ┃ c ┃ もみら
れる。
(西南学院大)

a ドーナツ化
b 住宅機能
c ニュータウ
ン

☑49 **頻出** 無計画に都市化が進むと，農地の中に住宅や工場な
どが無秩序に建設される ┃　　　┃ 現象が生じ，インフラ
（社会基盤）整備の遅れが問題となる。
(関西大)

スプロール

☑50 ┃　　　┃（**巨大都市**）とは，政治・経済・文化などの中心
となる大都市のことである。

メトロポリス

☑51 [_____]（**連接都市**）とは，隣接する都市の市街地が拡大 コナベーショ
して連続した都市化地域で，東京や大阪周辺，ドイツの ン
ルール地方などにみられる。

☑52 **メガロポリス（巨帯都市）**とは，複数の [a] が交通・ a 大都市圏
通信網によって密接に結ばれた地域で，アメリカ合衆国 b ボストン
北東部の [b] からワシントン D.C. にかけての地域，
日本の東京から大阪・神戸にかけての地域などにみられ
る。 （愛知教育大）

先進国の都市化と都市問題

☑53 先進国では産業革命後，工業化により [_____] 地域から 農村
人口を吸引して都市人口が増加した。 （愛知教育大）

☑54 頻出 都心周辺の**インナーシティ（旧市街地）**では，過密 a 空洞化
による居住環境の悪化などにともない，人口の郊外流出 b スラム
や産業の [a] が進んだ。これとともに，建て替えの
進まない建物が老朽化し，[b]（不良住宅地区）が形
成されることもある。 （中央大）

☑55 特に欧米の大都市では，低家賃を背景に外国人労働者な a 貧困
どの [a] 層が [b] に流入し，治安の悪化や税収の b インナーシ
減少などの問題が発生している。 （西南学院大） ティ

☑56 頻出 アメリカ合衆国の大都市では，[a] の進行とと a モータリ
もに，ヨーロッパ系住民の富裕層が居住環境の悪化した ゼーション
[b] から郊外へ移住した。[b] では，アフリカ系・ b インナーシ
ヒスパニック・中国系などの移民が，民族集団ごとにわ ティ
かれて居住する [c] がみられる。 （日本大） c セグリゲー
ション

☑57 産業革命を世界で最も早く迎えたイギリスの [_____] は， ロンドン
人口や産業の過密により居住環境が劣悪となっていた。

☑58 19 世紀末にハワードが [_____] を提唱し，郊外にレッチ 田園都市構想
ワースなどの**職住近接型**の**田園都市**を実験的に複数建設
した。 （明治大）

☑59 **頻出** 第二次世界大戦後には，**田園都市構想**を引き継いで，都市の過密問題の解消や a 現象の防止を目的として，市街地の周囲に開発規制区域の b を設置し，郊外に c 型の**ニュータウン**を建設する d 計画を実施した。　　　　　　　　　　（専修大）

a スプロール
b グリーンベルト
c 職住近接
d 大ロンドン

☑60 **大ロンドン計画**の実施や都市化の進展などにより，ロンドンでは都心とその周辺で産業の空洞化が進むなど，a 問題が深刻化した。このため，かつて河港として利用されていたが施設の老朽化が進み荒廃していた b の**ドックランズ**などの再開発を実施し，人口の c を促した。　　　　　　　　　　（成城大）

a インナーシティ
b ウォーターフロント
c 都心回帰

☑61 ヨーロッパの都市など都心部に伝統的な建造物が残るところでは，□□□□のために建物を修復しながら再開発（修復・保全型）が行われた。

景観保全

☑62 パリでは，郊外の**ラ・デファンス**地区に高層ビルが林立する□□□□が建設された。　　　　　　（明治学院大）

副都心

☑63 日本などでは衰退した都心周辺部の活性化をはかるため，老朽化した建物を一掃して高層ビルを建てる□□□□の再開発が中心である。　　　　　　　　　　（名古屋大）

一掃型（クリアランス型）

☑64 **頻出** 再開発によって都心周辺が高級住宅地区に変化することを□□□□という。　　　　　　　　（西南学院大）

ジェントリフィケーション（高級化）

発展途上国の都市化と都市問題

☑65 発展途上国では，第二次世界大戦後の人口の急増によって，a 地域の余剰人口が押し出され b を求めて c に流入した。　　　　　　　　　　（筑波大）

a 農村
b 雇用
c 都市

☑66 政治・経済・文化などの都市機能が集中し，□□□□が整備された首都などの人口最大都市は，雇用機会に恵まれるため，人口の流入が著しい。　　　　　（東京学芸大）

インフラストラクチャー（インフラ）（社会基盤）

☑67 第2位以下の都市との人口差が大きくなると，□□□□ **(首位都市)** とよばれるようになる。　　(立命館大)

プライメート
シティ

☑68 発展途上国でも，都心には高層ビルが立ち並び，都心周辺のインナーシティには，□□□□ もみられる。　(明治大)

スラム

☑69 発展途上国の大都市では，雇用機会を上回る人口流入により，貧困層の多くが路上の物売りなどの □ a □ (非正規職) にしか就けず，家賃を払うことが困難となる。このため，□ b □ の周辺部の空き地を不法占拠して集住し，ここにスラムが形成される。　　(筑波大)

a インフォーマ
　ルセクター

b 市街地

☑70 人口増加に□□□□ の整備が追いつかず，交通渋滞・大気汚染・騒音など都市環境の悪化が進んでいる。　(東洋大)

インフラスト
ラクチャー
(社会基盤)

国家と民族

国家

☑01 頻出 国家の3要素は，□ a □・□ b □・主権で，□ a □ は，□ c □・領海・領空からなる。　　(専修大)

a 領域

b 国民

c 領土

☑02 □□□□ は，干潮時の海岸線から12海里 (約22km) が一般的である。　　(成城大)

領海

☑03 海洋資源に対する主権が沿岸国におよぶ □ a □ (EEZ: Exclusive Economic Zone) は，200海里 (約370km) まで認められ，船舶の航行・上空の航空機の航行・海底ケーブルの敷設などは，□ b □ と同様に自由に行える。　　(中央大)

a 排他的経済
　水域

b 公海

☑04 頻出 国家の形態には，フランスや日本のような中央政府に権限が集中する □ a □ 国家と，アメリカ合衆国・ドイツ・スイスなどのように複数の州などが立法・司法・教育などの権限をもち，地方分権が進んでいる □ b □ 国家がある。　　(立命館大)

a 単一 (中央
　集権)

b 連邦

☑ 05 [頻出] 政体には，国家の統治形態において，国王などの君
主が存在しないアメリカ合衆国・フランス・ロシア・ブ
ラジルなどの ＿a＿ と，世襲的な君主が統治するサウ
ジアラビア・アラブ首長国連邦などの ＿b＿ がある。
日本やイギリスの君主は象徴的である。　　　(駒澤大)

a 共和国

b 君主国

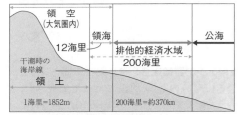

▲国家の領域（国連海洋法条約を批准している国）

国家群

☑ 06 ＿＿＿＿（経済協力開発機構）は，第二次世界大戦後の西
ヨーロッパ復興のための OEEC（ヨーロッパ経済協力機
構）から発展した。現在では，先進国のほか社会主義国
だった東ヨーロッパ諸国なども加盟する。　(明治学院大)

OECD

☑ 07 ＿＿＿＿（北大西洋条約機構）は，アメリカ合衆国と西ヨ
ーロッパ諸国の軍事的な結び付き。ただし，ヨーロッパ
でもフィンランド・スウェーデン・スイス・オーストリ
アなどは不参加。現在では東ヨーロッパ諸国の多くも加
盟している。　　　　　　　　　　　　　　　(立命館大)

NATO

☑ 08 OECD（経済協力開発機構）にも NATO（北大西洋条約
機構）にも，アジアの＿＿＿＿が加盟している。　(明治大)

トルコ

☑ 09 1967年にEEC（ヨーロッパ経済共同体），ECSC（［ a ］），EURATOM（［ b ］）を統合してEC（［ c ］）が結成された。さらに，ECを母体として，1993年に共通外交・安全保障政策や司法・内政分野における協力も柱とするEU（［ d ］）が発足した。2020年1月のイギリスの離脱により加盟国は27か国となった。

（立命館大）

a ヨーロッパ石炭鉄鋼共同体
b ヨーロッパ原子力共同体
c ヨーロッパ共同体
d 欧州連合

☑ 10 ASEAN（東南アジア諸国連合）は，東西冷戦を背景として，1967年に当時の［ a ］国によって結成され，現在は［ b ］を除く東南アジアの10か国が加盟している（2020年）。近年はAFTA（［ c ］）も結成され，加盟国の工業化とともに域内貿易も盛んになっている。

（信州大）

a 資本主義
b 東ティモール
c ASEAN自由貿易地域

☑ 11 頻出 ［ a ］（北米自由貿易協定）は，アメリカ合衆国とカナダの自由貿易協定にメキシコを加え，1994年に発効した自由貿易協定である。2020年には，［ b ］（アメリカ合衆国・メキシコ・カナダ協定）に移行した。

（中央大）

a NAFTA
b USMCA

☑ 12 ［　　　　］（アジア太平洋経済協力）は，1989年にオーストラリアの外相によって提唱された。環太平洋地域の19か国と2つの地域によって構成されている（2020年）。

（近畿大）

エイペック
APEC

☑ 13 AU（アフリカ連合）は，アフリカ諸国の統一と連帯を促し，生活向上のための相互協力などをめざすOAU（［　　　　］）が，2002年に改組発展して発足した。

アフリカ統一機構

☑ 14 MERCOSUR（南米南部共同市場）は，［　　　　］・アルゼンチン・パラグアイ・ウルグアイ・ベネズエラ（資格停止中）・ボリビアからなり，域内の関税撤廃と域外共通関税の実施などを目的とする（2020年）。

（日本大）

ブラジル

☑15 ┃ a ┃ とは，身体的特徴から区分した集団であり，┃ b ┃（ヨーロッパ系），┃ c ┃（アジア系），┃ d ┃（アフリカ系），オーストラリアの先住民などのオーストラロイドなどに区分するのが一般的である。　(東北学院大)

a 人種
b コーカソイド
c モンゴロイド
d ネグロイド

☑16 ┃　　　┃ とは，言語・宗教など伝統的な文化や生活様式を共有し，強い帰属意識によって結びついている集団で，言語や宗教で分類されることが多い。

民族

☑17 1つの言語を起源とする言語集団が ┃ a ┃ で，さらにいくつかの ┃ b ┃ にわけられる。　(関西大)

a 語族
b 語派

☑18 1つの国家が1つの民族からなる ┃　　　┃ は厳密には存在しない。

単一民族国家

☑19 複数の言語を公用語としている国の例として，┃ a ┃（ドイツ語・フランス語・イタリア語・ロマンシュ語），┃ b ┃（オランダ語・フランス語・ドイツ語），┃ c ┃（中国語・マレー語・タミル語・英語）がある。　(専修大)

a スイス
b ベルギー
c シンガポール

☑20 アフリカでは，地域の言語として，北アフリカの ┃ a ┃ 語や，ケニアやタンザニアなど東アフリカの ┃ b ┃ 語がある。　(福岡大)

a アラビア
b スワヒリ

☑21 サハラ以南の中・南アフリカでは ┃　　　┃ の言語を公用語としている国がほとんどである。　(筑波大)

旧宗主国

☑22 **頻出** キリスト教は，ヨーロッパを中心に広まった一神教で，東西ローマ帝国の分裂とともに，┃ a ┃（東方正教）とバチカンを拠点とする ┃ b ┃ にわかれた。また，16世紀の宗教改革により，┃ b ┃ から ┃ c ┃ が分離した。　(福井大)

a 正教会
b カトリック
c プロテスタント

☑23 **頻出** ┃ a ┃ やポルトガルが植民活動と布教を熱心に行ったため，これらの旧植民地であるラテンアメリカやフィリピンなどでは ┃ b ┃ が信仰される。　(学習院大)

a スペイン
b カトリック

☑ 24 イスラームは，神（アッラー）が最後の預言者であるムハンマドを通じて人々に下したとされるクルアーン（コーラン）にしたがう一神教である。信仰告白や ［ a ］ の方角に向かって行う ［ b ］，施しをすること（喜捨），断食，［ a ］ のカーバ神殿への巡礼など，ムスリム（イスラム教徒）がとるべき信仰行為が定められている。飲酒や豚肉を食べること，女性が人前で肌をみせることなどを禁じている。 （立命館大）

a メッカ
b 礼拝

☑ 25 イスラームの礼拝堂は ［　　　］ とよばれ，丸い屋根とミナレット（尖塔）が特徴的である。 （立命館大）

モスク

☑ 26 イスラームは西アジア〜北アフリカ，中央アジアの乾燥地域のほか，バングラデシュやインドネシア，マレーシアなどにも分布する。［ a ］ 派が多数派で，イランで多数を占める ［ b ］ 派は少数派である。 （明治大）

a スンナ
b シーア

☑ 27 頻出 ［　　　］ は，インドのシャカ（釈迦）を開祖とする多神教である。 （立教大）

仏教

☑ 28 仏教は日本などの東アジアに伝播した ［ a ］ と，スリランカや東南アジアに伝播した ［ b ］ とにわけられる。 （中央大）

a 大乗仏教
b 上座部仏教

☑ 29 ［ a ］ とは，特定の民族と結びついた宗教のことで，ユダヤ人のユダヤ教やインド人のヒンドゥー教，チベットや ［ b ］ で信仰されるチベット仏教（ラマ教）などをさす。 （福井大）

a 民族宗教
b モンゴル

☑ 30 ヒンドゥー教徒とムスリム（イスラム教徒）が居住する ［　　　］ 地方では，インド（ヒンドゥー教が中心）とパキスタン（イスラームが中心）が領有を巡って対立している。 （西南学院大）

カシミール

☑ 31 ［　　　］ 海の南沙群島では，中国・フィリピン・ベトナム・マレーシアなどが，島々の領有を巡り対立している。 （明治大）

南シナ

☑ 32 ［ a ］では，多数派で仏教徒のシンハラ人と，インド南部から移住した少数派のヒンドゥー教徒の［ b ］人が対立している。 　　　　　　　　　　　　　　　　（立教大）

a スリランカ
b タミル

☑ 33 中国西部では，［　　　　］やウイグルなどの少数民族の分離独立運動が起こっている。 　　　　　　　　　　（成城大）

チベット

☑ 34 1948 年のユダヤ人による［ a ］建国にともなって難民化したアラブ系の［ b ］人が抵抗運動を起こした。 　　　　　　　　　　　　　　　　（東北学院大）

a イスラエル
b パレスチナ

☑ 35 頻出 ［ a ］・イラク・イラン・シリア・アルメニアにまたがって居住する［ b ］人は，総人口が 2,500 万人を超えるが，それぞれの国では少数派であり，弾圧を受けている。 　　　　　　　　　　　　　　　　（学習院大）

a トルコ
b クルド

☑ 36 スーダンでは，北部（［　　　　］）と南部（非イスラーム）の対立により，南スーダンが 2011 年に分離独立した。 　　　　　　　　　　　　　　　　（学習院大）

イスラーム

☑ 37 スペイン北部フランス国境に居住する［ a ］人や［ b ］人の居住地域では，分離独立運動がみられる。 　　　　　　　　　　　　　　　　（早稲田大）

a バスク
b カタルーニャ
（順不同）

☑ 38 イギリスの北アイルランドでは，アイルランドとの統一をめざす［ a ］系住民と［ b ］系住民とが対立している。 　　　　　　　　　　　　　　　（立命館大）

a カトリック
b プロテスタント

☑ 39 旧ユーゴスラビアでは，ボスニア・ヘルツェゴビナの独立時における［ a ］人（カトリック），［ b ］人（正教会），ムスリム人（ボスニャック人，イスラーム）の対立を背景とする内戦と，コソボ（イスラーム）のセルビアからの分離独立運動が発生した。 　　（明治大）

a クロアチア
b セルビア

☑ 40 チェチェン共和国（イスラーム）は黒海とカスピ海を結ぶ［　　　　］山麓のロシア領内にあり，ロシアからの分離独立運動が起こっている。 　　　　　　　　（愛知大）

カフカス

☑ 41 カナダでは，［　　　　］系住民が多数を占めるケベック州で分離独立運動が起こっている。 　　　　　　（日本大）

フランス

5章 地誌—アジア・アフリカ

東アジア

自然環境

☑01 **頻出** 中国東部から朝鮮半島にかけての地域の大地形区分は｜　　　｜である。　　　　　　　　　　（松山大）

安定陸塊

☑02 中国西部の｜　a　｜山脈やモンゴル北西部のアルタイ山脈は｜　b　｜に分類されるが，ヒマラヤ山脈やチベット高原を形成したプレートの運動により，低くなだらかであったところが再隆起し，高く険しい。　　（愛知教育大）

a テンシャン
b 古期造山帯

☑03 太平洋プレートやフィリピン海プレートが沈み込むところには，日本列島やフィリピン諸島などの｜　　　｜（島弧）が発達している。　　　　　　　　　　　　　（北海学園大）

弧状列島

☑04 ｜　a　｜プレートとインド・オーストラリアプレートが衝突するところには，ヒマラヤ山脈・チベット高原・イラン高原などの｜　b　｜造山帯に属する新期造山帯の山脈や高原が連なる。　　　　　　　　　　　（筑波大）

a ユーラシア
b アルプス・
　ヒマラヤ

☑05 日本列島などが位置する環太平洋造山帯とアルプス・ヒマラヤ造山帯は，東南アジアの｜　　　｜列島の東側で会合している。

小スンダ

☑06 **頻出** 東・東南・南アジアは，季節風（｜　　　｜）の影響を受け，海洋から湿った風の吹く夏季は雨季，大陸から乾燥した風の吹く冬季は乾季となる。　　　　（法政大）

モンスーン

☑07 モンスーンアジアは，ケッペンの気候区分では主にw型（｜　a　｜・夏季多雨）の Aw（サバナ気候）や Cw（温暖冬季少雨気候）に分類されるが，東アジアの日本や長江中下流域では Cfa（｜　b　｜）が卓越する。　　（愛知教育大）

a 冬季少雨
b 温暖湿潤気
　候

☑08 ｜　a　｜のアラビア半島から南アジアのパキスタン，｜　b　｜のカスピ海から東アジアのモンゴルに至る地域では，乾燥気候が卓越する。　　　　　　　　　　（福井大）

a 西アジア
b 中央アジア

☑ 09 中国は　**a**　の地形で，北西部にはB（乾燥帯）が広が　a 西高東低
る。平均高度 4,000 m を超える　**b**　は，夏季冷涼な　b チベット高
ET（ツンドラ気候）に区分される。一方，東部は湿潤で　　原
平野が広がり，北部から Dw → Cw（チンタオ）→ Cfa（長
江中下流域・シャンハイ）→ Cw（ホンコン）の順に配
列する。　　　　　　　　　　　　　　　　　　　（関西大）

中国

☑ 10 人口の約 92％が　**a**　族である。少数民族のうち 5 民　a 漢（漢民）
族は自治区を形成し，**ウイグル族**（アルタイ系）とホイ　b イスラーム
（回）族は　**b**　を，**チベット族**（シナ・チベット系）と
モンゴル族（アルタイ系）はチベット仏教を信仰する。
　　　　　　　　　　　　　　　　　　　　　　　　（明治大）

☑ 11 内モンゴル自治区のモンゴル族は遊牧（馬・羊・ヤギ）　チベット仏教
を行い，　　　　を信仰する。モンゴル語は表記にモンゴ
ル文字を用いる。

☑ 12 ニンシヤホイ（回）族自治区のホイ（回）族は，　　　　　イスラーム
を信仰する。　　　　　　　　　　　　　　　　　（信州大）

☑ 13 1949 年に社会主義の中華人民共和国が成立。1970 年　a 対外開放
代末以降，経済改革・　**a**　政策を実施し，1993 年に　b 市場経済
は社会主義　**b**　を導入した。　　　　　　　　（九州大）

☑ 14 人口は 14 億人を超え，世界 1 位。人口抑制のため 1970　一人っ子
年代から晩婚晩生，1970 年代末からはより強制力のあ
る　　　　　政策を導入した（2015 年まで）。　（法政大）

☑ 15 無戸籍児の増加や，男子を優先する伝統社会であるため，　a 高齢化
男女比のアンバランスが生じるなどの問題が起こり，将　b 一人っ子
来の急速な　**a**　などが予想されるため，2015 年に
　b　政策は廃止され，子どもは二人まで許容する政策
に転じた。　　　　　　　　　　　　　　　　　（学習院大）

☑16 **頻出** 中国は，22省，5自治区，4直轄市，2特別行政 | a ペキン
区で構成され，4直轄市は，[a]（首都），**テンチン** | b シャンハイ
（ペキンの外港として発達），[b]（中国最大の都市），
チョンチン（1997年に直轄市となった。内陸開発の拠
点）である。 (法政大)

☑17 2特別行政区は，[a]（1997年イギリスから返還。 | a ホンコン
自由貿易港として，中継貿易が発展。工業化が進み，ア | b マカオ
ジアNIEsの1つ）と，[b]（1999年ポルトガルか
ら返還。観光やカジノなどで発展）。特別行政区は，返
還後50年間は，資本主義体制を維持することが決めら
れている。 (日本大)

☑18 社会主義国であるため，[a]の設立などにより集団化 | a 人民公社
が進められたが，計画経済は自主性を損ない，集団化は | b 生産責任制
生産意欲を低下させたため，1980年代前半に[b]（**生
産請負制**）を導入した。これにより生産性は飛躍的に向
上した。 (関西大)

☑19 農業地域は，東部の平野部において，年間降水量[   ] | 1,000(850〜
線（チンリン・ホワイ線）を境に北部は畑作，南部は稲 | 1,000)mm
作中心となっている。

☑20 **頻出** 鉱産，エネルギー資源では，[a]生産は世界の | a 石炭
過半を占め，[b]生産も世界の約15%を占めるなど | b 鉄鉱石
大産出国で（2017年），タングステンなどの[c]や | c レアメタル
レアアースなどの生産も盛んである。 (立命館大)

☑21 社会主義の中華人民共和国の成立後は，[   ]のもと， | 計画経済
内陸を中心に工業化を進めた。 (明治大)

☑22 当初は自力更生をスローガンとし，原料産地であるアン | 三大鉄鋼基地
シャン・パオトウ・ウーハンの[   ]などの整備が進ん
だ。

☑23 1970年代末からの経済改革・対外開放政策により，沿 | a 経済特区
岸部を中心にシェンチェンなどの[a]や**経済技術開** | b 輸出指向型
発区を設置し，外国の資本や技術を導入するなどして
[b]工業化政策に転換した。 (信州大)

台湾

☑ 24 台湾は，□□□□体制のもとで，1970年代から外資導入
によって急速に経済発展したアジアNIEsの1つ。ハイ
テク産業が立地し，パソコンなどの機械類の輸出が多い。
(信州大)

資本主義

朝鮮半島

☑ 25 日本海沿岸にはテベク山脈が南北に走り，西岸や南岸に
は□□□□海岸が発達している。 (東京学芸大)

リアス

☑ 26 **頻出** 気候は，季節風（モンスーン）の影響を強く受け，
北部から南部に向けて□ a □と□ b □が並び，南東部
のプサン付近には□ c □が分布する。 (関東学院大)

a Dw（冷帯
（亜寒帯）
冬季少雨気
候）

b Cw（温暖
冬季少雨気
候）

c Cfa（温暖
湿潤気候）

☑ 27 大陸性の気候であり，冬季の寒気が厳しく，□□□□とよ
ばれる伝統的な床暖房施設が利用されてきた。

オンドル

☑ 28 韓国では伝統的に儒教思想が根底にあるが，□□□□教徒
も多い。

キリスト

☑ 29 朝鮮半島では，20世紀に入り，表音文字の□□□□文字
が主に使用されるようになった。

ハングル

☑ 30 女性の伝統的な衣装は，□□□□（長スカート・上衣）で
ある。

チマ・チョゴ
リ

☑ 31 1910年に日本に併合され，第二次世界大戦後の1948
年に北緯□ a □度線で韓国（大韓民国）と北朝鮮（朝鮮
民主主義人民共和国）に分かれて独立。1950～53年の
朝鮮戦争の結果，北緯□ a □度線付近を休戦ラインに
して，現在に至る。1991年，ともに□ b □に加盟した。

a 38

b 国連
（国際連合）

☑ 32 韓国は，1960年代から工業化を進め，1970年代には　　　　　輸出指向型
外国の資本・技術を導入する ☐☐☐☐ 工業化が本格化し
た。　　　　　　　　　　　　　　　　　　　　　（信州大）

☑ 33 首都**ソウル**を流れる河川から「ハンガン（漢江）の奇跡」　　アジア NIEs
とよばれるほどの経済発展を遂げ，台湾・ホンコン・シ
ンガポールなどとともに ☐☐☐☐ （新興工業経済地域）と
よばれた。　　　　　　　　　　　　　　　　　（立命館大）

東南アジア

東南アジア地誌

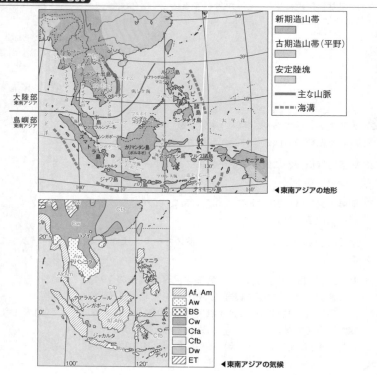

◀東南アジアの地形

新期造山帯
古期造山帯（平野）
安定陸塊
—— 主な山脈
----- 海溝

◀東南アジアの気候

Af, Am
Aw
BS
Cw
Cfa
Cfb
Dw
ET

☑ 01 大陸部の [a] 半島，島嶼部のマレー半島南部，[b] 列島，フィリピン諸島，[c] （**ボルネオ**）島などからなる。 (法政大)

a インドシナ
b スンダ
c カリマンタン

☑ 02 **頻出** スンダ列島やフィリピン諸島は [　　] に沿う弧状列島（島弧）で，火山活動も活発である。 (東洋大)

海溝

☑ 03 インドシナ半島の**メコン川・チャオプラヤ川**・エーヤワディー川などの河口には，[　　] （デルタ）が発達している。 (関西大)

三角州

☑ 04 **頻出** インドシナ半島とフィリピン諸島の大半は [　　] （季節風）の影響を強く受け，雨季と乾季が明瞭な Aw （サバナ気候）や Am （乾季はあるが熱帯雨林のみられる気候）である。 (立教大)

モンスーン

☑ 05 [a] 半島とカリマンタン（ボルネオ）島など島嶼部は大部分が Af （熱帯雨林気候）で，年中 [b] の影響を受ける。 (首都大東京)

a マレー
b 赤道低圧帯
（熱帯収束帯）

☑ 06 **頻出** 潮間帯には，[　　] がみられるが，えびの養殖場の造成による伐採が著しい。 (東北学院大)

マングローブ

☑ 07 東南アジアで経済的に優位に立つのは [　　] （華人）であり，現地人との間で軋轢が生じている。

華僑

☑ 08 ミャンマー・マレーシア・シンガポール・ブルネイは旧 [a] 領で，インドシナ半島のラオス・ベトナム・カンボジアは旧 [b] 領。これらの領域の間に位置する [c] は緩衝国として独立を維持した。

a イギリス
b フランス
c タイ

☑ 09 インドネシアは旧 [a] 領，フィリピンはスペイン領から 20 世紀初頭に [b] 領に変わった。

a オランダ
b アメリカ合衆国

☑ 10 頻出 ┃ a ┃（東南アジア諸国連合）は，東西冷戦を背景
として，1967年に当時の資本主義5か国が結成した。
冷戦終結後，社会主義国の ┃ b ┃ やラオスなども加盟
した。現在は ┃ c ┃ を除く東南アジアの10か国が加
盟している（2020年）。　　　　　　　　　　　（学習院大）

a ASEAN
b ベトナム
c 東ティモー
ル

原加盟国（1967年）	
シンガポール，マレーシア，タイ，インドネシア，フィリピン	

↓

その後の加盟国	東南アジアの未加盟国
ブルネイ（1984年） ベトナム（1995年） ラオス，ミャンマー（1997年） カンボジア（1999年）	東ティモール（加盟申請中）

▲ASEANの加盟国

☑ 11 頻出 かつて東南アジアは，天然ゴム・原油・天然ガスな
どの一次産品の輸出に依存する ┃　　　┃ 経済の国がほと
んどであった。　　　　　　　　　　　　　　　（福井大）

モノカルチャー

☑ 12 1960年代後半よりシンガポールが ┃　　　┃ 工業化政策
に転換し，外国の資本・技術を導入して工業化を進め，
アジアNIEsの1つになった。　　　　　　　　（上智大）

輸出指向型

☑ 13 頻出 1980年代には ┃ a ┃ とタイ（準NIEs）で，2000
年代に入ると人口の多い ┃ b ┃ ・フィリピン・ベトナ
ムで工業化が進展した。1993年に発足した ┃ c ┃
（ASEAN自由貿易地域）により，各国の貿易環境の整
備が進められた。域内の工業化も相まって，┃ d ┃ も盛
んとなっている。　　　　　　　　　　　　　　（中央大）

a マレーシア
b インドネシ
ア
c AFTA
d 域内分業

☑ 14 頻出 植民地時代に欧米人によって ┃　　　┃ が開かれ，現
在も油やし・天然ゴム・バナナ・ココやし・コーヒーな
どの栽培が盛んである。　　　　　　　　　　　（関西大）

プラン
テーション

☑15 ｜　　　｜による稲の高多収量品種の導入が，フィリピンや
インドネシアなどの島々からはじまり，沖積低地が広が
るインドシナ半島のタイなどへの導入も後に進んだ。
(札幌大)

緑の革命

☑16 インドシナ半島では，｜　a　｜の整備とともに１年に二度
作付けする｜　b　｜も行われる。人口の多い島々の国は，
現在も米の輸入上位となることが多い。
(福井大)

a 灌漑
b 二期作

☑17 近年タイなどでは，｜　a　｜（農水産物加工業）とよばれ
る農業資源をもとにした食肉加工業などが発展し，日本
など先進国への｜　b　｜食品などの輸出も盛んとなって
いる。

a アグロイン
ダストリー
b 冷凍

▲東南アジアの宗教分布

▲東南アジアの旧宗主国

南アジア

南アジア地誌

☑01 頻出 インド半島はほとんどが｜　　　｜であり，かつて存
在したゴンドワナランドの一部である。
(佛教大)

安定陸塊

☑02 頻出 インド半島の大部分を占める｜　a　｜高原には溶岩
台地が広がり，玄武岩の風化した肥沃な**黒色土壌**の
｜　b　｜が北西部に分布する。
(駒澤大)

a デカン
b レグール

☑ 03 インド半島の北部は，プレートの衝突によって形成され
た新期造山帯のヒマラヤ山脈や □ 高原を源流とす
る**インダス川**，**ガンジス・ブラマプトラ川**が流れる。

(明治大)

チベット

☑ 04 ガンジス川の河口には巨大な □ （デルタ）がみられ
る。

(名城大)

三角州

☑ 05 夏季の a 季節風がインド洋から吹くインド半島西
岸や，**ベンガル湾**から吹く b 丘陵は，世界的な多
雨地域（Am）である。

(立命館大)

a 南西
b アッサム

☑ 06 インド半島の北部は Cw（温暖冬季少雨気候），それ以
外の地域は □ が卓越する。

(関西大)

Aw（サバナ
気候）

☑ 07 インド半島の基部は，北回帰線が通り，西方のインド・
パキスタン国境以西は □ が卓越する。

(明治大)

B（乾燥帯）

☑ 08 頻出 年降水量 1,000 mm 以上の沿岸部や □ 川沿
いの**ヒンドスタン平原**では，稲作が行われる。

(法政大)

ガンジス

☑ 09 ガンジス川河口部の三角州（デルタ）地帯では，繊維原
料の □ の栽培が盛んである。

(日本大)

ジュート

☑ 10 頻出 インダス川流域では，イギリス植民地時代からの灌
漑施設が整い，インドとパキスタンの国境付近に広がる
a 地方では小麦の栽培が盛んで，中下流域では
b などの栽培も行われる。

(学習院大)

a パンジャブ
b 綿花

☑ 11 頻出 肥沃なレグールが分布する**デカン高原**では，□
や雑穀の栽培が盛んである。

(関西学院大)

綿花

☑ 12 茶は，ヒマラヤ山麓のダージリンや a 丘陵，イン
ド半島南西部のニルギリ， b 島（スリランカ）で栽
培されている。

(立命館大)

a アッサム
b セイロン

☑ 13 ヒンドゥー教が中心のインドとイスラームが中心のパキ
スタンは，□ 地方の領有を巡り対立している。

(西南学院大)

カシミール

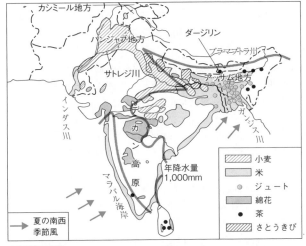

▲南アジアの農業

西アジア・アフリカ

自然環境

☑01 西アジア北部には，☐☐☐造山帯に属する**イラン高原**，
ザグロス山脈，アナトリア高原などが東西に走る。
(筑波大)

アルプス・ヒマラヤ

☑02 **アラビア半島**は，かつて存在した☐☐☐の一部であり，
安定陸塊に属する。

ゴンドワナランド

☑03 アフリカは，北西端の☐a☐山脈がアルプス・ヒマラヤ
造山帯に属する新期造山帯で，南東端の**ドラケンスバー
グ山脈**が☐b☐である。それ以外のほとんどの地域と
☐c☐島は，かつてゴンドワナランドの一部を構成した
安定陸塊である。
(明治大)

a アトラス
b 古期造山帯
c マダガスカル

☑04 **頻出** アフリカ大陸東部には，☐a☐プレート境界が南
北に走る。ここには☐b☐が位置し，標高が高く，**タン
ガニーカ湖**などの☐c☐湖（断層湖）があり，火山活動
が活発で地震も発生する。
(駒澤大)

a 広がる
b アフリカ大
地溝帯
c 地溝

☑ 05 　頻出　 西アジアには　 a 　川と**ユーフラテス川**, アフリ
カには　 b 　川・**ザンベジ川**・**コンゴ川**・**ニジェール**
川などの大河がある。　　　　　　　　　　　（駒澤大）

a ティグリス

b ナイル

☑ 06 　頻出　 アフリカ大陸の南端が南緯 35 度付近, 西アジアの
トルコが北緯 40 度付近であることから, 西岸では気候
区が赤道をはさんで対称的に分布する。北から　 a 　
（地中海周辺）→ BS →　 b 　（北回帰線付近）→ BS →
Aw →　 c 　（赤道付近）→ Aw → BS →　 b 　（南回
帰線付近）→ BS →　 a 　（ケープタウン）の順に配列
する。　　　　　　　　　　　　　　　　　　　（日本大）

a Cs（地中
海性気候）

b BW（砂漠
気候）

c Af（熱帯
雨林気候）

☑ 07 　赤道付近の**コンゴ盆地**は Af（熱帯雨林気候）だが, 大
地溝帯よりも東側は　　　　で, Af を取り巻くように
　　　　が分布している。

Aw（サバナ
気候）

☑ 08 　**エチオピア高原**など低緯度地域にみられる　　　　は,
Aw（サバナ気候）と降水の季節配分は同じだが, 標高
が高いため最寒月平均気温が 18℃を下回る。（関西学院大）

Cw（温暖冬
季少雨気候）

☑ 09 　南北回帰線付近の**サハラ砂漠**やアラビア半島, **カラハリ**
砂漠は, 年中　　　　（中緯度高圧帯）の影響を受け少雨
である。　　　　　　　　　　　　　　　　（関西学院大）

亜熱帯高圧帯

☑ 10 　頻出　 アフリカ大陸南西岸の　 a 　砂漠は, 沖を北上す
る　 b 　の　 c 　海流の影響を受け, 大気の低層が冷
却され上昇気流が発生しにくく少雨となっている。
　　　　　　　　　　　　　　　　　　　　　　　（近畿大）

a ナミブ

b 寒流

c ベンゲラ

☑ 11 　サハラ砂漠南縁の東西に広がる地域は,　　　　とよばれ
る。　　　　　　　　　　　　　　　　　　　　（駒澤大）

サヘル

☑ 12 　頻出　 **サヘル**では, 自然的な要因に加え, 人口増加にと
もなう過耕作・過放牧・過伐採により植生が破壊され,
　 a 　が進行しており, 地域住民は　 b 　難民化して
いる。　　　　　　　　　　　　　　　　　　　（早稲田大）

a 砂漠化

b 環境

社会

☐13 西アジアには第一次世界大戦後に独立した国が多い。アフリカにおける第二次世界大戦前の独立国は，[　　]・リベリア・エジプト・南アフリカの４か国のみである。
(関西学院大)

エチオピア

☐14 第二次世界大戦後にアフリカで独立が相次ぎ，17か国が独立した1960年は「[　　]」とよばれた。

アフリカの年

☐15 1980年以降の独立国は，[a]（イギリス：1980年），[b]（南アフリカ共和国：1990年），[c]（エチオピアから分離独立：1993年），[d]（スーダンから分離独立：2011年）である。
(関西学院大)

a ジンバブエ
b ナミビア
c エリトリア
d 南スーダン

農業

☐16 **頻出** 西アジアと北アフリカでは，羊・ヤギ・ラクダなどの[　　]が行われる。
(学習院大)

遊牧

☐17 湿潤地域を源流として乾燥地域へ流入する[a]沿いや，[b]（イラン），**フォガラ**（サハラ）などとよばれる地下水路の末端，湧水地などでは，[c]（乾燥した果実はデーツ）や，綿花などを栽培するオアシス農業も行われる。
(慶應義塾大)

a 外来河川
b カナート
c なつめやし

☐18 **頻出** Cs（地中海性気候）地域では，[　　]やぶどう，柑橘類などを栽培する地中海式農業もみられる。
(札幌大)

オリーブ

☐19 中・南アフリカの熱帯では焼畑農業が行われ，Af（熱帯雨林気候）ではいも類の[a]・タロいも・ヤムいも，Aw（サバナ気候）ではきび・あわなどの[b]類が栽培の中心である。
(学習院大)

a キャッサバ
b 雑穀

☐20 コートジボワールやガーナなどの[　　]湾岸（カカオ）や，エチオピア（コーヒー），ケニア（茶）などでは，プランテーション農業もみられる。
(大阪大)

ギニア

☐21 南アフリカ共和国では，入植したヨーロッパ人により[　　]や地中海式農業も行われている。
(中央大)

企業的牧畜

鉱産資源

☑22 **頻出** 産油国は，1960年の〔　a　〕（石油輸出国機構）と 1968年のOAPEC（アラブ石油輸出機構）の結成，1970年代の石油危機（オイルショック）を経て，〔　b　〕とよばれる国際石油資本の支配から脱し，油田や関連施設の国有化が進んだ。　(中央大)

a OPEC
b メジャー

☑23 サウジアラビアなどのGCC（湾岸協力理事会）加盟国などでは，〔　　　〕の割合が高い。　(九州大)

外国人労働者

☑24 **頻出** アフリカのOPEC（石油輸出国機構）加盟国は，北アフリカの〔　a　〕とリビア，ギニア湾岸の〔　b　〕（生産・輸出アフリカ1位），アンゴラなどである（2020年）。　(関西大)

a アルジェリア
b ナイジェリア

☑25 石炭と鉄鉱石の産出では〔　　　〕がアフリカ1位である。　(関西大)

南アフリカ共和国

☑26 コンゴ民主共和国南部のザンビアとの国境付近は，〔　　　〕とよばれる銅鉱の産地である。　(成城大)

カッパーベルト

☑27 中・南アフリカでは，〔　a　〕の生産が多いが，近年は，南アフリカ共和国やコンゴ民主共和国などでプラチナやコバルトなどの〔　b　〕の生産も増加している。　(明治大)

a ダイヤモンド
b レアメタル

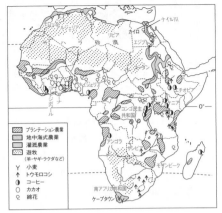

▲アフリカの農業

▲ペルシア湾周辺の油田

6章 地誌—ヨーロッパ・旧ソ連

ヨーロッパ

自然環境

☑01 大地形区分は，主に地中海周辺など南部のカフカス山脈やカルパティア山脈，**アルプス山脈，ピレネー山脈**が□□□□である。　　　　　　　　　　　　　　　　（北海道大）

新期造山帯

☑02 **頻出** バルト海周辺には□□□□のバルト楯状地やロシア卓状地（たてじょうち）が広がり，**東ヨーロッパ平原**は構造平野である。　　　　　　　　　　　　　　　　　　　（佛教大）

安定陸塊

☑03 **パリ盆地**やロンドン盆地には，一方が急崖で他方が緩斜面の非対称の丘陵が続く□□□□が発達する。　（日本大）

ケスタ

☑04 安定陸塊の周囲には，**スカンディナヴィア山脈**やペニン山脈などの□□□□が位置する。　　　　　（佛教大）

古期造山帯

☑05 今から1万年ほど前まで続いた氷期の最寒冷期には，北緯50度付近（グレートブリテン島南西端）まで□□□□が拡大した。このため，北ドイツ平原以北にはフィヨルドや氷河湖，モレーンなどの氷河地形がみられる。　　　　　　　　　　　　　　　　　　　（立命館大）

大陸氷河（氷床）

☑06 　**a**　はスペイン北西部の**リアスバハス海岸**，カルスト地形は　**b**　西部のカルスト地方が，それぞれ名称の由来である。　　　　　　　　　　　　　　　（明治大）

a リアス海岸
b スロベニア

☑07 **エルベ川**（ハンブルク）・**セーヌ川**（ルアーヴル）・　**a**　川（ロンドン）の河口には　**b**　（三角江）が発達し，河口には大都市が位置する。　　　　（名城大）

a テムズ
b エスチュアリ

☑08 **頻出** **ライン川**や**ドナウ川**，ポー川の河口には□□□□（デルタ）が発達する。

三角州

☑ 09 **アイスランド島**北部とスカンジナヴィア半島の最北部の気候区分は [a] であり，後者の南には [b] が広がる。 (中央大)

a ET（ツンドラ気候）
b Df（冷帯湿潤気候）

☑ 10 頻出 地中海沿岸は，夏季に亜熱帯高圧帯（中緯度高圧帯）の圏内となり少雨となる [____] が卓越する。 (日本大)

Cs（地中海性気候）

☑ 11 頻出 アルプス山脈以北は Cfb（西岸海洋性気候）であり，高緯度に位置するため夏季冷涼で，暖流の [a] 海流とその上を吹く [b] の影響を受けて，冬季温暖である。 (関西大)

a 北大西洋
b 偏西風

☑ 12 1 月の等温線は南北に走り，東側ほど低温で気温の [____] が大きい Df（冷帯湿潤気候）である。

年較差

EU（欧州連合）

☑ 13 頻出 [a]（**ヨーロッパ石炭鉄鋼共同体**：1952 年），[b]（**ヨーロッパ経済共同体**：1958 年），EURATOM（**ヨーロッパ原子力共同体**：1958 年）を，1967 年に統合して [c]（**ヨーロッパ共同体**）を結成。[a] は戦略物資であった石炭と鉄鋼を共同管理することで，[b] は経済を統合することでアメリカ合衆国やソ連などの超大国に対抗して，ともにヨーロッパにおける平和を構築し維持することを目的とした。 (成城大)

a ECSC
b EEC
c EC

☑ 14 1993 年の [____] 条約（ヨーロッパ連合条約）の発効により，EC（ヨーロッパ共同体）が共通の外交・安全保障政策や司法・内政分野における協力を柱とする EU（**欧州連合**）へ発展した。 (中央大)

マーストリヒト

☑ 15 EU（欧州連合）の本部は [a]（ベルギー），ヨーロッパ議会はストラスブール（フランス），ヨーロッパ裁判所はルクセンブルク，ヨーロッパ中央銀行の本店は [b]（ドイツ）にそれぞれ置かれている。 (学習院大)

a ブリュッセル
b フランクフルト

☑ 16 商品・労働者・資本・サービスの [a] の自由化，域内関税や非関税障壁の撤廃と対外 [b] を実施した。 (学習院大)

a 域内移動
b 共通関税

☑ 17 　頻出　　　　　　協定の加盟国間では，国境管理を廃止し，人の移動を促進した。
(駒澤大)

シェンゲン

☑ 18 共通通貨　　　　　を 1999 年から導入し，資本移動の自由化とともに経済活動が活発になるように工夫した。
(駒澤大)

ユーロ

☑ 19 ユーロに参加していない EU（欧州連合）加盟国としては，東ヨーロッパの経済水準の低い国々のほかに，　a　・　b　がある。
(関西学院大)

a スウェーデン
b デンマーク
(順不同)

☑ 20 EU（欧州連合）は，域内では農産物を　　　　　より高く買い上げ，安価な輸入農産物には関税（課徴金）をかけて域内への流入を抑えた。
(成城大)

国際価格

☑ 21 余剰農産物の輸出には　a　を出すなどの保護政策を実施し，これによる　b　が問題となってきた。近年は，農業の盛んな新規加盟国が増え，その負担はさらに増しており，保護政策の見直しが進められている。
(福井大)

a 補助金
b 財政負担

農業

☑ 22 スカンディナヴィア半島の北部ではトナカイの　a　，冷涼で氷食を受けた北海・バルト海周辺とアルプス地方では　b　が行われる。
(首都大東京)

a 遊牧
b 酪農

☑ 23 　頻出　　ヨーロッパ中部では　　　　　が行われ，その北側ではじゃがいも・ライ麦・てんさい，南側では小麦やとうもろこしの栽培に特色がある。
(明治大)

混合農業

☑ 24 地中海周辺では地中海式農業や温暖な気候を活かした　　　　　も発達している。
(立命館大)

輸送園芸

☑ 25 **イタリア半島**，**イベリア高原**などでは，夏季は低地に比べ気温が低く湿潤な高地で家畜を放牧し，冬季は低地で飼育する　　　　　が行われている。
(早稲田大)

移牧

鉱工業

☑ 26 石炭は ⎡ a ⎤ の**シロンスク地方**やドイツの**ルール地方**，
石油や天然ガスは**北海油田**（ノルウェー・イギリス），
鉄鉱石は ⎡ b ⎤ 北部（キルナ）などでの産出が多い。
（明治大）

a ポーランド
b スウェーデ
ン

☑ 27 かつて ⎡ a ⎤ を動力源としていた時代は，イギリスの
ランカシャー地方など ⎡ b ⎤ （原料立地）型の工業地
域が発展し，そのほかにはベルギーやドイツなどヨーロ
ッパ中部がその典型例であった。
（愛知教育大）

a 蒸気機関
b 炭田立地

☑ 28 資源の低品位化やエネルギー革命，工場施設の老朽化な
どにより，原燃料の輸入港付近に立地する ⎡⎤ 型の
工業地域が発展した。
（九州大）

臨海立地

☑ 29 伝統的な工業地域では，機械やエレクトロニクスなどの
⎡⎤ 産業への転換が進んだ。
（新潟大）

先端技術

☑ 30 EU（欧州連合）の市場統合の深化により，事実上国境
がなくなったため，イギリス中南部からベネルクス3国，
ドイツ西部，イタリア北部にかけての地域がEUの核心
地域となった。ここは ⎡⎤ とよばれている。
（愛知教育大）

ブルーバナナ
（青いバナナ）

☑ 31 頻出 ⎡⎤ は，ヨーロッパ最大の工業国で，**ルール炭
田**と**ライン川の水運**を背景に，ヨーロッパ最大の**ルール
工業地域**（エッセン，ドルトムント，デュースブルクの
鉄鋼など）を形成。近年，重化学工業の地位が低下し，
先端技術産業の集積もみられる。
（福岡大）

ドイツ

☑ 32 南ドイツ（**ミュンヘン**など）では ⎡ a ⎤ 産業のほかハ
イテク産業がみられ，エルベ川河口の**ハンブルク**では石
油化学工業が発達しているが，旧東ドイツ地域（ザクセ
ン工業地域）は，生産が停滞し，⎡ b ⎤ での格差が大き
い。
（東北学院大）

a 自動車
b 東西

☑ 33 冷帯林を背景に，スウェーデンと ⎡⎤ では紙・パルプ
工業が発達。スウェーデンでは自動車産業もみられる。
（学習院大）

フィンランド

☑ 34 東ヨーロッパでは，社会主義時代に**ポーランド**の □ a 炭田や**チェコ**のボヘミア炭田を背景に重工業が発展。設備の老朽化などで生産は停滞していたが，2000年代初頭の □ b 加盟により，外国資本が進出し，自動車産業など各種工業が発達している。

(明治大)

a シロンスク

b EU
（欧州連合）

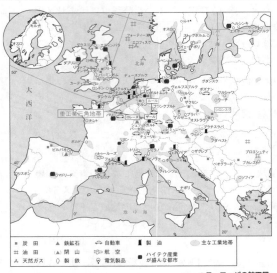

▲ヨーロッパの鉱工業

ロシア

自然環境

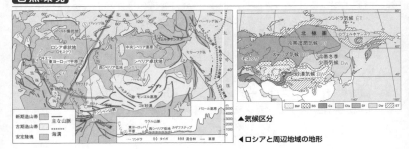

▲気候区分

◀ロシアと周辺地域の地形

☐ 01 **頻出** ロシアを中心とする旧ソ連地域は， a 山脈以西の**ヨーロッパロシア**，以東の b ，カスピ海以東の c の３地域に大別される。 (福井大)

a ウラル
b シベリア
c 中央アジア

☐ 02 **頻出** a 山脈を通過する東経60度線は，北極海のノヴァヤゼムリャ島・ b 海・ c 半島東端付近を通過する。 (愛知大)

a ウラル
b アラル
c アラビア

☐ 03 a ・中央アジアの b 海・アラル海・バルハシ湖の北端はほぼ北緯45度である。 (青山学院大)

a 黒海
b カスピ

☐ 04 **黒海**と**カスピ海**の間を東西に走る 山脈は，アルプス・ヒマラヤ造山帯に属する。 (福井大)

カフカス

☐ 05 **シベリア**の a 川の流路よりも東側の大地形区分は b であり，**カムチャツカ半島**から千島列島，日本列島へ続く地域では，地震や火山活動が活発である。 (名古屋大)

a レナ
b 新期造山帯

☐ 06 東経60度線に沿う**ウラル山脈**は低くなだらかで，バルハシ湖の南から東に走る a 山脈，アルタイ山脈は高く険しいが，いずれも b である。 (明治大)

a テンシャン
b 古期造山帯

☐ 07 安定陸塊は広大で，ウラル山脈の西側のロシア卓状地には 平原，ウラル山脈の東側には**西シベリア低地**，**中央シベリア高原**などがある。 (愛知教育大)

東ヨーロッパ

☐ 08 **頻出** 気候区分は，北極海沿岸は夏季冷涼な a 。その南側はD（冷帯）で， b が広がる。**レナ川**の流路よりも西側は c ，東側と**バイカル湖**付近には d が分布する。これは，大西洋から吹く e によってもたらされる海洋の影響が東に向かうにつれて弱まるためである。シベリア東部は冬季厳寒であり，空気が高密度に蓄積されることから高気圧が形成され，これに覆われる地域は冬季少雨のw型となる。 (獨協大)

a ET（ツンドラ気候）
b タイガ
c Df（冷帯湿潤気候）
d Dw（冷帯（亜寒帯）冬季少雨気候）
e 偏西風

☐ 09 シベリア東部では， が南方まで広がる。 (佛教大)

永久凍土

☐ 10 建物は凍土の融解による傾きや沈下を防ぐため， にするなどの工夫がなされている。 (首都大東京)

高床式

☑11 頻出 カスピ海以東の**中央アジア**は，大西洋，北極海，太平洋，インド洋のいずれからも遠く□□□□□が卓越する。 B（乾燥帯）

（防衛大学校）

☑12 ヨーロッパロシアには，□a□に注ぐ**ヴォルガ川**や□b□に注ぐドニエプル川，ドン川などが流れる。

a カスピ海
b 黒海

（愛知大）

☑13 □a□に注ぐオビ川・エニセイ川・レナ川などの大河川は，下流側の凍結期間が長く，春には低緯度側の上流から雪・氷の融解がはじまる。これが下流側に流れ込んで□b□が発生する。 （関西学院大）

a 北極海
b 融雪洪水
（洪水）

☑14 頻出 中央アジアの□a□海に注ぐ**シルダリア川**と**アムダリア川**流域では，灌漑による□b□栽培が盛んになり，湖への流入量が激減。**アラル海**の**面積の縮小**などが問題となっている。 （立教大）

a アラル
b 綿花

社会

☑15 ソビエト社会主義共和国連邦（ソ連）は，ロシア革命によって 1922 年に成立した世界最初の□a□であり，15 の共和国からなる□b□国家であった。 （佛教大）

a 社会主義国
b 連邦

☑16 農業の□a□，企業の国営化などを進め，□b□による工業化政策を実施。第二次世界大戦後は，アメリカ合衆国との軍拡競争を繰り広げた。

a 集団化
b 5 か年計画

☑17 1970 年代以降は経済停滞が顕著となり，1980 年代後半からは自由化の動きが高まった。1991 年に□□□□□が分離独立し，同年末にはソ連が崩壊した。

バルト 3 国

☑18 社会主義計画経済から□a□経済への急変により，政治的・経済的・社会的に混乱が生じ，貧富の差の拡大や治安の悪化がみられた。2000 年代以降は，発展途上国の工業化の進展により，需要が高まった□b□の価格が高騰し，ロシア経済も浮揚した。 （東京学芸大）

a 資本主義市場
b エネルギー資源
（原油や天然ガス）

☑19 ｜ a ｜ 山麓のロシア領内に位置する ｜ b ｜ 共和国では，イスラームを信仰する住民が多数を占め，ロシアからの分離独立運動を展開しているが，厳しい弾圧を受けている。 (法政大)

a カフカス
b チェチェン

農業

☑20 ソ連時代は，コルホーズ（集団農場）やソフホーズ（国営農場）によって ｜ a ｜ が進められたが，｜ b ｜ 経済や ｜ a ｜ による生産意欲の低下・干ばつ・冷害などにより農業生産は不安定だった。ソ連崩壊後のロシアでは，農場の多くが，企業による大規模農場として存続している。 (明治大)

a 集団化
b 計画

☑21 ソ連崩壊後の社会的な混乱がみられた 1990 年代には，農業生産性が著しく低下したが，近年は回復傾向にあり，ロシア・ウクライナ・カザフスタンは小麦の輸出国となっている。都市住民は郊外に ｜ ｜ とよばれる菜園付きのセカンドハウスをもっていることが多く，混乱期にはここでの作物栽培が都市住民を救ったとされる。 (立命館大)

ダーチャ

☑22 農業地域区分は，気候・植生・土壌にほぼ対応し，東西に帯状に広がる。ET（ツンドラ気候）の北極海沿岸や，タイガの広がるシベリア北部では，先住民による ｜ ｜ の遊牧や狩猟・漁労などが行われている。 (首都大東京)

トナカイ

☑23 遊牧地域や森林地帯の南側でウラル山脈以西の Df（冷帯湿潤気候）地域では，混合農業が一般的で，冷涼であるため，穀物では ｜ ｜ ・えん麦・ライ麦の栽培が中心である。 (関西学院大)

大麦

☑24 頻出 黒海北岸から西シベリアにかけての地域には，｜ a ｜ とよばれる**肥沃な黒色土**が分布し，｜ b ｜ の粗放的な栽培を行う企業的穀物農業地域がみられる。 (立教大)

a チェルノーゼム
b 小麦

☑25 バルト 3 国では ｜ ｜ が行われ，温暖なカフカス山麓ではぶどうや茶などの栽培もみられる。 (成城大)

酪農

☐26 中央アジアでは，灌漑により商品作物の◻︎◻︎◻︎栽培が
行われ，羊やラクダの遊牧も一般的である。 （関西大）

綿花

鉱工業

☐27 国土の広大なロシアは，エネルギー資源が豊富で，ソ連
崩壊後の 1990 年代以降は◻︎◻︎◻︎など外国資本も開発
に参加した。 （高崎経済大）

メジャー（国
際石油資本）

☐28 インフラの整備も進め，現在は石油や天然ガスをヨーロ
ッパだけでなく，◻︎◻︎◻︎へもパイプラインなどを通じて
輸出している。 （関西学院大）

中国

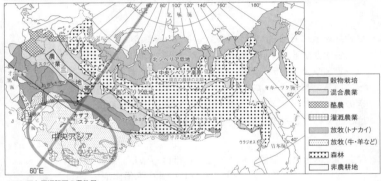

▲ロシアと周辺諸国の農牧業

▲ロシアと周辺諸国の鉱工業

7章 地誌—アメリカ

アングロアメリカ

自然環境

☐01 北アメリカの西部から，中央アメリカ，南アメリカ西部の南端にかけては ┃ a ┃ の環太平洋造山帯が分布。このうち北アメリカでは，アラスカ山脈・海岸山地・シエラネヴァダ山脈・┃ b ┃ 山脈などが南北に走り，山脈の間にはコロラド高原・グレートベースンなどがある。
(松山大)

a 新期造山帯
b ロッキー

☐02 西岸の**カリフォルニア**には，プレートの ┃ a ┃ 境界にあたる ┃ b ┃ 断層が走り，地震多発地域となっているが，付近の太平洋岸沖には ┃ c ┃ は存在しない。
(駒澤大)

a ずれる
b サンアンドレアス
c 海溝

☐03 南東部の**アパラチア山脈**は，低くなだらかな ┃ ┃ の山脈で，付近では良質な石炭を産出する。 (関西学院大)

古期造山帯

☐04 頻出 ┃ a ┃ は，北部の**ハドソン湾**周辺のカナダ楯状地からミシシッピ川中流域にかけて広がり，**ラブラドル高原**では良質な ┃ b ┃ を産出する。 (法政大)

a 安定陸塊
b 鉄鉱石

☐05 **ハワイ諸島**は，プレート境界ではないが， ┃ ┃ とよばれる地下（プレートよりも下部のマントル）からマグマが上昇する火山島であり，地震も発生する。 (明治大)

ホットスポット

☐06 頻出 最終氷期の最寒冷期には，北緯40度付近まで ┃ a ┃ が拡大していたため，**五大湖**などの ┃ b ┃ 湖が形成され，アラスカからカナダの太平洋岸には ┃ c ┃ も発達する。 (青山学院大)

a 大陸氷河（氷床）
b 氷河
c フィヨルド

☐07 五大湖から流出するセントローレンス川の河口は， ┃ ┃ となっている。 (駒澤大)

エスチュアリ（三角江）

☑08 アメリカ合衆国の大西洋岸平野からメキシコ湾岸にかけては，離水によって形成された ＿＿＿ が広がり，沿岸部には沿岸州などの砂の堆積地形もみられる。　（明治大）

海岸平野

☑09 **ミシシッピ川**は，北アメリカ大陸最長の河川。流域には ＿a＿ が広がる。河口には，＿b＿（ミシシッピデルタ）が形成されている。　（東京学芸大）

a 構造平野
b 鳥趾状三角州

☑10 **リオグランデ川**は，アメリカ合衆国とメキシコとの ＿＿＿ の一部となっている。　（中央大）

自然的国境
（河川国境）

☑11 **セントローレンス川**は，五大湖とともにアメリカ合衆国とカナダとの ＿a＿ の一部となっており，セントローレンス海路は，五大湖と ＿b＿ を結ぶ。　（中央大）

a 自然的国境
（河川国境）
b 大西洋

☑12 気候区分は，北極海沿岸は夏季冷涼な ＿a＿。＿b＿ はその南側に広がり，東部では五大湖付近まで分布する。　（獨協大）

a ET（ツンドラ気候）
b Df（冷帯湿潤気候）

☑13 西岸の気候は，偏西風と暖流の影響を受けて，アラスカからカナダ太平洋沿岸部に ＿＿＿ が分布する。　（関西学院大）

Cfb・Cfc（西岸海洋性気候）

☑14 **頻出** 五大湖の南側からメキシコ湾岸にかけての気候は ＿a＿ が広がり，中央平原の BS（ステップ気候）に隣接する地域には黒色土の ＿b＿ が分布する。（西南学院大）

a Cfa（温暖湿潤気候）
b プレーリー土

☑15 **フロリダ半島**南端の**マイアミ**の気候は ＿＿＿ である。　（専修大）

Am（弱い乾季はあるが熱帯雨林のみられる気候）

☑16 アメリカ合衆国西部の内陸は，海洋からの湿った大気の供給が少なく ＿＿＿ が広がる。

B（乾燥帯）

☑17 **頻出** 西岸の気候は，カナダのヴァンクーヴァーから南に ＿a＿，低緯度側には ＿b＿ も分布する。

a Cs（地中海性気候）
b B（乾燥帯）

☑18 フロリダ半島からメキシコ湾岸にかけての地域には，□□□□ とよばれる熱帯低気圧が襲来する。　（和歌山大）

ハリケーン

☑19 アメリカ合衆国の中央平原では □□□□ とよばれる竜巻が発生する。　（中央大）

トルネード

アメリカ合衆国

☑20 国土面積はロシアと □□□□ に次いで世界3位。

カナダ

☑21 先住民 a （アラスカの住民はイヌイット）のほか，ヨーロッパ系， b が混在。近年はアジア系や中南アメリカ諸国からの c が増えた。　（和歌山大）

a （アメリカ）インディアン
b アフリカ系
c ヒスパニック

☑22 □□□□ （WASP：White Anglo-Saxon Protestant）は，かつてはイギリス系プロテスタントで保守派の白人エリート支配層をした。　（松山大）

ワスプ

☑23 ヨーロッパからの移民はイギリス系・□□□□ 系・ドイツ系が多い。　（福井大）

アイルランド

☑24 頻出 アフリカからの黒人奴隷は，南部の □□□□ 労働者として18世紀末に多く連行されてきた。

プランテーション

☑25 南北戦争（1861〜65年）後に □□□□ が行われ，1964年の公民権法の成立で，法的にはアフリカ系住民に対する差別が撤廃された。

奴隷解放

☑26 大陸横断鉄道の開通も相まって □□□□ （開拓前線）が西進した。　（中央大）

フロンティア

☑27 農業従事者1人当たりの農地（耕地・樹園地・牧草地）面積は，181 haと広大（2018年）。機械化も進んでおり，開拓を担った □□□□ は減少している。

家族農場

☑28 穀物の集荷・貯蔵・運搬などを行う a （巨大穀物商社）が b （農業関連産業）に参入し，農家への支配を強めている。　（中央大）

a 穀物メジャー
b アグリビジネス

☑29 環境対策が不十分なままの農業経営により，土壌侵食・ □ a □ や，□ b □ による地下水の枯渇などが問題となっている。　　　　　　　　　　　　　　　　　　　（福岡大）

a 砂漠化
b 過剰揚水

☑30 **頻出** 五大湖～大西洋岸（ウィスコンシン州など）は冷涼な気候，氷食を受けたやせ地で，穀物栽培に適さないが，大市場に近いため □□□□□□ が行われている。　（関西大）

酪農

☑31 五大湖の南側（アイオワ州やイリノイ州など）は**コーンベルト**（とうもろこし地帯）とよばれ，□□□□□□ によるとうもろこし，大豆などの飼料の生産と豚や肉牛の飼育が行われる。近年では，家畜飼育または飼料栽培に特化した農家もみられる。

商業的混合農業

☑32 南部諸州（テキサス州やジョージア州など）は □□□□□□ とよばれ，温暖な気候のもと，かつては強制的に連行したアフリカ人を利用した綿花のプランテーションが行われてきた。近年は，連作障害や土壌流出によって，地力が低下したため，多角化が進む。　　　　　　　（早稲田大）

コットンベルト（綿花地帯）

☑33 プレーリー北部（ノースダコタ州など）は年降水量500 mm前後の冷涼な地域で，大規模経営による □□□□□□ の単作（企業的穀物農業）が行われている。　　　　　　　　　　　　　　　　　　　（福井大）

春小麦

☑34 **プレーリー**（カンザス州など）は年降水量500 mm前後の温暖な地域で，大規模経営による □□□□□□ の単作（企業的穀物農業）が行われている。　（関西大）

冬小麦

☑35 ワシントン州の □□□□□□ 盆地では，コロンビア川流域の総合開発（CVA）で，小麦栽培が拡大した。

コロンビア

☑36 **頻出** □ a □ からロッキー山脈にかけての年降水量500 mm未満の半乾燥地域では，広大な牧場での肉牛の放牧（□ b □）が行われている。　　　　（中央大）

a グレートプレーンズ
b 企業的牧畜

☑37 **頻出** グレートプレーンズでは，とうもろこしを □ a □ による大規模灌漑農業で栽培することや，肉牛を □ b □ とよばれる企業的肥育場で飼育することが近年増加している。　　　　　　　　　　　　　　　　　　　　（明治大）

a センターピボット
b フィードロット

☑38 地中海性気候のカリフォルニア州では，<u>　a　</u>山脈の
融雪水を灌漑に利用して，大規模な果樹栽培のほか，
<u>　b　</u>も行われている。 (関西大)

a シエラ
　 ネヴァダ
b 稲作

☑39 **メガロポリス**周辺の園芸農業（<u>　　　</u>）は経営規模が小
さく，都市居住者向けに野菜や花卉などを集約的に栽培
している。 (駒澤大)

近郊農業

☑40 フロリダ州～メキシコ湾岸では，輸送手段の発達を背景
に，温暖な気候を利用して，メガロポリス向けに野菜を
生産する園芸農業（<u>　　　</u>）が発達している。 (関西学院大)

輸送園芸

☑41 石炭は，アメリカ合衆国の<u>　　　</u>炭田が有名であるが，
近年は西部のワイオミング州で産出が増加している。 (首都大東京)

アパラチア

☑42 頻出 原油は，<u>　a　</u>湾岸，カリフォルニア州，<u>　b　</u>の
北極海沿岸，カナダのロッキー山脈での産出が多い。

a メキシコ
b アラスカ

☑43 鉄鉱石はカナダの<u>　a　</u>高原とアメリカ合衆国のメサ
ビ鉄山，銅鉱はアメリカ合衆国の<u>　b　</u>山脈での産出
が有名である。

a ラブラドル
b ロッキー

カナダ

☑44 カナダの国土面積は<u>　　　</u>に次いで世界第2位で，人
口は約3,800万人。住民の大部分は，温暖な南東部や
南西部に居住する。

ロシア

☑45 首都<u>　a　</u>は，フランス語圏と英語圏との境界に位置
し，連邦政府の行政機関などが集中する<u>　b　</u>都市で
ある。 (中央大)

a オタワ
b 政治

☑46 頻出 中央部の<u>　a　</u>に位置するアルバータ州・サスカ
チュワン州・マニトバ州は穀倉地帯で，アメリカ合衆国
から続く<u>　b　</u>地帯が広がる。 (慶應義塾大)

a プレーリー
b 春小麦

☑47 西部のブリティッシュコロンビア州が林業の中心で，
<u>　a　</u>の輸出はロシアに次ぐ世界2位，<u>　b　</u>の輸出
は世界5位である（2018年）。

a 製材
b 丸太

☑ 48 東海岸の [____] 島近海にはバンクが発達し，たら・に しんの漁獲が行われている。 　　　　　　　　（和歌山大）

ニューファン ドランド

☑ 49 **頻出** 五大湖周辺が最大の工業地域で，アメリカ合衆国企 業の進出が多い。輸出は，[____]・自動車・機械類・石 油製品が上位品目で，約75％がアメリカ合衆国向けで ある（2018年）。 　　　　　　　　（青山学院大）

原油

☑ 50 アルバータ州は，ロッキー山脈一帯で原油の産出が盛ん。 油分を含んだ岩石（[____]）・砂（オイルサンド）も多 くみられる。 　　　　　　　　（慶應義塾大）

オイルシェー ル

☑ 51 **頻出** 1994年の[____]（北米自由貿易協定）結成にとも ない，アメリカ合衆国資本の工場が五大湖岸に進出し， 工業化が進展した。 　　　　　　　　（中央大）

NAFTA （2020年， USMCA に移行）

☑ 52 フランス語を母語とする住民が多い [a] 州は， [b] 運動が活発である。中心都市はモントリオール である。 　　　　　　　　（中央大）

a ケベック
b 分離独立

ラテンアメリカ

自然環境

☑ 01 中央アメリカと**カリブ海**では新期造山帯の [a] が， 中央アメリカと西インド諸島の2列にわかれ，太平洋側 と大西洋側に [b] が位置する。 　　　　　　　　（筑波大）

a 環太平洋造 山帯
b 海溝

☑ 02 北アメリカの [a] から続く東・西シエラマドレ山脈 の間には [b] が位置し，付近には火山もみられる。

a ロッキー山 脈
b メキシコ高 原

☑ 03 カリブ海の [a] は，せばまるプレート境界の海溝に 沿う [b]（島弧）であり，南東部には火山も多い。 　　　　　　　　（立命館大）

a 西インド諸 島
b 弧状列島

☑ 04 **頻出** 中央アメリカとカリブ海の気候は [a] が卓越 し，メキシコ湾岸と同様に熱帯低気圧の [b] が襲来 する。 　　　　　　　　（和歌山大）

a Aw（サバナ 気候）
b ハリケーン

☐ 05 南アメリカ大陸の太平洋側に ⎡ a ⎤・チリ海溝が位置
する。これに並行して，大陸西端に環太平洋造山帯の
⎡ b ⎤が南北に走り，火山もみられる。　（駒澤大）

a ペルー海溝
b アンデス山脈

☐ 06 **アンデス山脈**以外のほとんどの地域は ⎡ a ⎤であり，
北部にはギアナ高地，中部には ⎡ b ⎤が位置する。こ
れらの楯状地は，かつての ⎡ c ⎤の一部である。
　（高崎経済大）

a 安定陸塊
b ブラジル高原
c ゴンドワナランド

☐ 07 頻出 河口に ⎡ a ⎤（デルタ）が発達する**オリノコ川，ア
マゾン川**と，⎡ b ⎤（三角江）が発達する**ラプラタ川**が大
河であり，いずれも流域には構造平野が広がる。（神奈川大）

a 三角州
b エスチュアリ

☐ 08 頻出 チリ南部沿岸からフエゴ島にかけては，氷河地形の
⎡　　⎤がみられる。　（関西学院大）

フィヨルド

☐ 09 赤道直下の**アマゾン盆地**の気候はAf（熱帯雨林気候）・
Am（乾季はあるが熱帯雨林のみられる気候）で，⎡ a ⎤
とよばれる熱帯雨林が広がる。その南北は ⎡ b ⎤で，
北側の ⎡ c ⎤川流域には**リャノ**，南側のブラジル高原
には ⎡ d ⎤，パラグアイには**グランチャコ**とよばれる
熱帯草原が広がる。　（関西大）

a セルバ
b Aw（サバナ気候）
c オリノコ
d カンポ

☐ 10 ラプラタ川下流域の気候はCfa（温暖湿潤気候）で，
⎡　　⎤とよばれる温帯草原が広がる。　（中央大）

パンパ

☐ 11 頻出 西岸のチリ中部は ⎡ a ⎤，フィヨルドの発達する
チリ南部は ⎡ b ⎤，南端のフエゴ島南部は ⎡ c ⎤がみ
られる。　（関西大）

a Cs（地中海性気候）
b Cfb（西岸海洋性気候）
c ET（ツンドラ気候）

☐ 12 西岸は，⎡ a ⎤の影響を受けB（乾燥帯）が卓越する回
帰線付近に**アタカマ砂漠**がある。北上する ⎡ b ⎤（フン
ボルト）海流の影響を受け下層の大気が冷やされ ⎡ c ⎤
が発生しないため，エクアドルの沿岸まで ⎡ d ⎤砂漠が
続く。　（札幌大）

a 亜熱帯高圧帯（中緯度高圧帯）
b ペルー
c 上昇気流
d 海岸

☑ 13 アンデス山脈の東側では [a] に対して山地の風下側に位置するアルゼンチン南部の [b] にB（乾燥帯）が広がる。

(愛知教育大)

a 偏西風
b パタゴニア

☑ 14 メキシコ高原からアンデス山脈の低緯度地域には，**メキシコシティ**（メキシコ），[a]（コロンビア），[b]（エクアドル），[c]（ボリビア）などの高山都市が発達している。

(関西学院大)

a ボゴタ
b キト
c ラパス

社会

☑ 15 **ユカタン半島**では**マヤ**文明，**メキシコ高原**では [a] 文明，**アンデス高地**では [b] 文明が栄えていた。

(西南学院大)

a アステカ
b インカ

☑ 16 スペインやポルトガルによってもち込まれた封建的な大土地所有制度が残存し，大地主と土地をもたない [a] が多い。そのため，生産性が停滞しやすい。大規模な農牧場は，ブラジルでは [b]，アルゼンチンでは [c] とよばれ，その他の多くの国では**アシエンダ**とよばれる。

(中央大)

a 小作農
b ファゼンダ
c エスタンシア

農業と水産業

☑ 17 アマゾン盆地などでは自給的な [ ] も行われている。

(大阪大)

焼畑農業

☑ 18 アンデス山脈では [ ] に合わせて異なる作物が栽培され，高山地域では牧畜も行われる。

(明治学院大)

標高

☑ 19 プランテーション農業は，ブラジル南東部や北東部で [a] の生産が多く，西インド諸島のキューバなどでも栽培が盛ん。砂糖の輸出世界1位は [b] である（2018年）。

(名古屋大)

a さとうきび
b ブラジル

☑ 20 頻出 中央アメリカから南アメリカ北部で [a] の生産が多く，[b] は輸出世界1位で上位にはグアテマラやコスタリカが入る（2018年）。

(福岡大)

a バナナ
b エクアドル

☑21 **頻出** ブラジル高原南部の間帯土壌の a 分布地域や
コロンビア，中央アメリカ諸国，カリブ海の**ジャマイカ**
などが b の有名な産地である。 (明治大)

a テラローシャ
b コーヒー

☑22 アルゼンチンでみられるパンパの年降水量 550 mm 線
付近には a 地域が広がる。南半球に位置し北半球
との収穫期が異なるため，北半球の b に出荷でき
る有利性を活かして輸出が盛んである。 (中央大)

a 企業的穀物
　 農業
b 端境期
　 (はざかいき)

☑23 **頻出** 熱帯アメリカ原産の a と，東アジア原産の
 b は，ブラジルとアルゼンチンが生産・輸出ともに
世界上位。 b は，アマゾン盆地での生産が急増して
いる。 (防衛大学校)

a とうもろこ
　 し
b 大豆

☑24 Aw（サバナ気候）が卓越するリャノ・カンポでは牛，
BS（ステップ気候）の乾燥パンパからアルゼンチンの
 a では羊の b が行われている。 (立命館大)

a パタゴニア
b 企業的牧畜

☑25 アンデス山脈では，**アルパカ**や 　 の放牧も行われ
ている。 (大阪大)

リャマ

☑26 漁獲量世界上位のペルーは， a （カタクチイワシ）
を飼料・肥料に用いるため， b （フィッシュミール）
に加工して輸出。チリでは，フィヨルドの湾奥でさけな
どの養殖も盛んである。 (専修大)

a アンチョビ
b 魚粉

鉱産資源

☑27 メキシコ湾岸やアンデス山脈沿いに油田が分布。メキシ
コと **OPEC（石油輸出国機構）** の原加盟国である a
での生産・輸出が多いが，海底油田の開発が進む b
のほか，エクアドル・コロンビアでも輸出上位品目とな
っている。 (関西大)

a ベネズエラ
b ブラジル

☑28 **頻出** ブラジル高原やギアナ高地（ベネズエラ）で産出す
る a は，ブラジルが世界生産上位で，ブラジル高
原北部の b ，南東部の c が有名である。 (立命館大)

a 鉄鉱石
b カラジャス
c イタビラ

01　　　　　基本　　　　　1750　　　　　標準　　　　　2500

☑ 29 **頻出** 銅鉱はアンデス山脈沿いに鉱山が多く，□□□□は世界生産の約3割を占め，ペルーも上位に入る。(関西学院大) チリ

☑ 30 Aw（サバナ気候）地域を中心に分布する□□□□は，ブラジル・ジャマイカが世界生産上位。南アメリカ大陸北部のガイアナやスリナムでも産出する。　(関西学院大) ボーキサイト

☑ 31 **頻出** 銀鉱は，□□□□やペルーが世界生産上位。すず鉱は，ペルー・ボリビア・ブラジルが世界生産上位である。　(明治大) メキシコ

ラテンアメリカの国々

☑ 32 高山都市であるメキシコの首都メキシコシティは，人口約2,200万人の□□□□である（2020年）。　(立命館大) プライメートシティ（首位都市）

☑ 33 メキシコシティは盆地状の地形で大気汚染が深刻である。また，湖を埋め立てて造成された市街地は地震による□□□□が発生するなど，地震被害も大きい。　(法政大) 液状化現象

☑ 34 メキシコでは，アメリカ合衆国との国境沿いを中心として，□a□を設置し，アメリカ資本の自動車や機械などの工場を誘致。1994年に発効したNAFTA（□b□）に加盟（2020年 USMCA に移行）し，現在では輸出額の約80%，輸入額の約45%をアメリカ合衆国が占める（2018年）。　(西南学院大) a マキラドーラ（保税加工制度）b 北米自由貿易協定

☑ 35 **頻出** ブラジルは，南東部に人口が集中し，□a□と□b□（旧首都）が2大都市である。ブラジルの首都はブラジル高原の計画都市のブラジリア。　(学習院大) a サンパウロ b リオデジャネイロ

☑ 36 ブラジルのアマゾン地方では1970年代の□□□□（トランスアマゾニアンハイウェー）建設後，開発が急激に進んだ。 アマゾン横断道路

☑ 37 ブラジルは，かつてはエネルギー資源に乏しく，ブラジル高原南東部にダムを建設したり，□□□□由来のバイオエタノールの利用を促進したりしてきた。　(関西学院大) さとうきび

8章 地誌—オセアニア

オセアニア

オーストラリア地誌

☐01 オーストラリアの大地形区分の大部分はかつてのゴンド
ワナランドに属する□□□である。　　　　　(関西学院大)

安定陸塊

☐02 **頻出** 大陸の中央部には侵食から取り残された巨大な一
枚岩の　**a**　(ウルル) がある。この岩の地域はオー
ストラリア先住民　**b**　の聖地となっている。　(駒澤大)

a エアーズ
　ロック
b アボリジニー

☐03 大陸の東部の**グレートディヴァイディング山脈**は低くな
だらかで，南東部の**タスマニア島**とともに□□□に属
する。　　　　　　　　　　　　　　　　　(駒澤大)

古期造山帯

☐04 全大陸中で唯一□□□が存在せず，面積が最もせまい
大陸である。

新期造山帯

☐05 北東部の□□□(大堡礁) は，世界最大のサンゴ礁であ
る。　　　　　　　　　　　　　　　　　　(駒澤大)

グレートバリ
アリーフ

☐06 **頻出** 南回帰線が大陸の中央部を横断するため，大陸中央
部から西岸にかけて□□□が広がり，その割合は全大
陸中で最も高い。

B (乾燥帯)

☐07 **頻出** 気候区分は大陸北端は　**a**　で，北東部に Am (乾
季はあるが熱帯雨林のみられる気候)・Cw (温暖冬季少
雨気候) が分布する。東岸は　**b**　が卓越するが，南
東端とタスマニア島は Cfb (西岸海洋性気候) である。
南緯 30 度前後の南西部と南東部には　**c**　が分布し
ている。　　　　　　　　　　　　　　　(明治学院大)

a Aw(サバナ
　気候)
b Cfa(温暖湿
　潤気候)
c Cs (地中海
　性気候)

☐08 18 世紀末から□□□の流刑植民地として開拓がはじま
り，その後，一般のヨーロッパ系白人が移住。19 世紀
後半のゴールドラッシュで中国人が流入した。　(一橋大)

イギリス

☑09 1901 年の独立以前から，ヨーロッパ系住民の失業者が増加したことを背景に，有色人種の移民の流入を制限する人種差別的な ▢a▢ 政策を採ったが，第二次世界大戦後，労働力不足や 1973 年のイギリスの ▢b▢ への加盟，アジア諸国の工業化の進展などを背景に，1970年代に段階的に廃止された。　　　　　　　　(明治学院大)

a 白豪主義
b EC（ヨーロッパ共同体）

☑10 現在は，▢▢▢▢ 政策を標榜し，インドや中国などからのアジア系移民が増加している。　　　　　　　(近畿大)

多文化主義

☑11 ゆるやかな共同体である**イギリス連邦**に属する立憲君主国で，イギリス国王を元首とするが，▢▢▢▢ 制への移行も議論されている。

共和

農業

☑12 年降水量 250～750 mm 地域で ▢a▢ が行われる。▢b▢ 地下水を利用することで有名な**グレートアーテジアン（大鑽井）盆地**付近は，飼育条件が悪く粗放的で，南東部や南西部には，より飼育頭数の多い地域がみられる。羊毛用の**メリノ種**の飼育が有名であり，羊毛輸出は世界 1 位である（2017 年）。　　　　　(明治大)

a 牧羊
b 被圧

☑13 **頻出** 北部の Aw（サバナ気候）地域から東部にかけて ▢a▢ が行われる。日本向けの ▢b▢ （企業的肥育場）も，グレートディヴァイディング山脈の西麓などにみられる。　　　　　　　　　　　　　　(明治大)

a 牧牛
b フィードロット

☑14 北東部の Am（乾季はあるが熱帯雨林のみられる気候），Cw（温暖冬季少雨気候）地域で ▢▢▢▢ のプランテーション農業が行われる。

さとうきび

☑15 年降水量 500 mm 前後の南東部と南西部に ▢a▢ 地域が分布。南東部のマリー川流域では，▢b▢ 計画によって**オーストラリアアルプス山脈**東麓の湿潤地域に貯水用のダムを建設し，山脈の地下にトンネルを掘削して西側へ導水する灌漑が行われている。　　　　　(明治大)

a 企業的穀物農業
b スノーウィーマウンテンズ

☑16 酪農地域は，市場に近い _____ 部の沿岸部が中心である。 南東
（駒澤大）

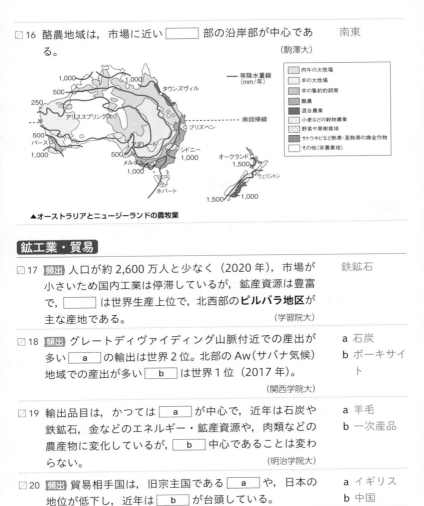

▲オーストラリアとニュージーランドの農牧業

鉱工業・貿易

☑17 **頻出** 人口が約 2,600 万人と少なく（2020 年），市場が 鉄鉱石
小さいため国内工業は停滞しているが，鉱産資源は豊富
で，_____ は世界生産上位で，北西部の**ピルバラ地区**が
主な産地である。 （学習院大）

☑18 **頻出** グレートディヴァイディング山脈付近での産出が a 石炭
多い ___a___ の輸出は世界 2 位。北部の Aw（サバナ気候） b ボーキサイ
地域での産出が多い ___b___ は世界 1 位（2017 年）。 ト
（関西学院大）

☑19 輸出品目は，かつては ___a___ が中心で，近年は石炭や a 羊毛
鉄鉱石，金などのエネルギー・鉱産資源や，肉類などの b 一次産品
農産物に変化しているが，___b___ 中心であることは変わ
らない。 （明治学院大）

☑20 **頻出** 貿易相手国は，旧宗主国である ___a___ や，日本の a イギリス
地位が低下し，近年は ___b___ が台頭している。 b 中国

▲オーストラリアとニュージーランドの鉱工業

ニュージーランド地誌

☑21 ニュージーランドは新期造山帯の ［　　　］ に属する。北
島には火山が分布し，地熱発電所が多くみられる。

（関西学院大）

環太平洋造山帯

☑22 南島には高峻なサザンアルプス山脈が走り，山岳氷河は
現在も発達し，南西部には氷河地形の ［　　　］ もみられ
る。

（関西学院大）

フィヨルド

☑23 **頻出** 北島と南島を隔てるクック海峡は南緯 40 度で，
［　　　］ が年中卓越し，全土が Cfb（西岸海洋性気候）。
山脈が南北に走る南島では，山地風上側の西部が多雨，
山地風下側の東部が少雨である。

（日本大）

偏西風

☑24 **頻出** 温暖で降水量の多い北島西部は，通年放牧の ［ a ］
が盛ん。バターは世界的なブランドがあり，輸出世界 1
位。南島の西部は山がちで林業地域，東部は少雨である
ため ［ b ］ が中心。平野部では，小麦栽培が行われて
いる。

（関西学院大）

a 酪農
b 牧羊

☑25 発電源別構成では，［　　　］ の割合が最も高く，オースト
ラリアなどからボーキサイトを輸入し，アルミニウム精
錬業が立地する。

（明治学院大）

水力

難関大で必ず覚える
私大上位レベル

標準の750語

1章 地図の利用

地図投影法と統計地図

地図投影法

☑01 投影する面によって _____ 図法，円錐図法，平面図法に分類される。

円筒

☑02 _____ 図法は，面積を正しく表現するもので，分布図にはこの図法が用いられる。

正積

☑03 _____ 図法は，経線が中央経線を除いて正弦曲線（サインカーブ）であり，緯線は実際の長さに比例した等間隔の平行な直線で，高緯度地方の形の歪みが大きい。　（日本大）

サンソン

☑04 ホモロサイン（グード）図法は，__a__ 図法の低緯度側と __b__ 図法の高緯度側を緯度40度44分で接合し，図の歪みを小さくするため，海洋などで断裂させた図法である。
　（東洋大）

a サンソン
b モルワイデ

☑05 _____ 図法は，地球上の任意の角とそれに対応する地図上の角が等しいもので，ごくせまい範囲に限れば形も正しく表現できる。

正角

☑06 正距図法は，特定の2地点間の距離を正しく表現する図法で，_____ 図法では，図の中心から任意の地点までの距離のみが正しく表現される。　（西南学院大）

正距方位

☑07 _____ 図法は，図の中心から任意の地点までの方位が正しく表現される。

方位

地図投影法の歴史

☑08 紀元前3世紀に _____ が地球の大きさを測定した。
　（関西大）

エラトステネス

☑09 2世紀に _____ が地球を平面上に表す方法として地図投影法を用い，緯線と経線が入った地図を作成した。（日本大）

プトレマイオス

☑ 10 中世には，ギリシャ・ローマの知識がイスラーム世界で発展し，ヨーロッパのキリスト教世界では，□□□とよばれる，古代バビロニアの地図に似たものに退化した。

（関西学院大）

TＯマップ

☑ 11 1492年に□□□が現存する最古の地球儀（直径50.7cm）を作成した。

マルティン・ベハイム

☑ 12 1569年に□□□が□□□図法による世界地図を完成させた。この図法は航海用として利用されてきた。　（明治大）

メルカトル

☑ 13 1821年に□□□が中心となって作成した日本全土の実測図である「大日本沿海輿地全図」が完成した。　（関西大）

伊能忠敬

統計地図

☑ 14 □□□は，数量の分布を点で表現する。　（北海道大）

ドットマップ

☑ 15 □□□図は，連続的に変化する量の分布を表す。

（関西学院大）

等値線

☑ 16 □□□図は，相対的な統計値を階級に区分して分布を表す。　（福井大）

階級区分

☑ 17 人口など統計単位地域の範囲を広げれば値が大きくなる性質をもつ指標の場合，都道府県のように□a□の大きな領域を単位として□b□で表すと，実際の分布とは異なる印象を与える。したがって，「人口」の□b□は表現方法としては不適切であり，「人口増加率」のような□c□な統計値を扱うことが多い。

a 面積差
b 階級区分図
c 相対的

☑ 18 □□□図は，統計値を円や球，正方形，棒などで表す。

図形表現

☑ 19 □□□図は，移動の方向を線で，量をその幅で表す。

（関西学院大）

流線

☑ 20 □□□は，地表面に方眼線をかけ，各方眼（メッシュ）の区域ごとの土地の情報を表示した地図である。（明治学院大）

メッシュマップ

☑ 21 □□□は，統計値を効果的に示すため，地図を変形して表す。　（日本女子大）

カルトグラム（変形地図）

地形図

☑ 22 都市部では，□□□□□万分の1地形図も作成されている。　　　1

☑ 23 海抜高度は□□□□□の平均海面を基準（海抜0m）として　　東京湾
いる。

地形

地形をつくる力と地形の規模

☑01 地形をつくり変化させる力を [　　　] といい，内的営力と
外的営力にわけられる。　　　　　　　　　　（青山学院大）

営力

☑02 大地形をつくる [　a　] 営力は，地球内部から働き，起伏を
大きくする。また，小地形をつくる [　b　] 営力は，地球外
部から働き，最終的には起伏を小さくする。　　　（法政大）

a 内的
b 外的

☑03 内的営力には，[　a　] 活動と [　b　] 変動がある。
　　　　　　　　　　　　　　　　　　　　　　（名古屋大）

a 火山
b 地殻

☑04 外的営力には，風化作用や，河川・波・氷河・風などによ
る [　a　]・[　b　]・[　c　] 作用がある。

a 侵食
b 運搬
c 堆積

地球と世界の陸地と海洋

☑05 海洋面積は地球の表面積の約7割を占め，**陸半球**でも
[　　　] の占める割合がやや大きい。

海洋

☑06 陸地の最高地点は，[　　　] とネパールの国境に位置するエ
ヴェレスト山（チョモランマ）で，標高8,849mに達する。

中国

プレートテクトニクス

☑07 [　a　] 理論は，**大陸移動説**から発展した考え方で，地球表
面を覆うプレートが，[　b　] 対流によって移動することを
説明したものである。　　　　　　　　　　　　（中央大）

a プレートテクトニクス
b マントル

☑08 古生代末期に存在した超大陸パンゲアは，ローラシア（現
在のユーラシア大陸と北アメリカ大陸の大部分で構成）と，
[　　　]（現在のアフリカ，南アメリカ，オーストラリア，
南極の4大陸と，インド半島，アラビア半島の大部分など
で構成）の2つの大陸に分裂した。　　　　　（慶應義塾大）

ゴンドワナランド

小地形

☑ 01 　　　　　 は，山間部の谷底に土砂が堆積して形成される。　　　谷底平野

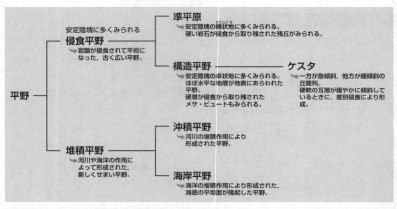

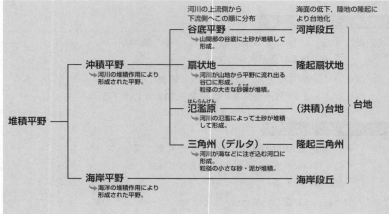

▲平野の種類

沿岸流による地形

☑ 02 海岸線にほぼ平行な海水の流れを 　　　　 という。　　　　　沿岸流

☑ 03 砂州により閉ざされた湾を 　　　　 という。　　　（立命館大）　ラグーン（潟湖）

氷河地形

☐ 04 氷河は，万年雪が積み重なり長期間にわたり圧縮されて形成された巨大な氷の塊が移動するもので，高山にみられる**山岳氷河**と，現在の南極大陸やグリーンランド内陸にみられる，陸地を広範囲に覆う □□□ にわけられる。　(法政大)

大陸氷河（氷床）

☐ 05 **カール**（圏谷）がいくつもみられる山地の山頂付近には，□□□ もみられる。　　　　　　　　　　　　　(青山学院大)

ホーン（尖峰）

☐ 06 陸地を削りながら谷を流れ下る山岳氷河により □a□ が形成され，氷河が融けて，□a□ に海水が浸入すると □b□ となる。　　　　　　　　　　　　　　(東京大)

a U字谷
b フィヨルド

☐ 07 氷河が削ってできた凹地に水が溜まると，**五大湖**のような □□□ が形成される。　　　　　　　　　　(法政大)

氷河湖

カルスト地形

☐ 08 石灰岩地帯では，高温多湿の気候下で溶食（カルスト侵食）が進み，□□□ とよばれる岩頭や小さな山も発達することがある。中国南部のコイリン（桂林）が有名である。　　　　　　　　　　　　　　　　　　(日本大)

タワーカルスト

砂丘

☐ 09 風によって運搬された砂が長期間にわたり堆積すると，□a□ が形成される。日本では**鳥取砂丘**など，冬季に □b□ が卓越する日本海側に多くみられる。ここでは，□b□ （卓越風）などを避けるため，□a□ の内陸側に成立時期の古い集落がみられる。　　　　(立命館大)

a 砂丘
b 北西季節風

気候

地球規模でみた気温

☐ 01 経度ごとの最高気温の地点を結んだ □□□ は，赤道より北側を通る。　　　　　　　　　　　　　(青山学院大)

熱赤道

☐ 02 大陸（岩石）は海洋（水）に比べて，□□□ が小さいため温まりやすく冷えやすい。　　　　　　　　(青山学院大)

比熱

☑ 03 南半球の中・高緯度地方は a がほとんどを占めるた
め， b は高温になりにくく， c は低温になりに
くい。　　　　　　　　　　　　　　　　　　　　（筑波大）

a 海洋

b 夏季

c 冬季

世界各地で発達する局地風

☑ 04 サハラ砂漠から地中海を越えて南ヨーロッパへ吹く高温で
多湿の局地風を とよぶ。　　　　　　（獨協大）

シロッコ

☑ 05 有名な局地風には，バルカン半島西部のディナルアルプス
山脈を越えてアドリア海へ吹く寒冷で乾燥した が
ある。　　　　　　　　　　　　　　　　　　　　（一橋大）

ボラ

地球規模でみた降水

☑ 06 多量の を含む空気が上昇し，上空で冷やされると，
含んでいた をかかえきれず雲を形成し，降水を
もたらす。

水蒸気

ケッペンの気候区分

区分基準

☑ 01 ケッペンは に着目して，樹林が発達しているかい
ないかにより，**樹林気候**と**無樹林気候**に大別した。（明治大）

植生

☑ 02 降水量が蒸発量を下回り，土中の水分が不足して樹林が発
達しない B（乾燥帯）と，最暖月平均気温が a ℃未満
で，夏季低温であるため樹林が発達しない E（寒帯）に区
分する。BW（砂漠気候）と EF（氷雪気候）の大部分は人
間が居住していない b である。　　　　　　（関西大）

a 10

b アネクメーネ

☑ 03 B（乾燥帯）は年降水量が乾燥限界値を下回る気候で，
 a が，樹林が生育可能な降水量である乾燥限界値の
半分以上なら BS（ b ），半分未満なら植生がほとん
どみられない BW（ c ）と区分する。　　　（大阪大）

a 年降水量

b ステップ気候

c 砂漠気候

☑ 04 D（冷帯・亜寒帯）は，降水の季節配分に注目し，冬季少雨で，冬季の最少雨月降水量と夏季の最多雨月降水量を比較して ◻ 倍以上差があれば Dw（冷帯冬季少雨気候），なければ Df（冷帯湿潤気候）と区分する。

10

☑ 05 A（熱帯）は，最少雨月降水量に注目して，◻ mm 未満の月があれば Aw（サバナ気候），なければ Af（熱帯雨林気候）と区分する。

60

☑ 06 植生が Af（ a ）とほぼ共通する b （弱い乾季はあるが熱帯雨林のみられる気候）は，気候区分では Af にまとめられることが多い。　　　　　　　　　（中央大）

a 熱帯雨林気候
b Am

☑ 07 C（温帯）は，降水の ◻ により，Cw（温暖冬季少雨気候），Cs（地中海性気候），Cf に区分する。

季節配分

☑ 08 C（温帯）において，冬季少雨で，冬季の最少雨月降水量と夏季の最多雨月降水量を比較して ◻ 倍以上差があれば Cw（温暖冬季少雨気候）である。

10

☑ 09 C（温帯）において，夏季少雨で，夏季の最少雨月降水量と冬季の最多雨月降水量を比較して ◻ 倍以上差があれば Cs（地中海性気候）である。

3

☑ 10 C（温帯）において，冬季少雨の a 型，夏季少雨の b 型ともに当てはまらない場合は，Cf である。

a w
b s

☑ 11 Cf は，最暖月平均気温が ◻ ℃以上ならば Cfa（温暖湿潤気候），◻ ℃未満で，月平均気温 10℃以上の月が4か月以上あれば Cfb（西岸海洋性気候）と区分する。　　　　　　　　　　　　　　　　　（中央大）

22

☑ 12 D（冷帯・亜寒帯）は北半球のみに分布し，Dw（冷帯冬季少雨気候）は ◻ 大陸北東部にのみ分布する。　　　　　　　　　　　　　　　（名城大）

ユーラシア

☑ 13 ◻ は，図の中央部が現実の海洋と陸地の比率におおよそ合わせてつくられたもので，ケッペンの気候区分の規則性が読み取りやすい。　　　　　　　（関西学院大）

ケッペンの仮想大陸

植生・土壌の特徴

植生と土壌

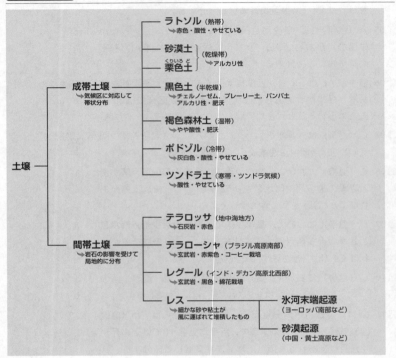

▲土壌の種類

▲気候と植生と土壌の対応関係

		西岸側		東岸側		
高緯度側		針葉樹林 （タイガ・純林）			冷	帯
		混合林（混交林） （針葉樹と落葉広葉樹の混合林）				
低緯度側		落葉広葉樹林			温	帯
		常緑の硬葉樹林 （オリーブ・コルクがしなど）	常緑の照葉樹林 （シイ・カシ・クスなど）			

▲冷帯から温帯の樹林の分布モデル

陸水と海洋

陸水

☐ 01 地球上の水のうち，97.5%が ___a___ で，残りが氷雪，地
下水，湖沼水，河川水などの ___b___ である。___b___ のう
ち，約7割は ___c___ ，約3割は ___d___ である。___c___ の
ほとんどは，南極大陸と ___e___ 島内陸に存在する。

（西南学院大）

a 海水
b 陸水
c 氷河
d 地下水
e グリーンラン
ド

☐ 02 霞ヶ浦・炎道湖などの ___a___ 湖は，窒素やリンを一定以
上含むもので，海岸沿いの浅い湖に多い。田沢湖・十和田
湖などの ___b___ 湖は，窒素やリンの含有量が少ない。淡
水湖とは，___c___ 濃度が一定以下の湖のこと。塩湖とは，
___c___ 濃度が一定以上の湖で，死海・グレートソルト湖な
ど。___d___ 湖とは，淡水と海水が混ざり，中間的な濃度の
湖で，中海や浜名湖など。　　　　　　　　　　（新潟大）

a 富栄養
b 貧栄養
c 塩分
d 汽水

海洋

☐ 03 **エルニーニョ現象**が発生すると，**ペルーの海岸砂漠**や，ア
メリカ合衆国本土西岸などでは ___a___ となり，インドネ
シアなどでは ___b___ となる。　　　　　　　　（東北学院大）

a 多雨
b 少雨

☐ 04 東太平洋の赤道付近の海域が異常に低温となることを
_____ 現象とよび，エルニーニョ現象とともに世界各地
に異常気象をもたらす。　　　　　　　　　　　　（明治大）

ラニーニャ

日本の自然環境

日本の地形

☑ 01 日本列島は，[a] プレートと**フィリピン海プレート**の2つの [b] プレートが [c] プレートである**ユーラシアプレート**と [d] プレートの下に沈み込むせばまる境界に位置する。 (駒澤大)

- a 太平洋
- b 海洋
- c 大陸
- d 北アメリカ

☑ 02 北海道から中部地方東部にかけての [a] 日本は北アメリカプレート，中部地方西部から九州地方へかけての西南日本は [b] プレートに位置する。 (法政大)

- a 東北
- b ユーラシア

☑ 03 プレートが沈み込む海溝から 200〜300 km ほど離れた [a] プレート側では，地下でマグマが生成されるため火山活動が活発であり，[b]（火山フロント）が形成される。日本列島では，東日本火山帯と西日本火山帯がこれにあたる。 (関西学院大)

- a 大陸
- b 火山前線

☑ 04 **火山前線（火山フロント）**と [＿＿＿] の間に位置する四国地方や紀伊半島などには火山は分布しない。

海溝

☑ 05 日本列島付近で発生した大地震には，東北地方太平洋沖地震（2011 年）や関東地震（1923 年）などのプレート境界型と，熊本地震（2016 年）や新潟県中越地震（2004 年）や兵庫県南部地震（1995 年）などの [＿＿＿] による直下型がある。 (明治大)

活断層

フォッサマグナ（大地溝帯）
糸魚川・静岡構造線（フォッサマグナ西縁）
メジアンライン（中央構造線）
ユーラシアプレート
東シナ海
北アメリカプレート
オホーツク海
千島・カムチャツカ海溝
東日本火山帯
東北日本弧
日本海
内帯
日本海溝
相模トラフ
伊豆・小笠原海溝
太平洋プレート
太平洋
外帯
西南日本弧
西日本火山帯
駿河湾遠洲灘
南海トラフ
フィリピン海プレート

プレートの境界	
———	海溝・トラフ
·········	火山フロント
———	大断層帯

▲日本の地体構造

日本の気候

☐ 06 日本列島は，ユーラシア大陸の東に位置し，□□□（モンスーン）の影響を強く受ける。　(大阪大)	季節風
☐ 07 冬季は，低温で乾燥したシベリア高気圧から吹く □ a □ 季節風が，日本海で水蒸気を供給されて雪雲をつくる。これが，山脈の □ b □ 側にあたる日本海側に降雪をもたらす。一方，□ c □ 側の太平洋側では晴天となる。(名古屋大)	a 北西 b 風上 c 風下
☐ 08 日本列島では，5月上旬に南西諸島（九州南端から台湾北東部の島々）が，小笠原高気圧に押されて前線が北上する6月上旬からは本州の多くの地域が，□□□入りする。　(首都大東京)	梅雨
☐ 09 盛夏を過ぎると，寒帯前線は小笠原高気圧の勢力の衰えとともに南下し，本州付近に停滞する。これによる長雨を □ a □ などとよび，8月下旬から9月にかけて北日本から順に東日本，西日本が天候不順となる。この季節には台風が日本列島を襲うが，□ b □ には梅雨がなく，台風の襲来もほとんどない。　(首都大東京)	a 秋雨（秋霖） b 北海道
☐ 10 降水の □□□ に注目すると，日本海側気候と太平洋側気候とにわけられる。　(慶應義塾大)	季節配分

☑ 11 年降水量に注目すると，年間を通して低温で，梅雨がなく
　　　　 a 　の襲来もほとんどない 　b 　や，山地に季節風（モ
　　　ンスーン）がさえぎられる中央高地， 　c 　地方は少雨で
　　　ある。
（立命館大）

a 台風
b 北海道
c 瀬戸内

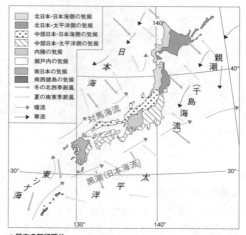

▲日本の気候区分

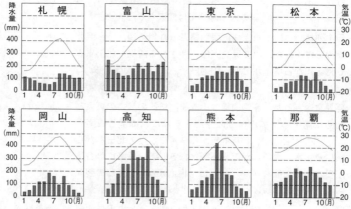

▲日本の代表的な雨温図

3章 # 系統地理─資源と産業

農業

農業の発達と成立条件

☑ 01　農業の社会条件における市場との距離は，鮮度が重要な　　a　や　　b　などを生産する農業が，市場に近いところで成立することと関連するが，　　c　の発達により遠方でもそれらを生産することが可能になった。

a 野菜
b 生乳
（a・b は順不同）
c 交通機関

☑ 02　農家に対する　　a　などによる　　b　の支出も，農業形態に大きく関連する。

a 政府
b 補助金

☑ 03　ホイットルセー（1890–1956）は，①作物と　　　　の組み合わせ，②作物栽培と家畜飼育の方法，③資本や労働投下の集約度とその結果としての収穫量，④収穫物の加工・処理の方法，⑤農家や農業施設の規模，の 5 項目を基準にして世界の農牧業を 13 に地域区分した。

家畜

商業的農業

☑ 04　人口増加に対応するため，近世以降の北西ヨーロッパでは，　　a　作物としてクローバーなどの牧草とかぶ・てんさいなどの根菜を導入した。耕地を循環的に使用する輪栽式　　b　農業が行われるようになり，家畜の飼育数が増え，その糞を肥料として利用したため，休閑が不要になった。

（立教大）

a 飼料
b 混合

☑ 05　産業革命を経て都市化が進展すると，アメリカなどの新大陸から安価な穀物が大量に輸入されるようになった。これを受け，販売目的で肉を生産する　　a　と，乳・酪製品を生産する　　b　，野菜や花を生産する　　c　に分化し，商業化が進んだ。

（立教大）

a 商業的混合農業
b 酪農
c 園芸農業

☑ 06　地中海沿岸では，古代以来の　　a　農業から，販売目的でオリーブ，コルクがしなどの　　b　作物を栽培する地中海式農業へと発展した。

（立教大）

a 二圃式
b 樹木

☑ 07 園芸農業のうち輸送園芸とは，一般に，温暖・冷涼な気候を活かして都市近郊での出荷量が減る □□□ に出荷する農業で，**促成栽培**と**抑制栽培**がある。　　　（名古屋大）

端境期

☑ 08 □□□ とは，冷涼な気候を活かして，都市近郊よりも出荷時期を遅らせる農業で，日本では高冷地の野菜栽培などが当てはまる。　　　（筑波大）

抑制栽培

農産物と農業統計

三大穀物とその他の穀物・豆類

☑ 01 □□□ の輸出量は年間約 2.0 億トンで，三大穀物の中では貿易量が最も多く，商品作物的性格が強い。

小麦

☑ 02 大豆の栽培起源地は □□□ 東北部からシベリアとされる。　　　（高崎経済大）

中国

嗜好作物と工芸作物

☑ 03 カカオは，一般に小規模農園で栽培され，□a□ とココアの主原料として，カカオ豆の胚乳を粉砕，焙煎したカカオマスが利用される。輸入上位国は，□b□・ドイツ・アメリカ合衆国・マレーシア・インドネシアである（2018 年）。　　　（高崎経済大）

a チョコレート
b オランダ

☑ 04 茶の栽培起源地は □a□ 南部からインド北部にかけての地域とされている。茶の木は常緑樹であり，栽培は排水のよい □b□ に適する。　　　（法政大）

a 中国
b 傾斜地

☑ 05 バナナの栽培起源地は，□□□ 半島からニューギニア島周辺とされる。　　　（駒澤大）

マレー

世界の食料問題

食料供給

☑ 01 デンプン質は，米や小麦などの穀類やいも類から摂取され，□□□ が主食となることが多い。

穀類

☑ 02 ｜　　　　｜は，肉類，牛乳・乳製品や魚介類などからの摂取　　　　タンパク質
が中心である。　　　　　　　　　　　　　　　　　　（成城大）

☑ 03 ｜　a　｜が伝統的に行われてきたヨーロッパ諸国とヨーロ　　　a 牧畜
ッパ人が移住した南北アメリカ，オセアニアの新大陸の国　　　b 遊牧
のほか，旧大陸でもモンゴルなど｜　b　｜が伝統的に行わ
れてきた国・地域では，動物性タンパク質の供給量が多い。

☑ 04 牧畜が伝統的に行われてこなかった｜　a　｜の稲作地域で　　　a モンスーンア
は，動物性タンパク質の供給量は少なく，肉類よりも　　　　　ジア
｜　b　｜の供給量が多い韓国や日本などのような国もみら　　　b 魚介類
れる。　　　　　　　　　　　　　　　　　　　　　（専修大）

国名	熱量 (kcal)	穀類 (g)	イモ類 (g)	野菜 (g)	肉類 (g)	牛乳・乳製品 (g)	魚介類 (g)
モンゴル	2,371	303	78	130	276	474	1
インド	2,517	506	81	219	11	291	19
日本	2,697	386	70	250	141	161	128
ガーナ	3,033	295	1,148	79	42	19	70
中国	3,194	536	182	1,033	177	66	106
ロシア	3,362	402	307	310	221	453	55
韓国	3,369	514	43	540	204	50	224
アメリカ合衆国	3,766	299	154	311	341	698	61

（世界国勢図会 2020/21）

▲主な国の1人1日当たり供給熱量と食料供給量（2017年）

林業

森林資源

☑ 01 世界の森林面積は陸地面積の約｜　　　　｜割である。　　　　　3
　　　　　　　　　　　　　　　　　　　　　　　　　　（立命館大）

☑ 02 森林面積の広い国は，｜　a　｜・ブラジル・カナダ・｜　b　｜・　　a ロシア
中国・コンゴ民主共和国の順である（2017年）。　　　　　　　b アメリカ合衆
　　　　　　　　　　　　　　　　　　　　　　　　（関西学院大）　　　国

☑ 03 国土面積に占める森林面積の割合が6割以上の主な国は，アジアでは韓国・ a ・マレーシア，アフリカでは b ，ヨーロッパではスウェーデン・フィンランドなどであり，南北アメリカでは c が約6割である（2017年）。 （中央大）

a 日本
b コンゴ民主共和国
c ブラジル

木材生産

☑ 04 原木の生産上位国は， a ・インド・中国・ブラジル・ b である（2018年）。 （明治大）

a アメリカ合衆国
b ロシア

☑ 05 一般に，発展途上国では炊事や暖房に利用する a 材の，先進国では建築や家具など工業用に利用される b 材の生産割合が高い。 （学習院大）

a 薪炭
b 用

☑ 06 カナダ・フィンランド・ロシアのようなD（冷帯）の面積割合の高い国では a 樹が，インドやブラジルのようなA（熱帯）の面積割合が高い国では b 樹の割合が高い。 （東京大）

a 針葉
b 広葉

☑ 07 丸太の輸出国は，かつてはインドネシアや＿＿＿＿などの東南アジアの国々も上位であったが，国内産業育成のための輸出規制などにより減少した。 （広島経済大）

マレーシア

☑ 08 丸太の輸出は，近年は針葉樹の純林である＿＿＿＿の広がる国々が上位となっている。 （専修大）

タイガ

☑ 09 丸太の輸入は，かつては東南アジアからの輸入が多かった a などの国々が上位であったが，近年は経済発展の著しい b と， c の木材工業の発展する国々が上位となっている。 （明治大）

a 日本
b 中国
c ヨーロッパ

☑ 10 製材の輸出は，柔らかい材質（軟木）で加工に適した＿＿＿＿樹が豊富で，木材工業の発達する先進国が上位である。 （成城大）

針葉

☑ 11 製材の輸入は先進国が上位であるが，近年は経済発展の著しい＿＿＿＿が上位に入る。 （広島経済大）

中国

(百万 m³)

	木材伐採高	原木のうち薪炭材	原木のうち用材	原木のうち広葉樹	原木のうち針葉樹
アメリカ合衆国	439	71	368	148	291
インド	353	303	50	338	15
中国	343	163	180	249	94
ブラジル	282	123	158	234	48
ロシア	236	16	220	49	187
世界計	3,971	1,943	2,028	2,592	1,379

▲原木の生産（2018 年）

(FAOSTAT)

(十万 m³)

輸出				輸入			
1980		2018		1980		2018	
インドネシア	163	ニュージーランド	214	日本	376	中国	598
アメリカ合衆国	158	ロシア	194	イタリア	63	オーストリア	106
マレーシア	152	アメリカ合衆国	131	韓国	61	スウェーデン	96
ロシア	135	チェコ	85	台湾	59	ドイツ	93
チェコスロバキア	31	カナダ	63	フィンランド	39	フィンランド	70
世界計	933	世界計	1,431	世界計	965	世界計	1,459

▲丸太の輸出入

(FAOSTAT)

(十万 m³)

輸出				輸入			
1980		2018		1980		2018	
カナダ	212	ロシア	317	アメリカ合衆国	170	中国	376
ロシア	72	カナダ	302	ドイツ	69	アメリカ合衆国	267
フィンランド	69	スウェーデン	125	イギリス	66	イギリス	78
スウェーデン	59	ドイツ	90	イタリア	58	日本	60
アメリカ合衆国	44	フィンランド	87	日本	56	ドイツ	55
世界計	701	世界計	1,578	世界計	715	世界計	1,515

▲製材の輸出入

(FAOSTAT)

水産業

好漁場の条件

☑ 01 大陸棚上の [a] （浅堆）や，寒流と暖流が会合する [b] など，海底から海水が湧き上がる湧昇流のある海域では，海底の栄養塩類が日光の届く海面付近まで運ばれる。これによって，[c] が大量発生するため，好漁場となる。 (立教大)

a バンク
b 潮境（潮目）
c プランクトン

☑ 02 社会条件としては，[a] 力や大型船，高性能の魚群探知機など技術力に加え，多額の [b] が必要であり，販売のための [c] が近接することも重要である。

a 労働
b 資本
c 大市場

主な水産国と貿易

☑ 03 漁獲量1位の [a] は，河川や湖沼など [b] 養殖業が盛んである。近年は海面養殖業も盛んで，養殖業生産量が漁業生産量を大幅に上回り，水産物輸出額も多い。 (青山学院大)

a 中国
b 内水面

☑ 04 インドネシアは，近年漁獲量が増加しており，[a] の養殖も盛んである。しかし，養殖池の造成による [b] の伐採が問題となっている。 (慶應義塾大)

a えび
b マングローブ

☑ 05 北ヨーロッパの [   ] は伝統的に漁業が盛んで，人口が約500万人と少ないため国内消費量が少なく，水産物輸出額で上位である。 (札幌大)

ノルウェー

☑ 06 水産物輸入額は，[   ] と日本が1，2位を占める。 (関西学院大)

アメリカ合衆国

世界の主要漁場

☑ 07 **北西太平洋海域**は，日本海流（黒潮）と千島海流（親潮）の会合する [a] や，[b] が発達する海域である。中国・日本・[c]・韓国などが漁場とし，海域別で漁獲量世界1位である。 (立教大)

a 潮境（潮目）
b 大陸棚
c ロシア

☑ 08 **南東太平洋海域**は，寒流の [   ] が流れ，湧昇流がみられる海域である。 (西南学院大)

ペルー海流

☑09 ペルーは，1970年頃には漁獲量世界1位であった。
　　　　a （カタクチイワシの一種）の漁獲量が多く，主に飼
　　　料用の b （フィッシュミール）に加工して輸出してい
　　　る。　　　　　　　　　　　　　　　　　　　　　（立命館大）

a アンチョビ
b 魚粉

☑10 **北西大西洋海域**は，暖流の＿＿＿＿と寒流のラブラドル海
　　　流が会合するニューファンドランド島沖に，潮境（潮目）
　　　や大陸棚が発達する海域で，たら・にしん漁が盛んである。
　　　　　　　　　　　　　　　　　　　　　　　　　　（中央大）

メキシコ湾流

☑11 **北東大西洋海域**は，暖流の＿＿＿＿と寒流の東グリーンラ
　　　ンド海流が会合するグレートブリテン島（イギリス）沖に，
　　　潮境（潮目）や大陸棚が発達する海域で，ノルウェー・ア
　　　イスランド・ロシア・デンマークの漁獲量が多い。（成城大）

北大西洋海流

☑12 乱獲によりたら・にしんの漁獲量が減少したが，ノルウェ
　　　ーなどは1970年代から＿＿＿＿を徹底し，資源量は回復
　　　した。

資源管理

☑13 **北東太平洋海域**は，アラスカからカナダ太平洋岸で，＿＿＿＿
　　　漁が盛んである。　　　　　　　　　　　　　（西南学院大）

さけ・ます

▲世界の漁場

（FAO FISHSTAT）

日本の農林水産業

日本の農業

☑01 国土面積に占める ◻️◻️◻️◻️（耕地・樹園地，牧場・牧草地）の割合は，約12％と低い（2018年）。 (明治大)

農地

☑02 農林水産業活動人口割合は約 **a** ％で，農林水産業従事者1人当たりの農地面積は約 **b** ha である。これは，イギリスの49.1 ha，アメリカ合衆国の185.9 ha と比べ非常にせまい（2018年）。 (関西大)

a 3.5
b 1.9

☑03 日本は，せまい農地に労働力や肥料，農薬を投入して集約的農業が行われるため，**a** 生産性は高いが，**b** 生産性は低い。 (愛知大)

a 土地
b 労働

農家の分類

☑04 農家の分類は，専業・◻️◻️◻️◻️の分類法から，現在は主業・準主業・副業的農家の分類法を主体とするものに変化している。

兼業

☑05 主業農家（22.2％），準主業農家（13.6％）ともに1年間に60日以上農業に従事する ◻️◻️◻️◻️ の者がいる農家である（2020年）。 (松山大)

65歳未満

☑06 1年間に60日以上農業に従事する65歳未満の者がいない農家を ◻️◻️◻️◻️ 農家といい，販売農家のうち約64％を占め，最も割合が高い（2020年）。 (関西学院大)

副業的

自給率

☑07 農産物輸入が多く，カロリーベースの食料自給率は約 ◻️◻️◻️◻️ ％である（2018年）。 (松山大)

37

☑08 日本では，**a** や鶏卵，牛乳・乳製品，**b** の自給率は比較的高い。 (日本女子大)

a 米
b 野菜
（順不同）

☐ 09 日本では，　a　やとうもろこし，大豆の自給率は低い。　　　　a 小麦
特に　b　として利用されるとうもろこしの自給率は極　　　　b 飼料
めて低い。穀物自給率は，OECD（経済協力開発機構）加
盟 37 か国のうち，32 番目と低い（2017 年）。　（京都大）

戦後の農業（高度経済成長まで）

☐ 10 米は，農地改革で　a　が増加し，　b　制度によって　　　a 自作農
米の価格が高く維持され，生産意欲の向上により増産が進　　　b 食糧管理
んだ。その一方で，食の欧風化が進み，パン食が増えて米
の消費量が減り，余剰が問題となった。　（関西大）

☐ 11 1970 年代に入り生産調整とほかの作物への作付け転換を　　　減反政策
行う　　　　　が実施された。　（明治大）

戦後の農業（1990 年代～）

☐ 12 1993 年の　　　　　による米の凶作をきっかけとして，　　　冷害
1995 年に米の輸入を一部自由化（国内消費量の一定割合
の輸入を政府が設定）した。　（東北学院大）

☐ 13 1999 年には，米の輸入量を制限せず，輸入の際に政府に　　　関税化
輸入関税を支払えば，数量制限なく輸入できる　　　　を
進めた。　（関西大）

☐ 14 国内では，1995 年に　　　　（主要食糧の需給及び価格の　　　食糧法
安定に関する法律）を施行して市場原理を導入し，米の流
通の自由化を進めた。

☐ 15 食生活の多様化はさらに進み，　　　　や野菜の生産額が増　　　畜産物
加した。

日本各地の特徴

☐ 16 東北地方や北陸地方などの日本海側の豪雪地帯は，水田　　　a 単作
　a　地帯である。農業生産額に占める米の割合が高く，　　　b 副業
　b　的農家の割合が高い。　（帝京大）

☐ 17 関東地方の首都圏など大都市圏では，近郊農業が盛んで農　　　野菜
業生産額に占める　　　　の割合が高い。　（首都大東京）

☑ 18 北海道地方や九州地方南部では，農業生産額に占める畜産 　主業
の割合が高く，□□□□農家の割合が高い。

☑ 19 果実は，青森県の □ a □，山梨県の □ b □・もも，和歌 　a りんご
山県の □ c □ などブランド化が進み，それぞれ農業生産 　b ぶどう
額に占める割合が高い。　　　　　　　　　　　　（成城大） 　c みかん

日本の林業

☑ 20 日本は，国土面積に占める森林面積の割合が約□□□割 　7
と高いが，多くが山地林であり，輸送に不便で林業の経営
規模も小さい。　　　　　　　　　　　　　　　　（東京大）

☑ 21 第二次世界大戦後に急増した住宅需要に対応できず，外国 　37
からの豊富な木材に依存するようになり，現在の木材自給
率は約□□□□ ％と低い（2018 年）。　　　　　　（中央大）

☑ 22 フィリピン・インドネシア・マレーシアなどの東南アジア 　a 丸太
諸国からは □ a □ の輸入が多かったが，近年は □ b □ が 　b 合板
多い。

☑ 23 1980 年代以降は東南アジアからの木材輸入量は減少し， 　フィンランド
近年はスウェーデンや□□□□ など EU の割合が増加して
いる。

☑ 24 日本の森林の約 40％は，戦後の植林による □ a □ で，そ 　a 人工林
の多くは □ b □ 林である。　　　　　　　　　　（明治大） 　b 針葉樹

☑ 25 近年は，山村の□□□□，林業の就業者の高齢化が進み，人 　過疎化
工林の放置が問題となっており，林業が衰えると，森林が
手入れされなくなり荒廃してしまう。　　　　　　（大阪大）

☑ 26 森林には，□ a □ の防止，□ b □，レクリエーションの場 　a 土砂災害
としての機能などがあり，その多面的機能が再認識される 　b 水源涵養
ようになった。　　　　　　　　　　　　　　　　（東京大）

日本の水産業

☐27 1970年代から1980年代にかけて世界一であった漁獲量は減少している。その背景には、 a による燃料費の高騰や、**200海里**の b の設定による1970年代半ばからの c の縮小がある。 (京都大)

a 石油危機（オイルショック）

b 排他的経済水域（EEZ）

c 遠洋漁業

☐28 1980年代後半からの太平洋北部など北洋漁場からの撤退による a の衰退と、マイワシの不漁による b の衰退により、漁獲量はさらに減少した。 (名古屋大)

a 遠洋漁業

b 沖合漁業

☐29 漁獲量の減少にともなって、水産物の輸入が増加し、魚介類の自給率はカロリーベースで約◯◯割となっている（2019年）。 (関西学院大)

5〜6

☐30 養殖業の生産量は少しずつ増加しており、近年は稚魚や稚貝を放流して、水産資源を増やす◯◯◯漁業も行われ、「とる漁業」から「育てる漁業」・「つくる漁業」へと変化している。 (中央大)

栽培

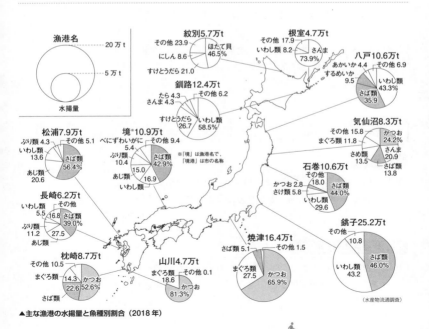

▲主な漁港の水揚量と魚種別割合（2018年）

（水産物流通調査）

01　　　　基本　　　　1750　　　標準　　　2500

エネルギー・鉱産資源

再生可能エネルギーによる発電

☑ 01 潮汐発電は, 潮汐 (潮の干満) を利用してタービンを回す。[＿＿＿] のサンマロ湾など, 潮位差の大きな海域の河口に建設される。　(立教大)

フランス

鉱産資源

☑ 02 [＿＿＿] は, 金属どうしの接合や, 電子回路で電子部品を基板に固定するはんだに使用される。　(日本女子大)

すず

☑ 03 すず鉱の生産1位は [＿＿＿] であり, 次いでインドネシア・ミャンマー・ペルー・ボリビア・ブラジルが生産上位国である (2019年)。　(日本大)

中国

☑ 04 [　a　] は, 非常に硬く熱伝導性がよいため, 工業用にも多く使用される。生産上位国は, ロシア・オーストラリア・コンゴ民主共和国・ボツワナ・ジンバブエ・南アフリカ共和国で, 上位には [　b　] 南部の国が多い (2019年)。　(中央大)

a ダイヤモンド
b アフリカ

☑ 05 **レアメタル (希少金属)** は, 発展途上国などでの埋蔵・産出が多く, 供給に不安があるため, 先進国では [＿＿＿] が行われている。　(東京大)

備蓄

工業

産業革命

☑ 01 18世紀後半に [＿＿＿] ではじまった産業革命は, 19世紀以降ヨーロッパ諸国, アメリカ合衆国, ロシア, 日本に波及した。　(明治大)

イギリス

発展途上国の工業化

☑ 02 一般に, 発展途上国では, 農産物や [＿＿＿] などの一次産品を輸出し, 外貨 (国際的に信用があり取引に使用される通貨) を得る。　(九州大)

鉱産資源

工業立地

☑03 工場の立地に影響を与える [a] 条件には，自然条件と社会条件がある。すぐれた [a] 条件をもつ地域には，工場が集積する。また，企業は工場進出の際に，[b] 費を最も節約できるところを探す。　(中央大)

a 立地
b 生産

☑04 生産費の中で，立地決定に強く影響を及ぼすのは，[　　　]と労働費である。　(法政大)

輸送費

綿工業

☑05 綿工業は，かつて [a] で生産が多かったが，現在は綿花生産の多い [b] へ生産の中心が移っている。綿織物の生産は，中国・[c]・パキスタンが上位国である（2014年）。　(慶應義塾大)

a 先進国
b 発展途上国
c インド

金属工業

☑06 [　　　]型の鉄鋼業は，**ルール地方**（エッセン，ドルトムント），**ピッツバーグ**，北九州などに立地した。　(慶應義塾大)

炭田立地

☑07 [　　　]型の鉄鋼業は，**ロレーヌ地方**（メス，ナンシー），**クリヴォイログ**，**アンシャン**などに立地した。　(立命館大)

鉄山立地

☑08 炭田・鉄山立地型の鉄鋼業は，イギリスのミッドランド地方の[　　　]などに立地した。　(明治大)

バーミンガム

☑09 [　　　]型の鉄鋼業は，ボルティモア（スパローズポイント），カーディフ，ダンケルク，フォス，ブレーメン，**タラント**，日本の太平洋ベルト，**パオシャン**，ポハンなどに立地した。　(成城大)

臨海立地

☑10 鋼材および半鋼材の輸出は，[　　　]・日本・ロシア・韓国・ドイツが上位である（2018年）。　(一橋大)

中国

☑11 鋼材および半鋼材の輸入の上位は，[　　　]・ドイツ・イタリア・タイ・韓国の順である（2018年）。　(一橋大)

アメリカ合衆国

☑12 1970年代にアルミニウムの生産量が世界3位であった日本は，[　　　]後の電力費高騰により生産が激減，今では世界有数の輸入国となっている。

石油危機（オイルショック）

機械工業

☑ 13 自動車工業では，生産に _____ を使用するなど，合理化が
進んでいる。1万パーツを超える部品を使用する組立工業
で，周辺には多くの関連産業が集積する。　　　（高崎経済大）

産業用ロボット

☑ 14 エレクトロニクス工業では，集積回路などの半導体，コン
ピュータともに，1990年代前半までは _____ a _____・日本の生
産が多かった。近年は，日本の生産が大幅に減少し，特に
パソコン（PC）は _____ b _____ の生産が増加している。（法政大）

a アメリカ合衆
国
b 中国

☑ 15 集積回路の世界輸出額は，ホンコン・台湾・_____・韓国・
シンガポール・マレーシアが上位国・地域である。輸入は
_____・ホンコン・シンガポール・アメリカ合衆国・台湾・
韓国が上位国・地域である（2018年）。

中国

石油化学工業

☑ 16 石油化学工業は，原油を蒸留して得た _____ を原料とし
て，プラスチック，合成ゴムなどを生産する。（青山学院大）

ナフサ

☑ 17 石油精製や石油製品の製造工場などが集積した _____ a _____ は，
日本では _____ b _____ 地域に立地するが，欧米などでは産油地
域や _____ c _____ によって産油地域と結ばれた地域にも立地す
る。　　　　　　　　　　　　　　　　　　　（名古屋大）

a 石油化学コン
ビナート
b 臨海
c パイプライン

商業と流通

小売業と卸売業

☑ 01 小売業販売額（145兆円）と _____ 販売額（437兆円）を
合わせた日本の商業販売額は約582兆円である（2016
年）。

卸売業

余暇と観光・リゾート産業

☑ 02 _____ とは，自然環境・歴史・生活・文化など，地域にも
ともと備わっている日常の環境や資源を利用した観光の形
態である。

ソフトツーリズ
ム

☐ 03 ⬚⬚⬚⬚ とは，テーマパークなど人工的につくられた非日常
的な施設や空間を利用した観光の形態である。　（中央大）

ハードツーリズム

☐ 04 一般に，ソフトツーリズムからハードツーリズムに移行す
る傾向があるが，近年は都市生活者が農村に滞在する
⬚⬚⬚⬚ なども推進されるようになり，ソフトツーリズム
への回帰もみられる。　（東洋大）

グリーンツーリズム

☐ 05 法律などにより長期休暇の普及が進んだヨーロッパでは，
夏季に 3〜4 週間の**バカンス**をとり，⬚a⬚ 沿岸に滞在
する人々が多く，⬚b⬚ やイギリスなどからフランス・
⬚c⬚・イタリアへの移動が多い。また，フランスでは，
ニースやカンヌなどのコートダジュール地方が貴族の高級
避寒地として発展した。　（西南学院大）

a 地中海
b ドイツ
c スペイン

☐ 06 近年は，農山漁村に滞在し農漁業体験を楽しみ，地域の人々
と交流を図る**グリーンツーリズム**や，地域ぐるみで自然環
境や歴史文化など地域固有の魅力を観光客に伝える
⬚⬚⬚⬚ なども盛んになっている。　（関東学院大）

エコツーリズム

☐ 07 日本では長期休暇が取りにくいため，⬚a⬚・⬚b⬚ の旅
行が多く，観光客は，年末年始やお盆，ゴールデンウィー
クなどに集中する。　（一橋大）

a 短期滞在
b 周遊型
（順不同）

☐ 08 かつては，企業などの ⬚a⬚ 旅行が国内で多かったが，
近年は減少し，1980 年代半ばからの円高の進行もあって，
個人での ⬚b⬚ 旅行が増加している。　（慶應義塾大）

a 団体
b 海外

☐ 09 日本人の海外旅行者は，年間約 2,000 万人で，訪日外国
人は 2013 年にはじめて ⬚a⬚ 万人を超え，2019 年に
は約 ⬚b⬚ 万人となった。　（日本女子大）

a 1,000
b 3,200

☐ 10 日本人の海外渡航先は，中国・⬚⬚⬚⬚・台湾が上位国・地
域であり，ホンコン・アメリカ合衆国（ハワイ・グアム・
北マリアナ含む）・タイなどが続く（2019 年）。
（西南学院大）

韓国

☐ 11 訪日外国人は，⬚a⬚・⬚b⬚・台湾が上位国・地域であ
り，ホンコン・アメリカ合衆国などが続く（2019 年）。
（立命館大）

a 中国
b 韓国

☑12 鉄道交通は，産業革命後，陸上交通の中心となったが，先
進国では□□□（車社会化）の進展とともに低迷している。
（愛知大）

モータリ
ゼーション

☑13 □a□の普及が遅れている中国やインドなど発展途上国
では，旅客・貨物輸送ともに□b□が重要な役割を担っ
ている。

a 自動車
b 鉄道

☑14 アメリカ合衆国・カナダ・オーストラリアでは，大陸横断
鉄道がみられるが，□a□輸送中心であり，□b□輸送は
極めて利用が少ない。
（名古屋大）

a 貨物
b 旅客

☑15 西ヨーロッパでは，旅客・貨物輸送ともに自動車の利用が
多いが，フランス・ドイツ・スペインなど各地で□□□鉄
道が建設されている。
（青山学院大）

高速

☑16 イギリスとフランス間では，□□□海峡に鉄道専用の海底
トンネルが建設され，ロンドン・パリ間が結ばれるなど，
複数の国にまたがる国際列車も多い。
（高崎経済大）

ドーヴァー

☑17 ヨーロッパでは，都市内部の旧市街地を中心に，□□□（ト
ラム）が積極的に活用されている。
（関東学院大）

路面電車

☑18 日本における鉄道交通は，大都市圏内の通勤・通学輸送や，
新幹線による大都市間中距離輸送で多く利用されており，
アメリカ合衆国とは異なるが西ヨーロッパ諸国と同様に
□a□輸送が多く，□b□輸送は利用が少ない。
（青山学院大）

a 旅客
b 貨物

☑19 20世紀の後半に先進国では□□□（車社会化）が進み，
高速道路の整備や自動車の高性能化などにより陸上交通の
中心を担うようになった。
（慶應義塾大）

モータリ
ゼーション

☑20 高度経済成長期に□□□を助長させたことをふまえ，排
出ガスの環境への低負荷化に関する研究開発が進んだ。
（法政大）

大気汚染

☑21 □□□対策のため，ハイブリッドカーや電気自動車などの
環境対応車の普及が進められている。
（立教大）

地球温暖化

☑ 22 郊外の駐車場から鉄道やバスに乗り換えて都心に向かう [____] 方式の導入により，交通量の抑制を行っている都市もある。 (獨協大)

パークアンドライド

☑ 23 特定区域への進入や特定の道路の通行などに対して課金を行う [____] の導入により，交通量の抑制を行っている都市もある。 (駒澤大)

ロードプライシング

☑ 24 [____]（海上交通）は，大量の貨物を安価に運べるため，交易の中心的な役割を担う。 (大阪大)

水上交通

☑ 25 19世紀の [a] 運河，20世紀初頭の [b] 運河の開通により，海上交通の経路距離短縮が進んだ。 (東北学院大)

a スエズ
b パナマ

☑ 26 東南アジアの**マラッカ海峡**，地中海と大西洋間の [a] 海峡，地中海と黒海間の [b] 海峡など，国際海峡は交通の要衝となっている。 (慶應義塾大)

a ジブラルタル
b ボスポラス

☑ 27 商船船腹量世界1位は [a] で，リベリア・マーシャル諸島・ホンコン・シンガポール・マルタ・バハマなどが続き（2019年），上位には船籍への税金を安く設定している [b] 国が並ぶ。 (中央大)

a パナマ
b 便宜置籍船

☑ 28 [____]（油送船），コンテナ船，鉱石や穀物を輸送するばら積み船，液化天然ガス（LNG）船などの専用化が進んでいる。 (専修大)

タンカー

☑ 29 産業革命後，ヨーロッパや北アメリカでは，運河が建設され，[____] 立地型の工業地域の発展に寄与した。

原料

☑ 30 ヨーロッパでは，河川勾配が緩やかで，流量も安定しているため，特に内陸水路交通が発展し，[____] 川・ライン川などの国際河川や運河によって，北海・バルト海・地中海・黒海などが結ばれている。 (西南学院大)

ドナウ

☑ 31 北アメリカでは，五大湖と大西洋やメキシコ湾を [a] 川や [b] 川などの河川や運河が結び，貨物輸送において重要な役割を担っている。 (中央大)

a セントローレンス
b ミシシッピ
（順不同）

☑ 32 1950年代に [____] が本格的に運用され，高速輸送が可能となり，その後は大量輸送も実現した。

ジェット旅客機

☑33 発展途上国でも鉄道や道路などが未整備な地域では□□□□交通が重要な役割を担っている。　　　　　　　　　　航空

☑34 航空網の中継を担う拠点空港は　a　空港とよばれ，短時間に乗り継ぎが可能な　b　システムを航空各社が導入している。　　　　　　　　　　　　　　　　　（専修大）

a ハブ
b ハブ・アンド・スポーク

☑35 航空貨物では，集積回路など，軽量小型で□□□□製品の輸送が多い。　　　　　　　　　　　　　　　　　　（東京大）

高付加価値

☑36 パイプラインは，石油（液体）や天然ガス（ガス体）などを導管により輸送するもので，設置に多額の費用を要するが，　a　の大量輸送に最も適しており，アメリカ合衆国やカナダ，ヨーロッパの国々では重要な輸送機関として利用され，近年は，野生動物の生息域の分断や熱による　b　の融解を防ぐための対策を施すなど，環境に配慮したものもみられる。　　　　　　　　　　　　　　　　（西南学院大）

a 遠距離
b 永久凍土

☑37 日本では，貨物輸送，旅客輸送ともに　a　が最も多く利用される。貨物では，臨海部に大都市や工業地域が多いため　b　が重要な役割を担っているが，旅客では，　c　も重要である。　　　　　　　　　　　　　　　　　　（東京大）

a 自動車
b 内航海運
c 鉄道

情報通信

☑38 国際通信は，インテルサット（国際電気通信衛星機構）による通信衛星や，主に□□□□による海底ケーブルを利用した，電話・ファクシミリ・電子メールなどが中心である。　　　　　　　　　　　　　　　　　　　　　　　（慶應義塾大）

光ファイバー

☑39 データ通信とは，コンピュータを□□□□回線や専用回線で結び，情報の伝達と処理を行うシステムである。

電話

☑40 交通機関の座席指定予約，銀行の ATM（現金自動預払機）などが利用できるのは，□□□□による。　（西南学院大）

オンラインリアルタイムシステム

☑41 フランチャイズチェーンなどで利用される　a　（Point Of Sales system：販売時点情報管理）は，コンビニエンスストアの　b　高頻度輸送とともに普及した。　　　　　　　　　　　　　　　　　　　　　　　（高崎経済大）

a POS システム
b 少量多品種

☑ 42 無線技術を利用する ⎡ a ⎤ は，電柱・電線を敷設し家屋内　　　a 携帯電話
に引き込む回線工事が不要で，設備投資が安価であること　　　b 発展途上国
から，⎡ b ⎤ でも普及しやすい。　　　　　　　　（首都大東京）

☑ 43 ⎡ a ⎤ 電話は ⎡ b ⎤ 電話の普及により回線契約数が世界　　　a 固定
的に減少している。　　　　　　　　　　　　　　　　　　　b 携帯

☑ 44 インターネットなどによる **ICT（情報通信技術）** の普及が　　　情報格差
進んでいるが，個人間・国家間などで利用能力の差による
⎡　　　⎤（デジタルデバイド）が問題となっている。
　　　　　　　　　　　　　　　　　　　　　　　　　　（中央大）

4章 系統地理—生活と文化

村落・都市

世界と日本の都市の発達

☑ 01 中世には，交通の発達を受け，_____都市が発達した。

商業

☑ 02 北海・バルト海沿岸の自立的な商業都市で結成された
_____都市や，博多（福岡県）・堺（大阪府）などが商業
都市の典型例である。　　　　　　　　　　　（青山学院大）

ハンザ同盟

☑ 03 日本では，寺社の参詣者が集い発展した長野・成田（千葉
県）などの　a　や，太宰府（福岡県）などの鳥居前町，
交通の要衝などで　b　が開かれた四日市（三重県）な
どの市場町や港町が発達した。　　　　　　　　　（札幌大）

a 門前町
b 定期市

☑ 04 近世・近代には，統一国家の誕生によって　a　が，産業
革命によって　b　都市などが発達した。

a 首都
b 工業

国家と民族

国家

☑ 01 _____とは，国家が他国からの干渉を受けずに自らの意思
決定を行う権利である。　　　　　　　　　　　（福井大）

主権

☑ 02 主権のない　a　には，フランス領ニューカレドニアな
どの　b　や，デンマーク領グリーンランド，アメリカ合
衆国領プエルトリコなどの　c　がある。

a 植民地
b 海外領土
c 自治領

☑ 03 _____国境は，海洋や山脈，河川，湖沼などの自然物を利
用した国境である。　　　　　　　　　　　　　（成城大）

自然的

☑ 04 　a　国境には経緯線や人工的な障壁を利用した国境が
あり，そのうち　b　国境は，ヨーロッパの植民地支配を
受けた人口希薄な北アフリカや，西アジアの砂漠が広がる
地域，北アメリカにみられる。　　　　　　（西南学院大）

a 人為的
b 数理的

国家群

☑ 05 UN（□□□□）は，世界平和を維持するために国際的な諸
問題に協力してのぞむ国際組織である。　　　（立命館大）

国連（国際連合）

☑ 06 国連加盟国は，2011年にスーダンから分離した□□□が
加わり，193か国（2020年）となっている。　　（京都大）

南スーダン

☑ 07 国連加盟国を地域別でみると，□a□とアジアが多く，次
いで□b□やラテンアメリカ・カリブ海地域が多い。
（法政大）

a アフリカ
b ヨーロッパ

☑ 08 国連加盟国が増加した年代は，独立が相次いだ「アフリカ
の年」（1960年）を含む1960年代，旧ソ連の崩壊によ
るアジアや□□□□の加盟国が増加した1990年代である。

ヨーロッパ

☑ 09 国連□□□□の常任理事国はアメリカ合衆国・イギリス・フ
ランス・ロシア・中国である。　　　　　　　（松山大）

安全保障理事会

☑ 10 □□□□（国連教育科学文化機関）は，国際交流を通じて，教
育・科学・文化の面で世界の平和と安全に貢献する。世界
遺産の登録により，未来に残すべき自然や文化の保護を進
める。　　　　　　　　　　　　　　　　　（北海道大）

UNESCO

☑ 11 □□□□（国連食糧農業機関）は，栄養状態の改善，食料の
増産・分配の改善などを目的とする。　　　（神奈川大）

FAO

☑ 12 □□□□（国際通貨基金）は，為替相場の安定と世界貿易の
促進をはかる。　　　　　　　　　　　　　（慶應義塾大）

IMF

☑ 13 □a□（関税と貿易に関する一般協定）が発展した□b□
（世界貿易機関）では，サービス貿易や知的所有権（特許
や著作権など）についても話し合う。　　　（広島経済大）

a GATT
b WTO

☑ 14 □□□□（国連貿易開発会議）は，発展途上国の貿易を促し，
経済発展をはかる。スローガンは，「援助よりも貿易を」か
ら「援助も貿易も」となった。　　　　　　（近畿大）

UNCTAD

☑ 15 □□□□（国連児童基金）は，発展途上国の児童援助のため
に，薬品やミルクなどを提供する。

UNICEF

☑ 16 □□□□（国連環境計画）は，環境保護のための啓発・活動
を国際的に行う。　　　　　　　　　　　　（北海道大）

UNEP

☑ 17 アメリカ合衆国を中心とする西側諸国と，旧ソ連を中心と　　冷戦
する東側諸国が，戦火を交えないものの激しく対立した
□□□□□は，1991 年の旧ソ連解体で終結した。　（学習院大）

☑ 18 冷戦下に東西陣営で結成された組織のうち現在残っている　　a OECD
のは，西側諸国によって結成された □ a □（経済協力開発　　b NATO
機構）と □ b □（北大西洋条約機構）で，現在は旧東側諸
国であった東ヨーロッパ諸国や旧ソ連構成国も加盟してい
る。　　　　　　　　　　　　　　　　　　　　　　（関西大）

☑ 19 □□□□□（経済相互援助会議）は，旧ソ連を中心とした経済　　COMECON
的な結び付き。ソ連を中心とする国際分業を進めた。東ヨ
ーロッパ諸国，モンゴル，ベトナム，キューバが参加して
いたが，現在は解体された。　　　　　　　　　　　（東海大）

☑ 20 □□□□□（ワルシャワ条約機構）は，旧ソ連を中心とした軍　　WTO
事的な結び付き。東ヨーロッパでもアルバニア（1968 年
に脱退）と旧ユーゴスラビアは不参加であった。現在は解
体された。　　　　　　　　　　　　　　　　　（明治学院大）

民族と領土問題

☑ 21 日本は，ロシアとの間に国後島・択捉島・色丹島・歯舞群　　a 北方領土
島の □ a □ 問題，韓国との間に □ b □ 問題などの領有権　　b 竹島
を巡る問題がある。　　　　　　　　　　　　　　　（東海大）

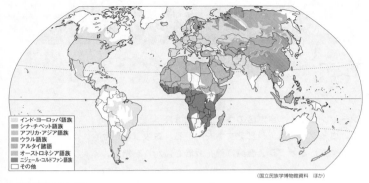

▲世界の言語の主な分布

（国立民族学博物館資料　ほか）

インド・ヨーロッパ語族
シナ・チベット語族
アフリカ・アジア語族
ウラル語族
アルタイ諸語
オーストロネシア語族
ニジェール・コルドファン語族
その他

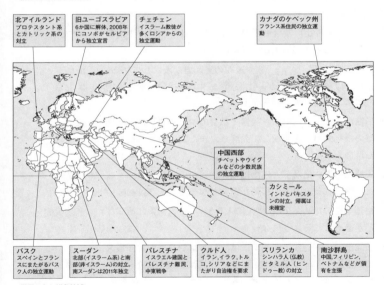

北アイルランド
プロテスタント系
とカトリック系の
対立

旧ユーゴスラビア
6か国に解体、2008年
にコソボがセルビア
から独立宣言

チェチェン
イスラーム教徒が
多くロシアからの
独立運動

カナダのケベック州
フランス系住民の独立運動

中国西部
チベットやウイグ
ルなどの少数民族
の独立運動

カシミール
インドとパキスタ
ンの対立。帰属は
未確定

バスク
スペインとフラン
スにまたがるバス
ク人の独立運動

スーダン
北部（イスラーム系）と南
部（非イスラーム）の対立。
南スーダンは2011年独立

パレスチナ
イスラエル建国と
パレスチナ難民、
中東戦争

クルド人
イラン、イラク、トル
コ、シリアなどにま
たがり自治権を要求

スリランカ
シンハラ人（仏教）
とタミル人（ヒン
ドゥー教）の対立

南沙群島
中国、フィリピン、
ベトナムなどが領
有を主張

▲世界の主な紛争地域

5章 地誌—アジア・アフリカ

東アジア

中国

☑01 シンチヤンウイグル自治区の**ウイグル族**は，□□□を信仰する。ウイグル語はアラビア文字を用いる。遊牧（羊，ヤギ，ラクダ）とオアシス農業（綿花栽培も盛ん）を営む。　　（東海大）

イスラーム

☑02 チベット自治区の**チベット族**は，□□□を信仰する。遊牧（ヤクなど）を行う。　　（青山学院大）

チベット仏教

☑03 □□□（広西壮）族自治区のチョワン（壮）族は，中国の少数民族の中で最も人口が多い。　　（北海道大）

コワンシーチョワン

☑04 漢（民）族には，□a□教や道教の考え方が浸透している。公用語は□b□語だが，上海語・広東語・福建語など，地域によって発音などが異なる。

a 儒
b 北京

☑05 沿海部の□□□（町営・村営・私営の中小企業）が農村地域の余剰労働力を吸収して発展し，また国営企業の民営化も進められた。　　（早稲田大）

郷鎮企業

☑06 工業化の進む沿海部と内陸地域の格差が拡大し，□□□などと呼ばれる労働力の移動が顕著となった。　　（慶應義塾大）

民工潮

☑07 格差是正のため，2000年代に入ると□□□や東北振興などが進められるようになった。　　（東海大）

西部大開発

☑08 東北部の代表的な工業都市には，**シェンヤン**（東北部最大の都市）・□a□（鉄鋼業）・□b□（石油関連産業）・**ターリエン**（貿易港で石油化学工業）がある。　　（京都大）

a アンシャン
b ターチン

☑09 東北部では第二次世界大戦以前から，□a□炭田の石炭と，□b□鉄山の鉄鉱石を用いて，□b□で鉄鋼業が立地する。　　（成城大）

a フーシュン
b アンシャン

☑10 東北部では中国最大の□a□油田から□b□へパイプラインがのびている。　　（早稲田大）

a ターチン
b ターリエン

☑11 華北の代表的な工業都市には，先端技術産業の研究所など
が集積する □a□ が位置する首都ペキン，その外港で繊
維・ビール工業が発達する □b□，繊維工業が発達する
シーアン，内モンゴル自治区に位置する三大鉄鋼基地の1
つの □c□ がある。

a 中関村
b テンチン
c パオトウ

☑12 華北では，石炭や鉄鉱石にめぐまれ，黄河河口部には
□□□油田がある。

ションリー

☑13 華北の沿海部では，古くからの繊維工業が発達したが，近
年は綿花産地に近く，安価な労働力が得られる黄河流域の
□□□（かつての長安）などへ立地移動している。

シーアン

☑14 華中の代表的な工業都市には，□a□（経済の中心地。**プ
ートン新区**には，工業団地・金融センター・空港が立地），
三大鉄鋼基地の1つの □b□（鉄鋼業），チョンチン（内
陸開発の拠点）がある。　　　　　　　　　　（早稲田大）

a シャンハイ
b ウーハン

☑15 華中長江河口の**シャンハイ**には，繊維，機械，自動車工業
のほか，臨海立地型の □□□ 製鉄所が立地する。（成城大）

パオシャン

☑16 華中の**スーチョワン盆地**の直轄市である □□□ は，内陸
開発の拠点として開発が進んでいる。　　　　　（北海道大）

チョンチン

☑17 華南の代表的な工業都市には，□a□（特別行政区。イギ
リス植民地時代に中継貿易で発展。輸出指向型工業が進展
し，アジアNIEsの1つとなる。近年は金融業が数多く立
地）と □b□（ホンコンと隣接する経済特区）がある。
　　　　　　　　　　　　　　　　　　　　　（慶應義塾大）

a ホンコン
b シェンチェン

☑18 華南の**経済特区**（□a□，スワトウ，シェンチェン，
□b□，ハイナン島）では，外資導入による輸出指向型
工業化が進んでいる。　　　　　　　　　　　　（中央大）

a アモイ
b チューハイ
（順不同）

☑19 内陸部は，石油化学工業の発達するランチョウ，2010年に
□□□ となったカシュガルなどが代表的な都市である。

経済特区

☑20 **西気東輸**は，西部の □□□ を開発し，パイプラインで東部
へ輸送するプロジェクトである。　　　　　　　（中央大）

天然ガス

☑21 **西電東送**は，西部で □□□ 開発をして，東部へ送る構想で，
東部の □□□ 不足を解消するプロジェクトである。
　　　　　　　　　　　　　　　　　　　　　（中央大）

電力

☑ 22	南水北調は，北部での水不足に対応するため，長江などの水を運河などを利用して____まで引くプロジェクトである。 (中央大)	黄河
☑ 23	**チンツァン（青蔵）鉄道**は，____を南北に走る鉄道で2006年に全通。チンハイ（青海）省とチベット自治区のラサを結ぶ。 (青山学院大)	チベット高原
☑ 24	____は，農業開発によって砂漠化が進行しつつある地域では植林をして環境を保全する政策である。	退耕還林

台湾

☑ 25	台湾のカオシュン（高雄）やタイジョン（台中）に輸出を条件に進出した外国企業を優遇する____が，シンジュー（新竹）やタイナン（台南）などに科学工業区が立地し，ハイテク産業が発達している。 (日本女子大)	輸出加工区

朝鮮半島

☑ 26	工業は，**ソウル**とその外港である ___a___ 周辺や南東部沿岸の第二の都市 ___b___ （都市型の総合工業），**ウルサン**（自動車・石油化学），___c___ （鉄鋼）で発達している。 (西南学院大)	a インチョン b プサン c ポハン
☑ 27	ソウルの人口は1,000万人を超え，国内人口の5分の1を占める____である。 (法政大)	プライメートシティ（首位都市）
☑ 28	北朝鮮は人口約2,600万人の社会主義国。首都____はテドン川に沿う。閉鎖的な政治体制で，対外開放が進まず，経済危機が続き，食料不足が深刻化している。	ピョンヤン

モンゴル

☑ 29	モンゴルの人口は約330万人。モンゴル高原に位置する陸の国境に囲まれた ___a___ 。乾燥気候が広がり，国土の約7割が ___b___ で遊牧が盛んである。	a 内陸国 b 牧場・牧草地
☑ 30	旧ソ連の影響を強く受けた____であったが，冷戦終結後の1992年に資本主義国に転換した。	社会主義国

☑31 [____]系の言語を使用し，文字はモンゴル文字やキリル文　アルタイ
字を使用する。　(國學院大)

☑32 首都[____]は，人口約150万人である。　(中央大)　ウランバートル

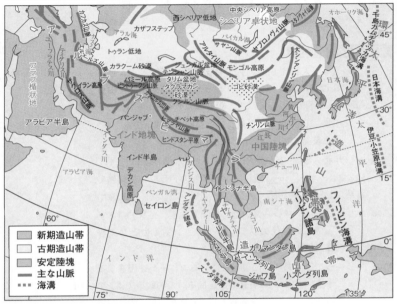

▲アジアの地形

東南アジア

東南アジア地誌

☑01 インドシナ半島は，中国などと同じ[_a_]語族（ベトナ　a シナ・チベッ
ムとカンボジアはオーストロアジア語族）で，[_b_]仏　ト
教（ベトナムは大乗仏教）の信者が多い。　(関西大)　b 上座部

☑02 マレー半島と島々は，**オーストロネシア**（[_a_]系）語族　a マレー・ポリ
で，[_b_]の信者が多い。　(法政大)　ネシア
b イスラーム

☑ 03 スペインの植民地であった 　a　 やポルトガルの植民地
であった**東ティモール**では，キリスト教の 　b　 の信者
が多い。 　　　　　　　　　　　　　　　　　　　(明治大)

a フィリピン
b カトリック

☑ 04 インドネシアの 　　　　 島は，**ヒンドゥー教**を信仰する住
民が多数を占める。 　　　　　　　　　　　　　　(立教大)

バリ

東南アジアの国々

☑ 05 　a　 は，人口約 600 万人の島国の都市国家。1 人当た
り GNI は日本よりも多い。**マラッカ海峡**に面する自由貿
易港で，古くから 　b　 貿易が盛んである。 　　(駒澤大)

a シンガポール
b 中継

☑ 06 シンガポールは，当初マレーシアと連邦を構成していたが，
　　　　　 に反発して 1960 年代に分離独立した。

マレー系優遇策

☑ 07 シンガポールは，民族融和策を採るため，公用語は 　a　
語・マレー語・ 　b　 語（インド南部のドラヴィダ語族の
言語）・英語の 4 言語である。 　　　　　　　　(獨協大)

a 中国
b タミル

☑ 08 マレーシアは，マレー系 7 割，中国系 2 割，インド系 1 割
（　　　　 植民地時代のプランテーション労働力として移
入）の多民族国家である。

イギリス

☑ 09 マレーシアは，経済的に最下位にあるマレー系を優遇する
　a　 政策（マレー系優遇策）を採る。この政策では，マ
レー語を国語，　b　 を国教とし，公務員採用，会社の管
理職への登用義務など，マレー人の優遇を行う。 　(中央大)

a ブミプトラ
b イスラーム

☑ 10 マレーシアは，工業化の進展とともに，政府主導で情報通
信インフラの整備を進め，首都 　　　　 の近郊に高度情報
都市を建設するなど，産業構造の高度化を進めている。

クアラルンプー
ル

　　　　　　　　　　　　　　　　　　　　　　　(埼玉大)

☑ 11 タイの首都 　　　　 は，古くから米の輸出港として発展し
た。 　　　　　　　　　　　　　　　　　　　(駒澤大)

バンコク

☑ 12 近年タイでは，バンコク近郊で 　　　　 産業の集積がみら
れ，周辺地域・周辺諸国からも部品を調達し，生産は世界
11 位である（2019 年）。 　　　　　　　　　(早稲田大)

自動車

☑ 13 タイの首都バンコクは，第 1 位と 2 位以下の人口差が大き
い 　　　　 である。 　　　　　　　　　　　(学習院大)

プライメートシ
ティ（首位都市）

☑ 14 インドネシアは，人口約 [a] 億人の約 6 割が首都 [b] の位置する [c] 島に居住しているため，他島への移住政策が採られ，首都の東カリマンタンへの移転も決められている。 （西南学院大）

a 2.7
b ジャカルタ
c ジャワ

☑ 15 インドネシアのイスラームの人口は世界最大で，総人口の 9 割近くを占めるが，キリスト教や [ ] 教（バリ島）の住民もみられる。 （獨協大）

ヒンドゥー

☑ 16 インドネシアは，[a] や天然ガス，石炭などの地下資源にめぐまれるほか，[b] などの熱帯商品作物の生産も盛んで，一次産品輸出への依存度が比較的高い。近年は，工業化も進展しつつあり，旺盛な国内需要を背景として，経済発展が著しい。 （福岡大）

a 石油
b 油やし

☑ 17 インドネシア・マレーシアでは，丸太の輸出規制を行い，国内産業の育成や環境保護に努めているため，主に [ ] を輸出している。 （東京学芸大）

合板

☑ 18 フィリピンの首都 [ ] を含む [ ] 首都圏は典型的なプライメートシティ（首位都市）であり，総人口の約 1 割が居住している。

マニラ

☑ 19 フィリピンは，政情が不安定であったため工業化が遅れたが，海外出稼ぎ者からの送金や，[a] が公用語の 1 つであることを活かした [b] 業務などにより，近年は経済発展が進んでいる。 （大阪大）

a 英語
b コールセンター

☑ 20 フィリピンの国民の多くがキリスト教の [a] を信仰するが，南部の [b] 島にはムスリム（イスラム教徒）の住民が多く，分離独立運動が展開されている。 （北海道大）

a カトリック
b ミンダナオ

☑ 21 ベトナム戦争（1965〜73 年）後，北ベトナムが南北を統一し，**ベトナム社会主義共和国**が 1976 年に成立。首都は北部の [a] で，旧首都である南部の [b] の人口が最大である。 （帝京大）

a ハノイ
b ホーチミン

☑ 22 ベトナムは，1980 年代半ばから中国と同様に経済改革・対外開放政策を採り，[ ] 政策により社会主義市場経済を導入し，近年は農業の生産性の向上，工業化の進展が著しい。 （駒澤大）

ドイモイ

☑23 ⬜⬜⬜（カリマンタン）島に位置するブルネイは，原油の　　ボルネオ
産出が多い君主国で，1人当たりの所得水準は高い。
(松山大)

☑24 ラオスは，⬜a⬜川中流域の内陸の河川や山脈の国境に囲　　a メコン
まれた⬜b⬜。農業や林業が中心で，工業化は遅れている。　　b 内陸国
(獨協大)

☑25 ミャンマーは近年民主化が進み（2021年2月，軍事クー　　エーヤワディー
デター発生），外国企業の進出が多いが，⬜⬜⬜川流域で
の稲作も盛んである。
(日本大)

☑26 カンボジアは，⬜a⬜川流域で稲作が盛ん。内戦が続き，　　a メコン
難民も多く発生した。復興の際，日本も⬜b⬜（国連平和　　b PKO
維持活動）で協力した。経済発展は遅れているが，近年，　　c 繊維
外国資本による⬜c⬜工業が発展している。

☑27 カンボジアは，ヒンドゥー教寺院建築で世界遺産の⬜⬜⬜　　アンコール・
が有名である。
(中央大)　　ワット

☑28 東ティモールは，旧⬜a⬜領で，いったん独立するも，　　a ポルトガル
⬜b⬜に軍事併合された。その後2002年に独立。⬜a⬜　　b インドネシア
の影響でキリスト教のカトリックが多い。
(京都大)

南アジア

南アジア地誌

☑01 南アジアでは，ドラヴィダ系の⬜a⬜語などを使用する　　a タミル
住民は南部に多く，西方から侵入したアーリア系（⬜b⬜　　b インド・ヨー
系）の言語を使用する住民は北部に多い。
(法政大)　　ロッパ

☑02 南アジアの国々は，第二次世界大戦後にイギリスから独立　　a パキスタン
したが，宗教の違いから，ヒンドゥー教のインド，イスラ　　b バングラデシュ
ームの⬜a⬜（後に⬜b⬜が分離独立），仏教のセイロン　　c スリランカ
（現在の⬜c⬜）に分離した。
(愛知大)

南アジアの国々

☑03 インドは，公用語の⬜a⬜語，準公用語の⬜b⬜のほか，　　a ヒンディー
憲法公認語が20言語以上ある（2020年）。
(立命館大)　　b 英語

☑ 04 インドは，ヒンドゥー教徒が約8割，□□□□□が約1割である。　ムスリム
（イスラム教徒）

☑ 05 インドでは，ヒンドゥー教の身分制度である□□□□制度　カースト
は残るが，□□□□による差別は憲法で禁止されている。し
かし，伝統的社会では職業などと結びついた差別が現在も
残る。　　　　　　　　　　　　　　　　　　（名城大）

☑ 06 インド半島西岸に位置する□a□，ガンジスデルタに位　a ムンバイ
置する□b□，北部に位置する首都□c□がインドの三　b コルカタ
大都市である。　　　　　　　　　　　　　（広島経済大）　c デリー

☑ 07 デカン高原の周縁に位置する西部の**ムンバイ**，南東部の**チ**　a 綿
ェンナイなどで□a□工業が，ガンジスデルタの**コルカ**　b ジュート
タでは□b□工業が盛ん。　　　　　　　　　（中央大）

☑ 08 インド半島基部東側の□a□川流域では総合開発が行わ　a ダモダル
れ，付近では□a□炭田の石炭，□b□の鉄鉱石を利用　b シングブーム
した鉄鋼業が盛んである。　　　　　　　　　（明治大）

☑ 09 インドは1990年代初頭より経済開放政策を採り，外資・　a 英語
技術の導入が進み工業化が進展した。特に，準公用語の　b ソフトウェア
□a□と，理数教育が充実していることを活かした先端
技術産業の□b□開発が有名である。　　　（慶應義塾大）

☑ 10 デカン高原南部の□□□□は，アメリカ合衆国西部との時　バンガロール
差を利用した先端技術産業が立地し，インドのシリコンヴ
ァレーとよばれる。　　　　　　　　　　　　（國學院大）

☑ 11 パキスタンの公用語は，インド・ヨーロッパ語族の□□□□　ウルドゥー
語（国語）と英語である。　　　　　　　　　（法政大）

☑ 12 パキスタンでは，綿花のほか□□□□の栽培が有名で，輸　米
出上位品目に西アジア向けの□□□□が入る。　（中央大）

☑ 13 パキスタンの首都は□a□の**イスラマバード**で，人口最　a 計画都市
大都市は南部の□b□である。　　　　　　　（一橋大）　b カラチ

☑ 14 バングラデシュの公用語は，インド・ヨーロッパ語族の　ベンガル
□□□□語である。　　　　　　　　　　　　（法政大）

☑ 15 バングラデシュは，国土の大部分が□□□□に位置し，低平　ガンジスデルタ
で湿潤であるため，耕地率は約6割である。　（法政大）

☑ 16 バングラデシュは繊維原料のジュートの生産が有名だが，近年は □□□□ や綿糸を輸入して，安価で豊富な労働力を活かして繊維品・衣類などを生産している。 … 綿花

☑ 17 バングラデシュの首都は北回帰線付近に位置する □□□□ である。 (高崎経済大) … ダッカ

☑ 18 スリランカでは，人口の約7割を占める仏教徒の □ a □ 人と，人口の約1割を占めるヒンドゥー教徒の □ b □ 人との内戦が，2009年に終結した。 (成城大) … a シンハラ　b タミル

☑ 19 □□□□ 島中部の山地が茶の産地で，スリランカ産紅茶の総称は □□□□ ティーである。 … セイロン

☑ 20 ネパールでは多くの住民が □□□□ 教徒で，インド・ヨーロッパ語族のネパール語を使用する人々が約半数を占める多民族国家である。 (明治大) … ヒンドゥー

☑ 21 ネパールは2015年4月に，首都の □□□□ の北西を震源とする大地震にみまわれた。 (立命館大) … カトマンズ

西アジア・アフリカ

社会

☑ 01 西アジアと北アフリカの人種は，ともに □ a □ が多数を占め，宗教は，イスラーム（□ b □ 派）を信仰する住民が多数を占める。 (西南学院大) … a コーカソイド　b スンナ（スンニ）

☑ 02 言語は，イランからパキスタン・インド・バングラデシュにかけては □ a □・ヨーロッパ語族の言語が使用され，イランでは □ b □ 語の話者が多数を占める。 (東京経済大) … a インド　b ペルシア

☑ 03 トルコから中央アジアを経てモンゴルにかけては，トルコ語・ウイグル語・モンゴル語など □□□□ 諸語の言語が使用される。 (明治学院大) … アルタイ

☑ 04 シリア，イラク以南のアラビア半島とサハラ砂漠以北の北アフリカでは，**アフリカ・アジア語族の** □ a □ 語が広く使用され，□ b □ ではヘブライ語が公用語とされている。 (東北学院大) … a アラビア　b イスラエル

☑ 05 イラン・トルコ・イラクなどにまたがるクルディスタン地方には，インド・ヨーロッパ語族の言語を使用する ☐ 人が居住する。　　　　　　　　　　（北海道大）

クルド

☑ 06 サハラ砂漠以南には ☐ が居住し，**ニジェール・コルドファン語族**の話者が多数を占める。　　（東北学院大）

ネグロイド

☑ 07 東アフリカの ☐ a ☐ 島では，1世紀頃から東南アジアより移住した**オーストロネシア語族**（ ☐ b ☐ 系）の言語が使用される。　　　　　　　　　　（専修大）

a マダガスカル
b マレー・ポリネシア

☑ 08 中・南アフリカでは，原始宗教が広く信仰されるが，**エチオピア**などでは ☐ 教を信仰する住民も多くみられる。

キリスト

☑ 09 中・南アフリカ諸国は，多民族からなる国がほとんどで，母語に文字がないことも多いため， ☐ の言語を公用語としている国が多い。

旧宗主国

☑ 10 東アフリカの ☐ a ☐ やタンザニアでは，現地の交易で使用されてきた ☐ b ☐ 語も公用語とされている。　（成城大）

a ケニア
b スワヒリ

西アジアと北アフリカの国々

☑ 11 サウジアラビアは，原油の産出・輸出が ☐ a ☐ と並んで世界有数。イスラームの聖地 ☐ b ☐ があり，巡礼者が多い。北にネフド砂漠，南にルブアルハリ砂漠が広がる。遊牧民 ☐ c ☐ は定住化が進んでいる。　　　　　　（成城大）

a ロシア
b メッカ
c ベドウィン

☑ 12 イランは，**ペルシア語**を話し，イスラームの ☐ a ☐ 派の住民が多い。首都 ☐ b ☐ は東京とほぼ同緯度（北緯35度）に位置するが，内陸の高原に位置するため，BS（冬雨型）となる。地下水路の ☐ c ☐ による灌漑でオアシス農業が盛ん。　　　　　　　　　　（新潟大）

a シーア
b テヘラン
c カナート

☑ 13 イラクには，ティグリス川・ユーフラテス川が流れ，「肥沃な三日月地帯」には ☐ a ☐ 文明が発達した。首都 ☐ b ☐ はティグリス川に面する。湾岸戦争でクウェートに侵攻したことを機に，国連の制裁を受け，経済は停滞した。イラク戦争によるフセイン政権崩壊後，南部のシーア派，中部のスンナ（スンニ）派，北部の ☐ c ☐ 人が対立し，混乱が続いている。　　　　　　　　（明治学院大）

a メソポタミア
b バグダッド
c クルド

☑ 14 トルコは，| a |を行い，OECD（経済協力開発機構）と
NATO（北大西洋条約機構）に加盟し，| b |への加盟を
めざし交渉中である。**ボスポラス海峡**に面する| c |が
人口最大都市。外資導入による工業化が進んでいる。

（松山大）

- a 政教分離
- b EU（欧州連合）
- c イスタンブール

☑ 15 イスラエルは，| a |（ユダヤ人の祖国回帰運動）によっ
て 1948 年建国。これにより，もともと居住していた
| b |人（アラブ人）が難民化し，周辺のアラブ諸国と
の間で 4 回の中東戦争が勃発した。和平交渉が続いている
が，いまだ解決には至っていない。| c |は**ユダヤ教，
キリスト教，イスラーム**の聖地である。

（名城大）

- a シオニズム運動
- b パレスチナ
- c エルサレム

☑ 16 エジプトの人口は約 1 億人で，アフリカで 3 位。首都
| a |はアフリカ屈指の大都市。ナイル川沿いでのオア
シス農業で，米や野菜，綿花の栽培が盛ん。| b |ダム
の建設によって，綿花生産は増えたが，塩害や地力低下な
どの問題も発生した。OAPEC（アラブ石油輸出国機構）
に加盟し，石油関連製品の輸出のほか，野菜・果実・衣類
の輸出も多い。紅海と地中海を結ぶ| c |運河を保有し
ている。

（成城大）

- a カイロ
- b アスワンハイ
- c スエズ

☑ 17 スーダンでは，2011 年に南部が南スーダンとして分離独
立。スーダン西部の|　　　|地方は，アラブ系とアフリカ
系の住民による長年の対立で多くの犠牲者や難民が出てい
る。

（西南学院大）

ダルフール

☑ 18 リビアは，| a |から独立。| b |・OAPEC に加盟す
る産油国であるが，2011 年，独裁を続けてきたカダフィ
政権が崩壊し，政情不安定である。

（中央大）

- a イタリア
- b OPEC（石油輸出国機構）

☑ 19 アルジェリアは，| a |から独立。スーダンから南スーダ
ン独立後，アフリカ最大の面積をもつ国となった。| b |・
OAPEC に加盟する産油国である。

（早稲田大）

- a フランス
- b OPEC（石油輸出国機構）

☑ 20 アルジェリアは，アトラス山脈北側の Cs（地中海性気候）
地域では| a |が，南部では地下水路| b |によるオア
シス農業もみられる。チュニジア・モロッコとともに
| c |諸国（アラビア語で「西」の意）という。旧宗主
国の| d |への出稼ぎも多い。

（北海道大）

- a 地中海式農業
- b フォガラ
- c マグレブ
- d フランス

☑21 モロッコは, ［ a ］ から独立。西サハラ領有を巡ってアフ
リカ諸国から孤立し, アフリカで唯一 ［ b ］ (アフリカ連
合) に加盟していなかったが, 近年 (2017 年) 復帰した (再
加盟)。 (早稲田大)

a フランス
b AU

中・南アフリカの国々

☑22 エチオピアの人口は約 1 億人で, アフリカで 2 位。エチオ
ピア高原に位置するアフリカ最古の独立国。［ a ］ (エチ
オピア正教会) を信仰する住民が多い。1993 年に紅海沿
岸部のエリトリア (旧イタリア領でイスラームを信仰する
住民が多い) が分離独立し, 陸の国境に囲まれた ［ b ］ と
なる。エチオピア高原南部のカッファ地方は, ［ c ］ の原
産地。インフラの整備が進まず経済発展は遅れ, 所得は世
界最低水準となっている。 (青山学院大)

a キリスト教
b 内陸国
c コーヒー

☑23 ケニアは, ［ a ］ から独立し, 植民地時代に流入した印僑
(インド系) も居住。首都 ［ b ］ は高原上に位置し, 白人
によるコーヒーや茶のプランテーションが開かれた。近年
は, バラなどの ［ c ］ の輸出も多い。［ d ］ が広がり, 自
然公園を訪れる観光客も多い。少数民族 ［ e ］ 族の踊り
は有名である。 (首都大東京)

a イギリス
b ナイロビ
c 切り花
d サバナ
e マサイ

☑24 マダガスカルは, ［ a ］ から独立。オーストロネシア語族
で, ［ b ］ を主食とする。大地形区分は ［ c ］ の島で, 中
央山地の東部は ［ d ］ の風上側で熱帯, 風下の西部は乾
燥帯となる。 (立命館大)

a フランス
b 米
c 安定陸塊
d 南東貿易風

☑25 コートジボワール (国名は「象牙海岸」の意味) は, ［ a ］
から独立。［ b ］ の生産は世界一。旧首都のアビジャン
は西アフリカ地域屈指の大都市だが, 首都は内陸のヤムス
クロへ移転した。 (東海大)

a フランス
b カカオ豆

☑26 ガーナは, ［ a ］ から独立。カカオのほか金の輸出も多く,
植民地時代は「黄金海岸」といわれていた。ヴォルタ川の
総合開発によりダムが建設された。水力発電による電力で
［ b ］ 工業も立地している。 (中央大)

a イギリス
b アルミニウム

☑ 27 ナイジェリアは，　a　から独立。人口約 2.1 億人で，ア
フリカ最大。国内には多くの民族が居住し，南部にはキリ
スト教徒，北部には　b　が多い。ニジェール川河口部
で　c　を産出し，1960 年代末，南東部のイボ人が独立
を宣言し，ビアフラ内戦が発生。その後，首都を沿岸部の
　d　から国土の中央部のアブジャへ移した。　（獨協大）

a イギリス
b ムスリム
　（イスラム教
　徒）
c 原油
d ラゴス

☑ 28 コンゴ民主共和国は，スーダンから南スーダン独立後，ア
フリカで 2 番目の面積をもつ国となった。　a　から独
立し，　b　語が公用語。人口は約 9,000 万人で，アフ
リカで 4 位。Af（熱帯雨林気候）で，いも類の焼畑農業
が行われる。南部のザンビアとの国境付近（　c　）では，
銅鉱の産出が多い。コバルトなど　d　の産出も多い。
　（法政大）

a ベルギー
b フランス
c カッパーベル
　ト
d レアメタル

☑ 29 南アフリカ共和国の人口は約 6,000 万人。オランダ系白
人（ボーア人）が入植後，イギリス系白人が入植し，
　a　植民地となる。少数派の白人（約 1 割）による有
色人種への人種隔離政策（　b　）が 1990 年代初めま
で行われた。アフリカ最大の工業国で，外国資本が積極的
に参入。1995 年にラグビー，2010 年にサッカーの W 杯
を開催した。　（立命館大）

a イギリス
b アパルトヘイ
　ト

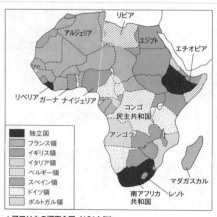

▲アフリカの旧宗主国（1914 年）

ヨーロッパ

社会

☑01 ヨーロッパの大部分の住民は，□□□□語族の言語を使用する。　　　　　　　　　　　　　　　　　　　　　（成城大）

インド・
ヨーロッパ

☑02 ヨーロッパ北西部に英語・ドイツ語などの□□□□語派言語が分布する。　　　　　　　　　　　　　（慶應義塾大）

ゲルマン

☑03 ヨーロッパ南部にフランス語・スペイン語・イタリア語・ルーマニア語などの□□□□語派言語が分布する。　　　　　　　　　　　　　　　　　　　　　（慶應義塾大）

ラテン

☑04 ヨーロッパ東部にロシア語・ポーランド語などの□□□□語派言語が分布する。　　　　　　　　　　　（獨協大）

スラブ

☑05 ラトビアやリトアニアの a 語派，アイルランドなどの b 語派のほか，ギリシャ語派やアルバニア語派などの言語もみられる。　　　　　　　　　　（駒澤大）

a バルト
b ケルト

☑06 フィンランド・エストニア・ハンガリーでは a 語族，フランス・スペイン国境では b 語族の言語が使用される。　　　　　　　　　　　　　　　　　（慶應義塾大）

a ウラル
b バスク

☑07 一般にゲルマン系は a ，ラテン系は b ，スラブ系は正教会（東方正教）を信仰する住民が多い。　（愛知大）

a プロテスタント
b カトリック

☑08 スラブ系のポーランド・チェコ・スロバキア・スロベニア・クロアチア，ゲルマン系のドイツ中南部やオーストリアなどでは□□□□を信仰する住民が多い。　　　　　　（松山大）

カトリック

☑09 **バルカン半島**のボスニア・ヘルツェゴビナやアルバニア，コソボでは□□□□を信仰する住民が多い。

イスラーム

☑10 産業革命期のイギリスでは，湿潤なランカシャー地方で ___a___ 工業が，乾燥したヨークシャー地方で ___b___ 工業が，ミッドランド地方で ___c___ 業が発達した。　(別府大)

a 綿
b 羊毛
c 鉄鋼

☑11 イングランド北東部の ___a___ では北海油田からの原油を利用した石油化学工業が，**ウェールズ**の ___b___ では臨海立地型の鉄鋼業が発達している。　(青山学院大)

a ミドルズブラ
b カーディフ

☑12 かつて造船業が盛んだった**スコットランド**（**グラスゴー**など）では先端技術産業が発達し，_____ といわれる。　(福岡大)

シリコングレン

☑13 フランス北東部の ___a___ 鉄山を背景に**メス・ナンシー**で鉄鋼業が立地したが，___b___ の**ダンケルク**や**フォス**へ移動した。　(関西大)

a ロレーヌ
b 臨海部

☑14 **ルアーヴル**や**マルセイユ**では ___a___ 工業，ボルドーでは ___b___ 業がみられる。　(首都大東京)

a 石油化学
b ワイン醸造

☑15 ピレネー山脈麓の _____ には，エアバス社の最終組立工場が立地し，航空機生産が行われている。　(慶應義塾大)

トゥールーズ

☑16 南ベルギーは炭田を背景に鉄鋼業が発達したが，国内での地位は低下している。北ベルギーの _____ 地方では，伝統的な羊毛工業がみられる。　(法政大)

フランドル

☑17 オランダの ___a___ にはヨーロッパ最大の貿易港の ___b___ が位置し，石油化学工業などが立地し，貿易が盛ん。　(近畿大)

a ロッテルダム
b ユーロポート

☑18 イタリア北部の ___a___ （繊維），___b___ （自動車），**ジェノヴァ**（石油化学）は工業の三角地帯といわれ，大企業を中心に工業が発達。南部は農業中心で工業化が遅れていたが，総合開発により ___c___ に臨海立地型の鉄鋼業が立地した。　(松山大)

a ミラノ
b トリノ
c タラント

☑19 「_____」といわれるイタリア中・北部地域で，中小企業による繊維や皮革などの地場産業が発展している。　(西南学院大)

第3のイタリア
（サードイタリー）

☑ 20 スペイン北部の ____ 地方では，ビルバオ鉄山を背景に 　バスク
鉄鋼業がみられたが，鉄山の閉山により観光業などのサー
ビス産業への移転が進んでいる。

☑ 21 スペイン北東部の**カタルーニャ地方**の中心都市 ____ で 　バルセロナ
は，外国資本の進出による自動車産業が発達し，輸出も多
い。 　　　　　　　　　　　　　　　　　　　　　　（中央大）

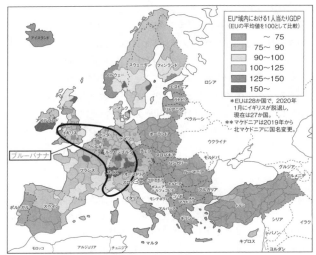

▲ヨーロッパの所得水準（2017年） 　　　　　　　　　　（Eurostat）

ロシア

社会

☑ 01 ロシア・ウクライナ・ベラルーシは，インド・ヨーロッパ 　a スラブ
語族の ▢a▢ 系で，正教会（東方正教）を信仰する住民が 　b キリル
多く， ▢b▢ 文字が使用される。 　　　　　　　　　（中央大）

☑ 02 バルト3国では，ラトビアとリトアニアでインド・ヨーロ 　a バルト語
ッパ語族の ▢a▢ 派， ▢b▢ でウラル語族の言語が使用 　b エストニア
される。 　　　　　　　　　　　　　　　　　　　（学習院大）

☑ 03 宗教は，エストニアとラトビアでは ［ a ］，リトアニアで
は ［ b ］ を信仰する住民が多い。　　　　　　（青山学院大）

a プロテスタン
ト
b カトリック

☑ 04 ルーマニアに隣接するモルドバは，［＿＿＿＿］系で正教会（東
方正教）を信仰する住民が多い。

ラテン

☑ 05 トルコから中央アジアにかけての地域で ［ a ］ 諸語（ト
ルコ系）の言語が使用され，中央アジアでは ［ b ］，モン
ゴルでは ［ c ］ を信仰する住民が多い。　　（慶應義塾大）

a アルタイ
b イスラーム
c チベット仏教

☑ 06 カフカス山麓ではアゼルバイジャンでイスラームが信仰さ
れ，アルメニアとジョージア（グルジア）では ［＿＿＿＿］（正
教会）が信仰されている。　　　　　　　　　　（早稲田大）

キリスト教

☑ 07 近年，ロシア周辺国では，ロシア系の住民が多数を占める
一部地域において，ロシアへの併合の動きが高まっており，
［＿＿＿＿］ のクリム半島や東部地域，バルト3国などで緊張の
度合いが増している。

ウクライナ

鉱工業

☑ 08 ソ連時代，［ a ］ 方式とよばれる離れた地域の資源を鉄道
やパイプラインなどで結びつけた工業化や，［ b ］（地域
生産複合体）とよばれるより範囲の狭い地域内で産出する
資源を利用する工業化など，［ c ］ 型の工業化が進められ
た。　　　　　　　　　　　　　　　　　　　　（松山大）

a コンビナート
b コンプレック
ス
c 原料立地

☑ 09 首都 ［＿＿＿＿］ と人口2位のサンクトペテルブルクでは，古
くから工業が発達している。サンクトペテルブルクなどに
は，外国資本による自動車工業が立地している。
　　　　　　　　　　　　　　　　　　　　　　（青山学院大）

モスクワ

☑ 10 ウラル山脈の周辺では，［ a ］ 油田を背景に石油化学工
業が，［ b ］ 鉄山を背景に鉄鋼業（コンビナート時代は，
シベリアのクズネツク炭田やカザフスタンのカラガンダ炭
田から石炭が供給されていた）が立地している。
　　　　　　　　　　　　　　　　　　　　　　（西南学院大）

a ヴォルガ・ウ
ラル
b マグニトゴル
スク

☑11 _____炭田を背景に，シベリア最大都市**ノヴォシビルスク**を中心としてシベリア鉄道の周辺に重工業が立地している。 (中央大)

クズネツク

☑12 ウラル山脈の東側の**オビ川**中流域には，旧ソ連最大の_____油田が位置する。 (明治大)

チュメニ

☑13 シベリアのアンガラ・バイカルでは，森林資源や**アンガラ川**の水力発電を背景に，_____などで木材・パルプ工業やアルミニウム工業が立地する。 (慶應義塾大)

イルクーツク

☑14 オビ川，_____川やその支流のアンガラ川と，シベリア鉄道や第二シベリア鉄道との交点（**ノヴォシビルスク，クラスノヤルスク，ブラーツク，イルクーツク**）に都市が立地する。 (慶應義塾大)

エニセイ

☑15 極東では，森林資源や水産資源を背景に**ハバロフスク**や_____（シベリア鉄道の終点）で木材や食品加工業が立地する。サハリン沖の油田や天然ガス開発には，日本やメジャー（国際石油資本）が資本参加している。 (京都大)

ウラジオストク

☑16 ウクライナの**ドニエプル**は，旧ソ連最大の重工業地域で，_____a_____炭田・_____b_____鉄山を背景に鉄鋼業・機械工業，水産加工，穀倉地帯を背景に農業機械工業が発達している。 (青山学院大)

a ドネツ
b クリヴォイログ

☑17 カザフスタンの**カラガンダ**では，_____a_____炭田を背景に重工業が発達。西部には，_____b_____宇宙基地がある。 (上智大)

a カラガンダ
b バイコヌール

☑18 ウズベキスタンの首都_____では，綿花地帯を背景に綿工業が発達している。 (慶應義塾大)

タシケント

☑19 アゼルバイジャンでは，_____油田を背景に石油関連産業が発達。ソ連解体後，トルコ経由で地中海へのびるパイプラインも敷設された。 (東京経済大)

バクー

7章 地誌―アメリカ

アングロアメリカ

自然環境

☑01 テネシー川では，1930年代から [a]（テネシー川流域
開発公社）による総合開発が行われ，流域では [b] 工
業や原子力産業が立地した。　　　　　　　　　　（松山大）

a TVA
b アルミニウム

☑02 [a] でミシシッピ川と合流する [b] 川の流域には，
冬小麦地帯や春小麦地帯が広がる。　　　　　　　（関西大）

a セントルイス
b ミズーリ

☑03 [a] 川では，総合開発（CVA）によって，グランドクー
リーダムが建設され，小麦栽培が拡大した。[b] 周辺
にはその電力を利用して [c] 工業が立地し，航空機産
業に貢献している。　　　　　　　　　　　　　　（札幌大）

a コロンビア
b シアトル
c アルミニウム

☑04 グランドキャニオンを流れる [a] 川は，[b] や**ラス
ヴェガス**に上水道（生活用水）や電力を供給。インピリア
ルヴァレーでは灌漑による [c] 栽培が拡大している。

a コロラド
b ロサンゼルス
c 綿花

アメリカ合衆国

☑05 北アメリカの先住民はアメリカインディアンとイヌイット
で，ともに [　　] である。

モンゴロイド

☑06 16世紀前半よりヨーロッパからの移民がはじまり，南か
らは [a] 人，東からはイギリス人，北東からは [b]
人が入植した。

a スペイン
b フランス

☑07 1776年に東部の13州が [　　] から独立。その後，イギ
リス・フランス・メキシコ・ロシアなどから購入や割譲を
受け，領域を拡大した。　　　　　　　　　　　　（早稲田大）

イギリス

☑08 第二次世界大戦後は，**ラテンアメリカ**（メキシコやプエルトリコなど），**カリブ海域**（キューバなど）出身で　a　語を母語とする　b　や，フィリピン・中国・ベトナム・インドなどのアジア系の移民が増加。現在，アメリカ合衆国人口に占めるヒスパニック（人種は問わない）の割合は18.4%，アフリカ系は14.2%である（2018年）。（福岡大）

a スペイン
b ヒスパニック

☑09 各民族が共存し並立する社会は「民族の　a　」と表現される。ニューヨークなどの大都市では，地区によって民族の住みわけ（　b　）がみられる。（成城大）

a サラダボウル（モザイク）
b セグリゲーション

☑10 北西ヨーロッパからの移民が多かったニューイングランド地方の　a　を中心に，綿工業などの繊維工業が発達。その後，綿工業の中心は，原料産地の　b　に近く，安価な労働力が得られるアパラチア山脈東麓の南部へと移動した。（関西大）

a ボストン
b コットンベルト（綿花地帯）

☑11 大西洋岸から五大湖周辺に，アパラチア炭田の石炭や　　　　鉄山の鉄鉱石などを利用した重工業が発達した。（慶應義塾大）

メサビ

☑12 五大湖の水運を利用して，　a　立地型の鉄鋼業が　b　で発達した。（明治大）

a 炭田
b ピッツバーグ

☑13 五大湖沿岸地域の　　　　とその周辺には，自動車産業が集積している。（東北学院大）

デトロイト

☑14 第二次世界大戦後の1960年代には，北東部の　　　　における工業は，日本などアジアの新興国の台頭，原料の劣化や枯渇，設備の老朽化，労働組合の組織率の高さなどから停滞するようになった。（成城大）

スノーベルト（フロストベルト，ラストベルト）

☑15 エネルギー革命後の1970年代になると，安価で未組織の労働力や，石油・天然ガスなど豊富なエネルギー・鉱産資源の存在，連邦や州政府の積極的な誘致政策，温暖な気候を背景に南部の　a　（北緯　b　度以南の地域）への企業進出が相次ぎ，石油化学や航空宇宙，先端技術産業などが発展した。（早稲田大）

a サンベルト
b 37

☑ 16 北東部の　a　地方は，市場立地型の綿工業からはじまるアメリカ産業革命の発祥地。　b　は原料産地付近へと立地が変化し，高級衣類へと移行している。

a ニューイングランド
b 綿工業

☑ 17 **ニューイングランド地方**の　a　周辺には大学や研究所が集積し，高速道路沿いにエレクトロニクス産業をはじめとする知識集約型産業が立地し，　b　とよばれる。

（関西大）

a ボストン
b エレクトロニクスハイウェー

☑ 18 　a　（巨帯都市）に位置する人口最大都市の　b　には，大消費地を背景に都市型総合工業が立地する。

（高崎経済大）

a メガロポリス
b ニューヨーク

☑ 19 大西洋に面する**ボルティモア**とその周辺には臨海立地型の　　　　　がみられる。

鉄鋼業

☑ 20 南部では，メキシコ湾岸の石油を背景に，石油化学工業が発達。　a　州の　b　には，先端技術産業も立地するほか，NASA（アメリカ航空宇宙局）の基地があり，宇宙関連産業もみられる。

（福岡大）

a テキサス
b シリコンプレーン

☑ 21 太平洋岸の　a　州では，石油を背景に石油化学工業が発達し，第二次世界大戦後は　b　を中心に航空機産業が立地する。

（國學院大）

a カリフォルニア
b ロサンゼルス

☑ 22 **サンノゼ**郊外に位置する　　　　　では，コンピュータや半導体などの先端技術産業が集積している。

（法政大）

シリコンヴァレー

☑ 23 　a　州では，森林資源を背景に，製材や紙・パルプ工業のほか，**シアトル**で航空機産業が立地する。近年は先端産業も発達し，オレゴン州のポートランドとその周辺を含めた地域は　b　とよばれている。

a ワシントン
b シリコンフォレスト

カナダ

☑ 24 17 世紀に　a　とフランス間で植民地を巡る戦争がはじまり，18 世紀に　a　領となり，1867 年に独立した。公用語は英語とフランス語で，　b　政策を標榜する。

（中京大）

a イギリス
b 多文化主義

☑ 25 先住民の　　　　　が多い北部の**ヌナブト準州**では，先住民による自治が行われる。

（神奈川大）

イヌイット

☑26 オンタリオ湖沿岸の人口最大都市 _____ と，セントロー
レンス川沿いの**モントリオール**が二大都市で，工業も発達
している。　　　　　　　　　　　　　　　　　　（関西大）

トロント

☑27 カナダ西岸のブリティッシュコロンビア州は，アジア系の
住民が多く，_____ が最大都市である。　　　　（駒澤大）

ヴァンクーヴァー

☑28 ロッキー山麓の _____ 州・サスカチュワン州・マニトバ
州は，春小麦の生産が盛んな地域で，平原3州といわれる。
　　　　　　　　　　　　　　　　　　　　　　　（法政大）

アルバータ

☑29 マニトバ州の州都 _____ は，大陸横断鉄道が交差する交
通の要衝で，春小麦の集散地になっている。　　　（早稲田大）

ウィニペグ

☑30 オンタリオ州は，_____ 系住民が多く，州都**トロント**はカ
ナダ最大都市である。　　　　　　　　　　　　（慶應義塾大）

イギリス

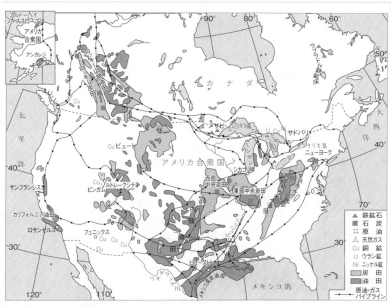

▲アングロアメリカの鉱産資源

ラテンアメリカ

社会

☑01 カリブ海は，ヨーロッパ人が最初に入植した地域で，彼らによってもち込まれた疾病や過酷な労働により先住の**モンゴロイド**の　a　が激減し，アフリカ大陸から　b　が連行されてきた。そのため，ジャマイカやハイチなど現在も　b　の割合が高い国が多い。　　　　　　　　（北海道大）

a インディオ
b アフリカ系

☑02 南アメリカ南部は，温帯気候地域で，農業開拓のためヨーロッパ人が家族単位で入植したことから，　　　　やウルグアイでは**コーカソイド**のヨーロッパ系白人の割合が高い。　　　　　　　　　　　　　　　　　　　（立命館大）

アルゼンチン

☑03 アンデス高地はヨーロッパ系の入植が少なかったため，ボリビアやペルーではモンゴロイドで先住の　　　　の割合が高い。　　　　　　　　　　　　　　　　　　　　　（日本女子大）

インディオ

☑04 鉱山開発やプランテーション経営などを目的とした単身男性の入植者が多かったので，メキシコ・ベネズエラ・コロンビアなどでは，ヨーロッパ系と先住民のモンゴロイドとの混血である　　　　の割合が高い。　　　　　　（立命館大）

メスチーソ

☑05 熱帯低地には，ヨーロッパ系と　a　との混血である　b　もみられる。　　　　　　　　　　　　　　（成城大）

a アフリカ系
b ムラート

☑06 16世紀以降，スペインやポルトガルの支配を受け，キリスト教の　　　　が伝播した。　　　　　　　　（福井大）

カトリック

☑07 ラテンアメリカのほとんどの国では　a　語が使用されるが，ブラジルでは　b　語が，ジャマイカやガイアナなどでは　c　語が，ハイチでは　d　語が使用される。　　　　　　　　　　　　　　　　　　　　　（中京大）

a スペイン
b ポルトガル
c 英
d フランス

ラテンアメリカの国々

☑08 ブラジルの首都　　　　は，北部の開発拠点として建設された計画都市である。　　　　　　　　　　　（法政大）

ブラジリア

□ 09 リオデジャネイロとサンパウロでは自動車や航空機工業，ベロオリゾンテ
　　　□□□付近のイタビラ鉄山を含む「鉄の四辺形地帯」の
　　　周辺では鉄鋼業が発達している。
(中央大)

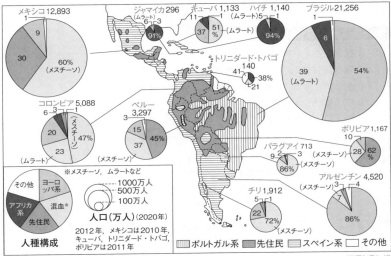

（※メスチーソ，ムラートなど）

人口（万人）(2020年)
1000万人
500万人
100万人

2012年，メキシコは2010年，
キューバ，トリニダード・トバゴ，
ボリビアは2011年

人種構成
その他／ヨーロッパ系／混血※／先住民／アフリカ系

メキシコ 12,893　1／9／30／60%（メスチーソ）
ジャマイカ 296　6／3／91%（ムラート）
キューバ 1,133　11／1／37／51%（ムラート）
ハイチ 1,140　5／1／94%
ブラジル 21,256　1／6／39（ムラート）／54%
トリニダード・トバゴ 140　41／38%／21
コロンビア 5,088　6／3／1／20／23（ムラート）／47%（メスチーソ）
ペルー 3,297　3／15／37／45%（メスチーソ）
ボリビア 1,167　10／28／62%（メスチーソ）
パラグアイ 713　9／2／3／86%（メスチーソ）
アルゼンチン 4,520　3／4／7／86%（メスチーソ）
チリ 1,912　5／1／22／72%（メスチーソ）

凡例：▨ ポルトガル系　▦ 先住民　▤ スペイン系　□ その他

(世界年鑑など)

▲ラテンアメリカの住民

国		住民	公用語	旧宗主国
メキシコからアンデス山脈沿いの国々	メキシコ，ベネズエラ，コロンビア，エクアドル，チリ	メスチーソが最多	スペイン語	スペイン
	ペルー，ボリビア	インディオが最多		
南部の温帯の国	アルゼンチン，ウルグアイ	大半がヨーロッパ系		
その他の南アメリカ	ブラジル	ヨーロッパ系が最多，ついでムラート	ポルトガル語	ポルトガル
	スリナム	アフリカ系など，インド系も多い	オランダ語	オランダ
	ガイアナ		英語	イギリス
カリブ海の島国	ジャマイカ	大半がアフリカ系		
	ハイチ		フランス語	フランス
	キューバ，ドミニカ共和国	ムラートが多い	スペイン語	スペイン

▲中央アメリカ・カリブ海・南アメリカの国々と旧宗主国

8章 地誌—オセアニア

オセアニア

オーストラリア地誌

☑01 先住民 [____] の人種はオーストラロイドで，伝統的には
狩猟採集民である。[____] の人口は植民地時代に激減し
たが，現在では70万人台に回復し，大部分は都市に居住
しているが，入植者により収奪された土地などの返還が政
府などにより進められている。 (東洋大)

アボリジニー

☑02 人口は南部の温帯地域に集中し，都市人口率は約9割。人
口が400万人以上の二大都市は，[a] (Cfa) と [b]
(Cfb)。100万人以上の都市は，東部の**ブリズベン** (Cfa)・
南部の**アデレード** (Cs)・南西部の [c] (Cs) である。
(法政大)

a シドニー
b メルボルン
c パース

☑03 首都 [____] は，**シドニー**と**メルボルン**の中間に建設され
た計画都市で，人口は43万人程度である（2019年）。
(北海道大)

キャンベラ

ニュージーランド地誌

☑04 ニュージーランドの人口は約480万人。人口最大都市は，
北島北部の**オークランド**。首都 [____] は，北島南部のク
ック海峡に面する。 (駒澤大)

ウェリントン

☑05 イギリス連邦に属し，イギリス系の人口割合が高いが，先
住民は**ポリネシア系**の [____] で，人口の約15%を占める。
公用語は英語と**マオリ語**である。 (法政大)

マオリ

太平洋の国々

☑06 [a] は「小さな島々」を意味し，赤道以北で経度180
度以西の地域。[b] やサイパンなどアメリカ合衆国領
もみられる。 (立命館大)

a ミクロネシア
b グアム

☑ 07 　 a 　は「黒い島々」を意味し，赤道以南かつ経度180
度以西で，オーストラリアは含まれない。パプアニューギ
ニアの位置する　 b 　島は，島としてはグリーンランド
に次ぐ面積。**旧イギリス領**のフィジーでは，先住民とさと
うきびのプランテーション労働力として移入した　 c 　
系住民との対立がみられる。オーストラリア大陸東沖合の
フランス領 　 d 　は，**ニッケル鉱**の産地である。

(北海道大)

a メラネシア
b ニューギニア
c インド
d ニューカレド
　ニア

☑ 08 　 a 　は「多くの島々」を意味し，ほぼ経度180度以東
の地域で，ハワイ諸島の北西にあるミッドウェー諸島と，
モアイ像で有名なチリ領のラパヌイ（イースター）島，
　 b 　を結んだ範囲。画家のゴーギャンやリゾート地で
有名な　 c 　など，フランス領の島々が多い。　 d 　環
礁ではフランスが核実験を行った。

(松山大)

a ポリネシア
b ニュージーラ
　ンド
c タヒチ
d ムルロア

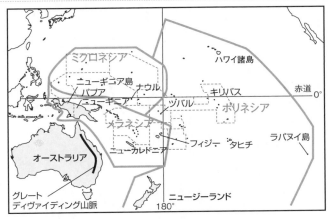

▲オセアニアの島々

地域	代表的な島の特色
ミクロネシア	ナウルはりん鉱石の採掘が盛んであった。
メラネシア	パプアニューギニアは，銅の産出が多い。フランス領のニューカレドニアでは，ニッケル鉱を産出。フィジーは，旧イギリス領でインド系住民が多く，さとうきびのプランテーション。
ポリネシア	ニュージーランド，ハワイ，タヒチ，ラパヌイ（イースター）島などが含まれる。ハワイ諸島は火山島。ツバルやキリバスは低平なサンゴ礁。

▲太平洋地域

入試の地理必出！

統計資料問題 **100** 問

1章 自然環境

世界の火山と地震

問　次の表は，図中の **A〜D** のいずれかの地域*における火山の数と，1991 年〜2010 年に発生したマグニチュード 4 以上の地震発生数を示したものである。**B** に該当するものを，表中の①〜④のうちから一つ選べ。□□□□

*それぞれの面積は等しい。

(2016 年度 追試 地理 B □1□)

正解へのプロセス

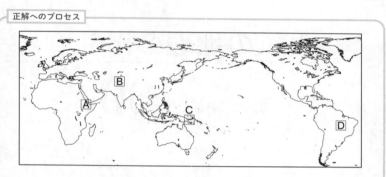

	火山の数	地震発生数		
①	69	480	← 広がるプレート境界	**A**
②	47	9,965	← せばまるプレート境界 沈み込み帯	**C**
③	0	4,681	← せばまるプレート境界 衝突帯	**B**
④	0	3	← 安定陸塊	**D**

Smithsonian Institution の資料などにより作成。

解答 ③　火山は，広がるプレート境界，せばまるプレート境界の沈み込み帯，ホットスポットに分布する。図中の **A** は広がるプレート境界のアフリカ大地溝帯，**C** はせばまるプレート境界の沈み込み帯のニューギニア島東部にそれぞれ位置する。よって，火山のある①と②が **A** と **C** のいずれかで，これらのうち地震発生数が圧倒的に多い②が **C**，少ない①が **A** である。残る③と④のうち，火山がなく地震発生数が最も少ない④が，プレート境界の変動帯から離れた安定陸塊に位置する **D** で，残った③がせばまるプレート境界の衝突帯に位置するヒマラヤ山脈付近の **B** である。

大陸別高度別面積割合

問 次の図は，世界の四つの地域ごとに高度別面積の割合を示したものであり，①〜④は，アジア，アフリカ，南アメリカ，ヨーロッパ*のいずれかである。アフリカに該当するものを，図中の①〜④のうちから一つ選べ。☐

*トルコ，ジョージア，アゼルバイジャン，カザフスタンはアジアに含め，ロシアはウラル山脈分水嶺付近でアジアとヨーロッパに分けた。

(2007年度 本試 地理B 19)

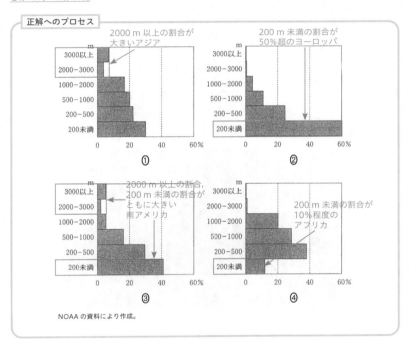

NOAA の資料により作成。

解答 ④　大陸別高度別面積割合は，200m未満の割合に注目して10%程度のアフリカ④，50%を超えるヨーロッパ②（平均高度はオーストラリアと同じく低い）をまずは覚えよう。なお，アジア①はチベット高原やヒマラヤ山脈など2000m以上の割合が大きい（平均高度が高い）。南アメリカ③は，アマゾン盆地などの低地が広がる一方で，高峻なアンデス山脈が南北に走るため，200m未満と2000m以上の割合がともに大きい。

変動帯と山岳氷河

問 次の先生と生徒たちの会話文中の空欄**ア**と**イ**に当てはまる正しい数字を，下の①
〜④のうちから一つずつ選べ。ただし，同じものを繰り返し選んでもよい。

ア ☐・**イ** ☐

(2021年度 共通テスト本試 第1日程 地理B ④・⑤)

先　生 「学校の休みを利用して，**図1**に示したアフリカ大陸最高峰のキリマンジャ
　　　　ロに登ってきました。キリマンジャロは，標高が5895mで，山頂付近には
　　　　小規模な氷河がある火山です。**図2**はキリマンジャロと，ユーラシア，北ア
　　　　メリカ，南アメリカ，オーストラリアの各大陸における最高峰の山**A**〜**D**の
　　　　位置と標高を示しています。**図1**や**図2**からどのようなことが考えられるで
　　　　しょうか」

アズサ 「現在の変動帯に位置している山は，山**A**〜**D**の中で（　**ア**　）つあります」

チヒロ 「氷河が分布している山は，山**A**〜**D**の中で（　**イ**　）つあります」

先　生 「なるほど。みなさん様々な視点から山をとらえることができていますね」

①　1　　②　2　　③　3　　④　4

正解へのプロセス

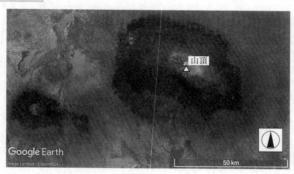

Google Earth により作成。

図1

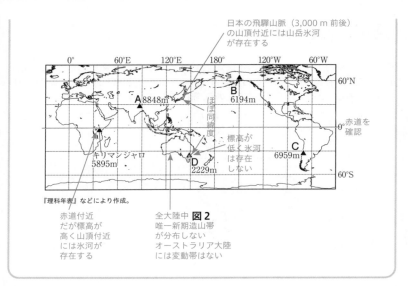

日本の飛騨山脈（3,000 m 前後）の山頂付近には山岳氷河が存在する

A 8848m

B 6194m

ほぼ同緯度

C 6959m

D 2229m

キリマンジャロ 5895m

標高が低く氷河は存在しない

赤道を確認

0°　60°E　120°E　180°　120°W　60°W

60°N

0°

60°S

『理科年表』などにより作成。

赤道付近だが標高が高く山頂付近には氷河が存在する

全大陸中唯一新期造山帯が分布しないオーストラリア大陸には変動帯はない

図2

解答 **ア**－③，**イ**－③　図2中の**A**～**D**のうち，広がるプレート境界，せばまるプレート境界，ずれるプレート境界のような変動帯に位置するのは，せばまるプレート境界に位置する**A**のエベレスト（チョモランマ），**B**のデナリ（マッキンリー），**C**のアコンカグアであり，オーストラリア大陸には現在はプレート境界が存在しない。したがって，**D**のコジアスコを除いた3つが変動帯に位置する。また，これら3つの山には山岳氷河もみられる。**D**のコジアスコに氷河が存在するかどうかの判断は，ほぼ同緯度に位置する日本列島に注目するとよい。日本列島には山岳氷河が存在するとされ，それは飛騨山脈の標高 3,000 m 程度の山頂付近にしかみられない。よって，ほぼ同緯度の**D**のコジアスコは，図2からも読み取れるように標高 2,229 m と低いので，山岳氷河は存在しないと判断する。

河川流域の気候環境

圏　次の表中の①～④は，図中のオレンジ川，ガンジス・ブラマプトラ川，ナイル川，ライン川のいずれかの河川の河口付近における年流出高*と流量が最大になる月を示したものである。ライン川に該当するものを，表中の①～④のうちから一つ選べ。□

*1年間の河川総流出量を流域面積で除し，水深に換算したもの。

(2015年度　追試　地理B　3)

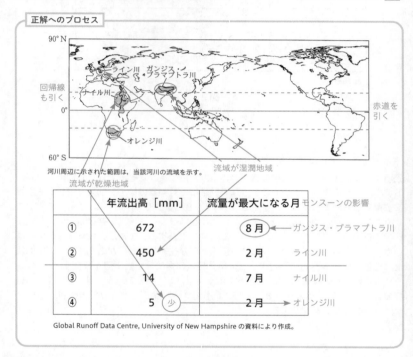

正解へのプロセス

90°N

回帰線も引く

ライン川　ガンジス・ブラマプトラ川

ナイル川

0°

赤道を引く

60°S

オレンジ川

河川周辺に示された範囲は，当該河川の流域を示す。
流域が乾燥地域
流域が湿潤地域

	年流出高［mm］	流量が最大になる月
①	672	⑧月 ← ガンジス・ブラマプトラ川
②	450	2月　ライン川
③	14	7月　ナイル川
④	5 少	2月 → オレンジ川

モンスーンの影響

Global Runoff Data Centre, University of New Hampshire の資料により作成。

解答② 熱帯収束帯の高緯度側に亜熱帯高圧帯が位置し，これらの気圧帯が太陽の回帰により南北へ移動する知識をもとに，北半球のナイル川と南半球のオレンジ川の流域が回帰線付近に位置し，年中亜熱帯高圧帯に覆われどちらの流域も乾燥帯が広がることに注目する。表では年流出高に注目して値が小さい③と④のどちらかがこれらの河川流域に該当し，ともに流域は熱帯収束帯の影響を受ける夏に多雨なので，流量が最大になる月が2月（夏：高日季）の④が南半球側に流域があるオレンジ川で，ナイル川が③である。残る二つの河川のうち，ガンジス・ブラマプトラ川の流域を，夏季に海洋から吹くモンスーンの影響で流量が8月に最大となる①として，残った②をライン川と決める。

水資源

問 次の表は，いくつかの国における 1 人当たり水資源賦存量*と，国外水資源賦存量** の割合を示したものであり，①～④はエジプト，中国，チリ，バングラデシュのいずれかである。エジプトに該当するものを，表中の①～④のうちから一つ選べ。□

*理論上，人間が最大限利用可能な水の量を指す。国内水資源賦存量と国外水資源賦存量の合計。
**隣接国から流入する河川水・地下水および国境をなす河川水の量。

(2016 年度 本試 地理 B ⑥)

正解へのプロセス

湿潤地域では多く
乾燥地域では少ない？

国外から流入する
大河川の存在は？

	エジプト ①	中国 ②	バングラデシュ ③	チリ ④
1 人当たり水資源賦存量（m³）	596	1,955	7,684	49,975
国外水資源賦存量の割合（%）	98	1	91	4

統計年次は 2017 年。
AQUASTAT により作成。

☆設問に関わるトピック

エジプト：国土の大半は砂漠で，外来河川のナイル川が国外から流入
中国：広大な国土
チリ：隣国とは長大なアンデス山脈が自然的国境で，分水嶺となっている
バングラデシュ：国土の大半は多雨地域で，ガンジス・ブラマプトラ川が国外から流入

解答 ① 自然環境の基礎的知識から正答は得られる。③バングラデシュと①エジプトは，エジプトは全土が BW（砂漠気候）であるのに対し，バングラデシュは夏のモンスーンがもたらす雨量が膨大で，かつ国外から流入するガンジス・ブラマプトラ川の水の量もナイル川に比べ雲泥の差がある。したがって，人口や面積の違いを考慮しなくてよい。エジプトは国土の大半が砂漠であることから表中最も「1 人当たり水資源賦存量」が少なく，「国外水資源賦存量の割合」が最も高いと判断することが重要である。

乾燥地域（西アジア）の水利用

問 次の表は，イラン，クウェート，サウジアラビア，トルコのそれぞれについて，利用可能な水資源量を示したものであり，**ア～ウ**は地表水，地下水，淡水化水*のいずれかである。**ア～ウ**と水資源名との正しい組合せを，下の①～⑥のうちから一つ選べ。

*海水などを脱塩処理したもの。

(2014 年度 本試 地理 B 20)

正解へのプロセス

(単位：億 m³／年)

	ア	イ	ウ
イラン	399	531	2
クウェート	0	8	4
サウジアラビア	2	210	22
トルコ	446	155	0

地表水　地下水　淡水化水

← 少ない→淡水化水

← 淡水化水の割合が大きい

クウェート・サウジアラビアは国土のほとんどが乾燥地域で，地表水の利用は難しい→地表水

統計年次は 2017 年。AQUASTAT により作成。

	①	②	③	④	⑤	⑥
地表水	ア	ア	イ	イ	ウ	ウ
地下水	イ	ウ	ア	ウ	ア	イ
淡水化水	ウ	イ	ウ	ア	イ	ア

解答 ①　多額の費用が必要である淡水化水は一般に量が少ないが，オイルマネーの豊富なクウェートやサウジアラビアでは比較的多く利用している。また，イラン，クウェート，サウジアラビアの国土はいずれも乾燥気候が卓越し，特にクウェート，サウジアラビアは国土のほとんどが砂漠気候であり，国土に大河も存在しないことから地表水の利用は難しい。したがって，クウェート，サウジアラビアがともに値が小さい**ア**が地表水。**イ**が地下水で，イランでは伝統的なカナートなど，サウジアラビアではセンターピボットも利用されている。

南北アメリカの自然災害

問　自然災害の種類やその発生頻度は，各地域の自然環境の特徴や生活と密接に結びついている。次の図は，いくつかの自然災害*について，南北アメリカにおける2008〜2017年の発生数**を国別に示したものであり，**ア〜ウ**は，地震，森林火災，熱帯低気圧のいずれかである。災害名と**ア〜ウ**との正しい組合せを，下の①〜⑥のうちから一つ選べ。　□

*死者10名以上，被災者100名以上，非常事態宣言の発令，国際援助の要請のいずれか一つ以上をもたらしたもの。
**一つの災害が複数の国に被害をもたらした場合は，それぞれの国に発生数が加算される。

（2020年度 本試 地理B ⑥）

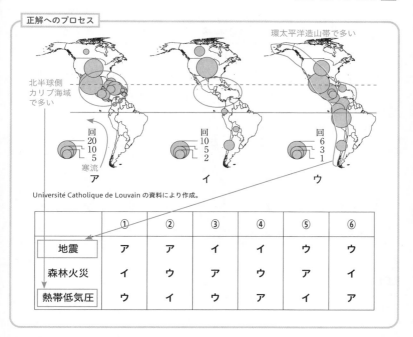

Université Catholique de Louvain の資料により作成。

	①	②	③	④	⑤	⑥
地震	ア	ア	イ	イ	ウ	ウ
森林火災	イ	ウ	ア	ウ	ア	イ
熱帯低気圧	ウ	イ	ウ	ア	イ	ア

解答⑥　地震は変動帯で多いことから，この地域では環太平洋造山帯に対応する北アメリカ，中央アメリカ，カリブ海，南アメリカで多く発生している**ウ**が該当する。熱帯低気圧は，低緯度地方で災害が多発するはずだが，寒流が沖を流れる南アメリカ大陸西岸では海面付近の水温が低いことから低緯度地域でもほとんど発生せず災害も少ないので**ア**が該当する。残る**イ**が森林火災で，自然発火や放火などの人為的な理由によって発生するが，死者・被災者が多いものの発生頻度は低いことが読み取れる。

環境問題①

問 土壌劣化とは，表土の流出，土壌の汚染，貧栄養化，酸性化，塩性化（塩類集積），湿地化などのことをいう。次の表は，世界のいくつかの地域について，<u>土壌劣化の原因別面積率</u>を示したものであり，**ア〜ウ**は，<u>アフリカ</u>，<u>北・中央アメリカ</u>，<u>南アメリカ</u>のいずれかである。地域名と**ア〜ウ**との正しい組合せを，下の①〜⑥のうちから一つ選べ。☐

（2015 年度 本試 地理 B ☐29）

正解へのプロセス

企業的農業による
土壌劣化

サハラ砂漠の
南縁サヘル

アマゾン盆地

（単位：％）

	過放牧	森林破壊	農業	その他
ア	(49)	14	24	13
イ	28	(41)	26	5
ウ	24	11	(58)	7

先進地域では低い

World Map of the Status of Human-Induced Soil Degradation により作成。

	①	②	③	④	⑤	⑥
アフリカ	ア	ア	イ	イ	ウ	ウ
北・中央アメリカ	イ	ウ	ア	ウ	ア	イ
南アメリカ	ウ	イ	ウ	ア	イ	ア

解答 ② それぞれの地域の中での割合が高く特徴的な指標に注目する。また，それぞれの地域で土壌劣化が進んでいる地域を思い浮かべながら，原因として最も適当なものを選択する。アフリカではサハラ砂漠南縁のサヘルでの砂漠化（過放牧などが原因）が深刻である。北・中央アメリカではアメリカ合衆国，カナダにおける大規模な企業的農業による表土の流出などが深刻である。また，南アメリカではアマゾン盆地における森林破壊による裸地化と表土の流出が深刻である。以上より，アフリカは過放牧，北・中央アメリカは農業，南アメリカは森林破壊が土壌劣化の主因と決める。

□□は、ゆく人だ。

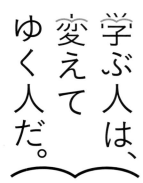

学ぶ人は、
変えて
ゆく人だ。

目の前にある問題はもちろん、

人生の問いや、社会の課題を自ら見つけ、

挑み続けるために、人は学ぶ。

「学び」で、少しずつ世界は変えてゆける。

いつでも、どこでも、誰でも、

学ぶことができる世の中へ。

旺文社

環境問題②

問 安全な水や空気は人々の健康に欠かすことができない。次の表は，いくつかの国における安全な飲料水を利用する人口の割合と微小粒子状物質の大気中濃度*を示したものであり，①〜④は，インド，オーストラリア，セネガル，ドイツのいずれかである。ドイツに該当するものを，表中の①〜④のうちから一つ選べ。□□□

*大気汚染の指標で，粒子径が 2.5 μm（マイクロメートル）以下の微粒子を計測した値。

(2015 年度 追試 地理 A [26])

正解へのプロセス

		安全な飲料水を利用する人口の割合（%）	微小粒子状物質の大気中濃度（μg/m³）**	
①	先進国	100	⑳	オーストラリアに比べ工業が発達しているドイツ
②		100	7	
③	発展途上国	94	⑮⑬	アフリカのセネガルに比べ工業が発達しているインド
④		79	40	

**首都で計測した値。
統計年次は，安全な飲料水を利用する人口の割合が 2017 年，微小粒子状物質の大気中濃度が 2011 年〜2013 年のいずれか。
WHO の資料などにより作成。

解答 ①　安全な飲料水を利用する人口の割合が 100% の①②が先進国，低い③④が発展途上国である。ドイツは，オーストラリアに比べ著しく工業が発達しているので大気汚染が進んでいる①がドイツ（②オーストラリア，③インド，④セネガル）。

2章　産業

農産物の栽培可能な緯度帯

圖　農業は，気温や降水量などの自然条件に強い制約を受ける。次の図は，いくつかの作物について北半球におけるおおまかな栽培可能な緯度帯*を示したものであり，①〜④は，大豆，バナナ，綿花，ライ麦のいずれかの作物である。大豆に該当するものを，図中の①〜④のうちから一つ選べ。□□□

*高度の影響は考慮しない。

(2012 年度　本試　地理 B ［7］)

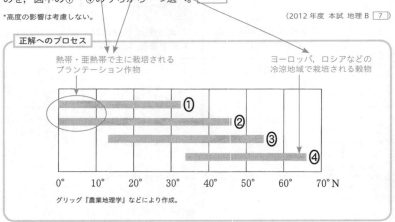

グリッグ『農業地理学』などにより作成。

解答 ③　バナナ，綿花は熱帯・亜熱帯のプランテーションなどで栽培されるので，低緯度地方で栽培される①②が当てはまり，熱帯雨林気候中心の①がバナナ，②が中国の華北や中央アジアなど，やや高緯度地域（北緯 40〜45 度）でも夏の高温を活かして栽培される綿花。図中最も高緯度まで栽培される④はポーランドなどヨーロッパ北部やロシアで栽培されるライ麦で，残る③が大豆（中国の華北やアメリカ合衆国のコーンベルトなど）である。

アフリカの家畜飼育

問 次の図中の**ア~ウ**は，ウシ，ブタ，ラクダのいずれかについて，アフリカ全体に対する国ごとの頭数の割合を示したものである。**ア~ウ**と家畜名との正しい組合せを，下の①~⑥のうちから一つ選べ。 ☐☐☐

(2011 年度 本試 地理 B ☐21☐)

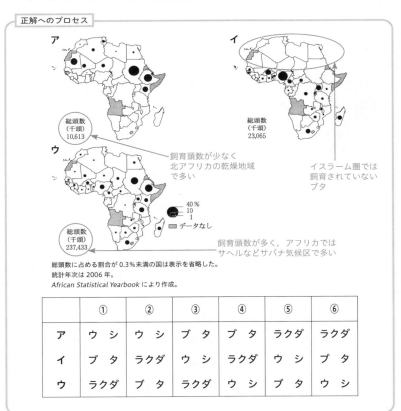

正解へのプロセス

ア

総頭数
(千頭)
10,613

ウ

総頭数
(千頭)
237,433

飼育頭数が少なく
北アフリカの乾燥地域
で多い

イ

総頭数
(千頭)
23,065

イスラーム圏では
飼育されていない
ブタ

40 %
10
1
　データなし

飼育頭数が多く，アフリカでは
サヘルなどサバナ気候区で多い

総頭数に占める割合が 0.3 % 未満の国は表示を省略した。
統計年次は 2006 年。
African Statistical Yearbook により作成。

	①	②	③	④	⑤	⑥
ア	ウ シ	ウ シ	ブ タ	ブ タ	ラクダ	ラクダ
イ	ブ タ	ラクダ	ウ シ	ラクダ	ウ シ	ブ タ
ウ	ラクダ	ブ タ	ラクダ	ウ シ	ブ タ	ウ シ

解答⑥　ブタはイスラーム圏では食物禁忌（タブー）であるから，北アフリカで飼育されていない**イ**が当てはまる。飼育頭数や偏りに注目しよう。**ア**，**ウ**のうち，飼育頭数が少なく，北アフリカの砂漠に分布が偏っている**ア**がラクダで，残る**ウ**がウシである。

佐賀県の自然環境と農業

問 ユカさんは，佐賀県の自然環境と農業とのかかわりについて調べることにした。次の図は，佐賀県の地勢と，いくつかの農作物について<u>佐賀県全体に対する市町村*ごとの収穫量の割合</u>を示したものであり，**A〜C**は，<u>大麦</u>，<u>水稲</u>，<u>ミカン</u>のいずれかである。**A〜C**と作物名との正しい組合せを，下の①〜⑥のうちから一つ選べ。　⬚

*2004 年における市町村。

(2011 年度 本試 地理 AB 共通 [34])

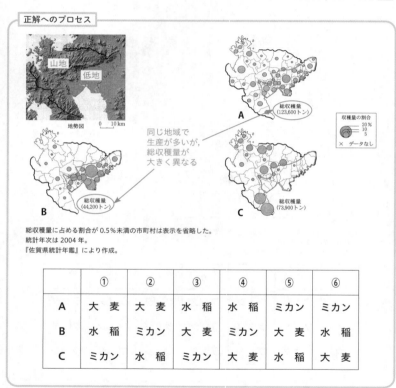

総収穫量に占める割合が 0.5 % 未満の市町村は表示を省略した。
統計年次は 2004 年。
『佐賀県統計年鑑』により作成。

	①	②	③	④	⑤	⑥
A	大　麦	大　麦	水　稲	水　稲	ミカン	ミカン
B	水　稲	ミカン	大　麦	ミカン	大　麦	水　稲
C	ミカン	水　稲	ミカン	大　麦	水　稲	大　麦

解答③　地勢図から低地がわかり，**A**と**B**で佐賀県全体に対する低地での収穫量の割合が高いことが読み取れる。総収穫量は**A**が図中最も多いことから水稲として，**B**は低地を中心に水稲の裏作として栽培される大麦，山地で割合が高い**C**はミカンである。

経営規模と土地生産性

圃　世界の農業は，経営規模，生産性などにおいて，地域的特徴がみられる。次の図は，小麦の生産量上位 8 か国についての，農業従事者 1 人当たり農地面積と，1 ha 当たり小麦収量を示したものであり，図中の**A～C**は，北アメリカ，西ヨーロッパ，南アジアの三つの地域のいずれかである。**A～C**と地域名との正しい組合せを，下の①～⑥のうちから一つ選べ。

(2012 年度 本試 地理 B 11)

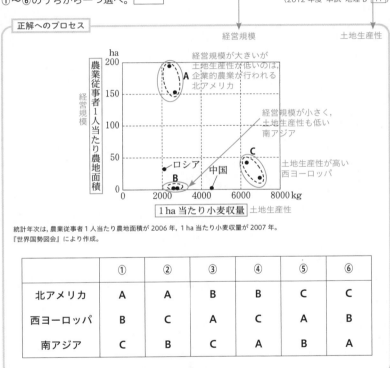

統計年次は，農業従事者 1 人当たり農地面積が 2006 年，1 ha 当たり小麦収量が 2007 年。
『世界国勢図会』により作成。

	①	②	③	④	⑤	⑥
北アメリカ	A	A	B	B	C	C
西ヨーロッパ	B	C	A	C	A	B
南アジア	C	B	C	A	B	A

解答 ②　**A**は経営規模が非常に大きいことから，冬小麦・春小麦地帯で大型機械を導入し労働生産性の高い企業的農業が行われる北アメリカで，土地生産性は低い。同様に土地生産性が低く，極めて経営規模が小さい**B**は農業人口率が高く労働集約度が高いが資本集約度が西ヨーロッパや東アジアより低い南アジアで，残る**C**が資本集約的な農業が行われ，土地生産性が高い西ヨーロッパである。

労働生産性と土地生産性

問 次の図は，いくつかの国における農地1ha当たりの農業生産額と農業人口1人当たりの農業生産額を示したものであり，①〜④は，アメリカ合衆国，イギリス，オランダ，マレーシアのいずれかである。オランダに該当するものを，図中の①〜④のうちから一つ選べ。□□□□

(2015年度 本試 地理B 9)

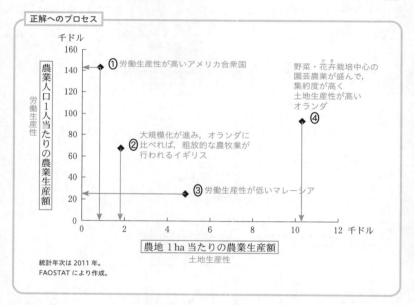

正解へのプロセス

千ドル

農業人口1人当たりの農業生産額（労働生産性）

① 労働生産性が高いアメリカ合衆国

野菜・花卉栽培中心の園芸農業が盛んで，集約度が高く土地生産性が高いオランダ

④

② 大規模化が進み，オランダに比べれば，粗放的な農牧業が行われるイギリス

③ 労働生産性が低いマレーシア

農地1ha当たりの農業生産額（土地生産性） 千ドル

統計年次は2011年。
FAOSTATにより作成。

解答 ④ 問題文から指標は生産額であり生産量ではないことがわかるが，縦軸が労働生産性，横軸が土地生産性であると考えてよく，それぞれの国の農業の特徴で分類し，正答を得る。①は広く企業的農業が行われるアメリカ合衆国であり，大型機械の導入が進み労働生産性は高いが，粗放的であることから土地生産性は低い。②は国土面積に占める農地割合が7割（牧場・牧草地の割合が4割以上）を超え，農牧業の大規模化が進むイギリスであり，土地生産性がアメリカ合衆国に次いで低い。③は多くの労働力の必要なプランテーション農業が行われるため労働生産性が低いマレーシアである。④は集約的な野菜・花卉栽培が行われる園芸農業が盛んなオランダであり，土地生産性が極めて高い。なお，②イギリス，④オランダの判定は，穀物栽培中心か野菜栽培中心かの生産物の単価の違いに注目してもよい。

農地割合と肥料の消費量

問 次の図は，国土面積に占める農地*の割合と耕地1ha当たりの肥料の消費量**を示したものであり，①～④は，アジア，アフリカ，オセアニア，ヨーロッパのいずれかである。アジアに該当するものを，図中の①～④のうちから一つ選べ。☐

*農地には，耕地のほか牧草地などを含む。

**ふん尿などの自給肥料の消費は含まない。

(2017年度 試行調査 地理B ⑨)

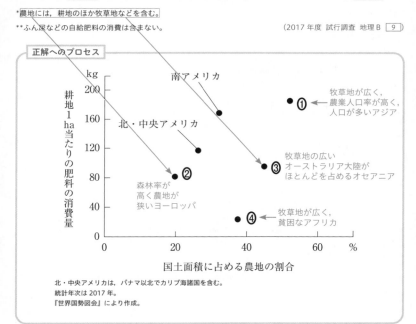

正解へのプロセス

北・中央アメリカは，パナマ以北でカリブ海諸国を含む。
統計年次は2017年。
『世界国勢図会』により作成。

解答 ①　脚注にあるように，農地には耕地のほか牧草地などが含まれる。国土面積に占める農地の割合は，森林率や非農業地域の面積割合が高い地域で低く，図をみると北・中央アメリカや南アメリカなどで低いことから，国土の約半分が森林のロシアが含まれるヨーロッパが②である。また，④は，すべての地域の中で最も耕地1ha当たりの肥料の消費量が少ないことから，後発の発展途上国が多いアフリカである。残る①③のうち，広大な農地で大型機械を導入して粗放的な農業が行われるオーストラリアがほとんどを占めるオセアニアが耕地1ha当たりの肥料の消費量が少ない③であり，①は農業人口率が高く，自給的で労働集約的な農業が行われるアジアで，ここでは家族労働中心の零細経営が一般的であり，肥料の消費量も多い。

農産物の貿易

問 次の図は，いくつかの国における農産物貿易の輸出額と輸入額をそれぞれ示したものであり，①～④は，タイ，中国*，ドイツ，日本のいずれかである。タイに該当するものを，図中の①～④のうちから一つ選べ。☐

*台湾，ホンコン，マカオは含まない。

(2015 年度 本試 地理 B 11)

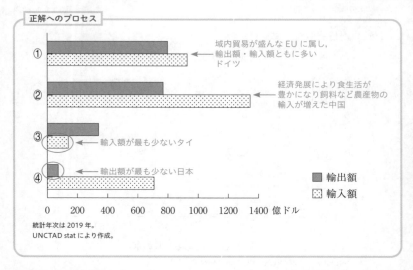

正解へのプロセス

① ← 域内貿易が盛んな EU に属し，輸出額・輸入額ともに多いドイツ

② ← 経済発展により食生活が豊かになり飼料など農産物の輸入が増えた中国

③ ← 輸入額が最も少ないタイ

④ ← 輸出額が最も少ない日本

■ 輸出額
▒ 輸入額

0　200　400　600　800　1000　1200　1400 億ドル

統計年次は 2019 年。
UNCTAD stat により作成。

解答 ③　輸出額が最も少ない④を日本，輸入額が最も少ない③をタイと決める。農業の盛んなタイは，米をはじめ各種農産物の自給率が高く，輸出が多いことなどにより輸入額は少ない。①ドイツは，共通農業政策が実施され，域内貿易が盛んな EU に属し，輸出額・輸入額ともに多い。また，②中国は経済発展により食生活が豊かになり，飼料など農産物の輸入が増え大幅な輸入超過となっている。

穀物に関わる指標の増減

問　次の表は，いくつかの地域について，穀物耕作面積，穀物生産量，穀物の単位面積当たり収量の1965年から2005年の増減*を示したものであり，ア～ウは，アフリカ，東南アジア，南アメリカのいずれかである。ア～ウと地域名との正しい組合せを，下の①～⑥のうちから一つ選べ。□□□

*1965年を100とした指数で示した。

(2012年度 本試 地理B ［27］)

正解へのプロセス

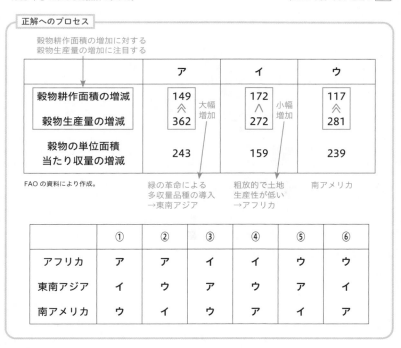

穀物耕作面積の増加に対する
穀物生産量の増加に注目する

	ア	イ	ウ
穀物耕作面積の増減 穀物生産量の増減	149 ⇑ 362	172 ∧ 272	117 ⇑ 281
穀物の単位面積 当たり収量の増減	243	159	239

ア：大幅増加　イ：小幅増加

FAOの資料により作成。

ア：緑の革命による多収量品種の導入→東南アジア

イ：粗放的で土地生産性が低い→アフリカ

ウ：南アメリカ

	①	②	③	④	⑤	⑥
アフリカ	ア	ア	イ	イ	ウ	ウ
東南アジア	イ	ウ	ア	ウ	ア	イ
南アメリカ	ウ	イ	ウ	ア	イ	ア

解答③　地域の特徴をもとに判断する。指数が大きいほど増加率が高い。緑の革命により多収量品種が普及し土地生産性が大きく向上した東南アジアは，穀物耕作面積の増加に対する穀物生産量の増加量が多いア，最も増加量が少ないイがアフリカで，ここでは人口増加に食料需要を満たすため，耕地の拡大が進められたが，粗放的で土地生産性はあまり高まらなかった。

1人1日当たり総供給熱量に占める品目別割合と穀物自給率

問 世界の食料需給には不均衡がみられる。次の図は、いくつかの国について、1人1日当たりの総供給熱量に占める品目別の割合とそれぞれの国の穀物自給率を示したものであり、①～④はアルゼンチン、イタリア、ナイジェリア、日本のいずれかである。イタリアに該当するものを、図中の①～④のうちから一つ選べ。□□□

(2015 年度 追試 地理 A 27)

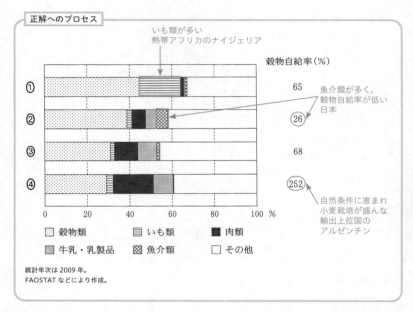

統計年次は 2009 年。
FAOSTAT などにより作成。

解答 ③ 熱帯アフリカでは、キャッサバ・タロいも・ヤムいもなどのいも類が主食の国が多く、①をナイジェリアとする。②は魚介類をたくさん食べ、穀物自給率が低いことから日本とする。③④は肉類、牛乳・乳製品をたくさん食べる欧米型食生活のアルゼンチン、イタリアである。両者は穀物自給率で区別し、④を小麦栽培が盛んで穀物自給率が高いアルゼンチンとして、残った③をイタリアとする。

世界の漁獲量と養殖業生産量の変化

問 次の図中の**ア**と**イ**は，2000年と2017年のいずれかについて，漁獲量*と養殖業生産量の合計の上位8か国を示したものであり，凡例**A**と**B**は，漁獲量と養殖業生産量のいずれかである。2017年の図と養殖業生産量の凡例との正しい組合せを，下の①〜④のうちから一つ選べ。[　]

*養殖業生産量を含まない。

(2021年度 共通テスト本試 第1日程 地理B 9)

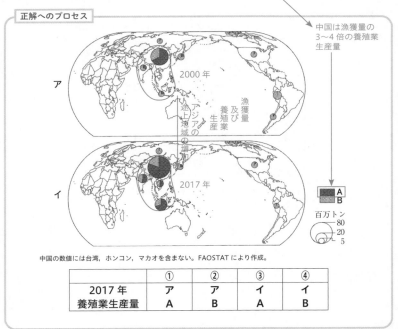

正解へのプロセス

中国は漁獲量の3〜4倍の養殖業生産量

2000年

2017年

中国の数値には台湾，ホンコン，マカオを含まない。FAOSTATにより作成。

百万トン
80
20
5

	①	②	③	④
2017年 養殖業生産量	ア A	ア B	イ A	イ B

解答 ③　図中の上位8か国のうち工業化に伴う経済発展により豊かになった中国，インド，インドネシアなどの漁獲量と養殖業生産量の合計が多い**イ**が2017年で，少ない**ア**は2000年である。これは，先進国から豊かになった発展途上国に漁業や養殖の技術が移転されるなどして生産量が増えたためである。また，ブラックタイガーなどのエビの養殖業は，フィリピンやタイなどからベトナム，インドネシア，南アジアのインド，バングラデシュなどに拡大しており，生産量が増えて割合も上昇している。なお，中国は**イ**（2017年）のグラフからも読み取れるように，近年は世界一の漁獲量（2018年）の約4倍の養殖業生産量となっており，海面だけでなく河川や湖沼などの内水面で盛んに行われているので覚えよう。

薪炭材と用材

問 森林破壊は地球的課題の一つであり，地域によって木材伐採の量や理由は異なっている。次の表は，薪炭材と用材*の生産量を地域ごとに示したものであり，**ア〜ウ**はアジア，アフリカ，北アメリカのいずれかである。地域名と**ア〜ウ**との正しい組合せを，下の①〜⑥のうちから一つ選べ。□

*製材・ベニヤ材やパルプ材などの産業用の木材。

(2016 年度 本試 地理 A [21])

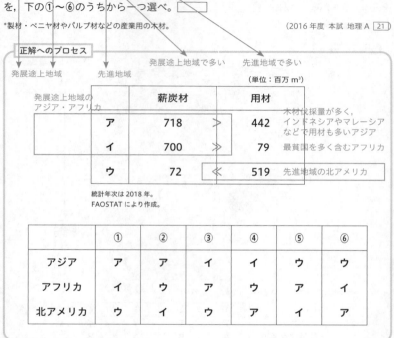

正解へのプロセス

発展途上地域　　　先進地域　　　発展途上地域で多い　　　先進地域で多い

（単位：百万 m³）

発展途上地域の
アジア・アフリカ

	薪炭材		用材	
ア	718	>	442	木材伐採量が多く，インドネシアやマレーシアなどで用材も多いアジア
イ	700	≫	79	最貧国を多く含むアフリカ
ウ	72	≪	519	先進地域の北アメリカ

統計年次は 2018 年。
FAOSTAT により作成。

	①	②	③	④	⑤	⑥
アジア	ア	ア	イ	イ	ウ	ウ
アフリカ	イ	ウ	ア	ウ	ア	イ
北アメリカ	ウ	イ	ウ	ア	イ	ア

解答 ①　薪炭材は調理や暖房などに利用されるもので，用材は建築用・家具用・パルプ用など工業用に利用される。一般に薪炭材は発展途上国で伐採量が多く，用材は先進国で伐採量が多い。ただし，アジアのマレーシアやインドネシアは発展途上国であるが，合板の輸出が多く，その芯材となる用材の伐採量が多い。中国でも用材の伐採量が増加している。

エネルギー資源の輸入依存率

問 次の図は，エネルギーの輸入依存率を，1次エネルギー*全体の場合と石油のみの場合についてそれぞれ国別に示したものであり，①〜④はカナダ，日本，フランス，ロシアのいずれかである。ロシアに該当するものを，図中の①〜④のうちから一つ選べ。☐

*石油換算。原子力は，国産エネルギーとして計算。

(2008 年度 本試 地理 B ☐9☐)

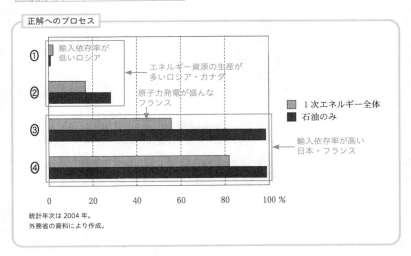

統計年次は 2004 年。
外務省の資料により作成。

解答 ① エネルギー輸入依存率が低い①②のうち，常に原油輸出世界上位のロシアを，特に輸入依存率が低い①として，同様にエネルギー資源を豊富に産出するカナダを②とする。残る③④では，電力の発電源別割合で原子力が約7割のフランスは1次エネルギー全体の輸入依存率が低いと考えられるから③がフランスで，1次エネルギー，原油ともに輸入依存率が高い④が日本である。一般に，

$$輸入依存率 = \frac{輸入 - 輸出}{生産 + 輸入 - 輸出} \times 100$$ であるが，この設問は，

$$輸入依存率 = \frac{輸入}{生産 + 輸入 - 輸出} \times 100$$ である。なお，日本の1次エネルギー全体の輸

入依存率は，東北地方太平洋沖地震とそれによる津波被害により原子力発電が減った2011 年以降，約90%前後で推移しており，「石油のみ」との差は小さくなった。

発電量の内訳①

問 次の図中の①～④は，オーストラリア，カナダ，フランス，ロシアのいずれかの国について，発電量の内訳を示したものである。ロシアに該当するものを，図中の①～④のうちから一つ選べ。☐☐☐

(2010 年度 本試 地理 B 14)

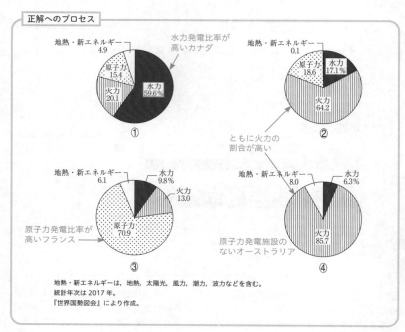

正解へのプロセス

① 水力発電比率が高いカナダ
- 地熱・新エネルギー 4.9
- 原子力 15.4
- 火力 20.1
- 水力 59.6%

② ともに火力の割合が高い
- 地熱・新エネルギー 0.1
- 原子力 18.6
- 水力 17.1%
- 火力 64.2

③ 原子力発電比率が高いフランス
- 地熱・新エネルギー 6.1
- 水力 9.8%
- 火力 13.0
- 原子力 70.9

④ 原子力発電施設のないオーストラリア
- 地熱・新エネルギー 8.0
- 水力 6.3%
- 火力 85.7

地熱・新エネルギーは，地熱，太陽光，風力，潮力，波力などを含む。
統計年次は 2017 年。
『世界国勢図会』により作成。

解答 ② 発電量の内訳に特徴のある国は覚えよう。①は氷河湖などを利用した水力発電の割合が高いことからカナダ。③は原子力発電の割合が高いことからフランス。②④はともに火力発電の割合が高いが，④は原子力発電がないことからオーストラリアと決め，②をロシアとする。

発電量の内訳②

問　次の図は，ノルウェー，スウェーデン，フィンランドの発電におけるエネルギー源の割合を示したもので，**ア〜ウ**は，火力，原子力，水力のいずれかである。エネルギー源と**ア〜ウ**との正しい組合せを，下の①〜⑥のうちから一つ選べ。□□□□□

(2018 年度 本試 地理 B 26)

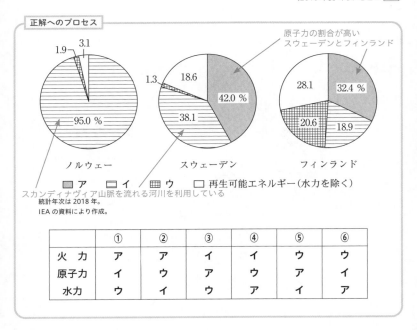

正解へのプロセス

原子力の割合が高い
スウェーデンとフィンランド

1.9　3.1

95.0 %

ノルウェー

スカンディナヴィア山脈を流れる河川を利用している

1.3　18.6

42.0 %

38.1

スウェーデン

28.1　32.4 %

20.6　18.9

フィンランド

■ **ア**　□ **イ**　⊞ **ウ**　□ 再生可能エネルギー（水力を除く）

統計年次は 2018 年。
IEA の資料により作成。

	①	②	③	④	⑤	⑥
火　力	ア	ア	イ	イ	ウ	ウ
原子力	イ	ウ	ア	ウ	ア	イ
水　力	ウ	イ	ウ	ア	イ	ア

解答⑤　ノルウェーは山地が険しく，海洋から一年中吹く偏西風の山地風上側に国土が位置することから降水量が多いため，全発電量に占める水力発電の割合が高い。したがって，**イ**が水力発電である。残る，**ア**と**ウ**のうち，スウェーデンで割合の高い**ア**が原子力発電で，ほかの国と比べてフィンランドで割合の高い**ウ**が火力発電である。1970 年代の石油危機後，スウェーデンは原子力発電を推進する政策を採っていたことから，現在も全発電量に占める原子力発電の割合が高い。

世界の地域別の石油の輸入先地域とその割合

問 次の図は，アフリカ，中央・南アメリカ，ヨーロッパ*における石油**の輸入総量に占める上位3位までの輸入先地域***とその割合を示したものであり，**A〜D**は，アジア，アフリカ，旧ソ連，中央・南アメリカのいずれかである。アジアに該当するものを，下の①〜④のうちから一つ選べ。☐

*旧ソ連を含まない。

**原油および石油製品。

***輸入先地域には自らの地域も含む。

(2012 年度 本試 地理A [10])

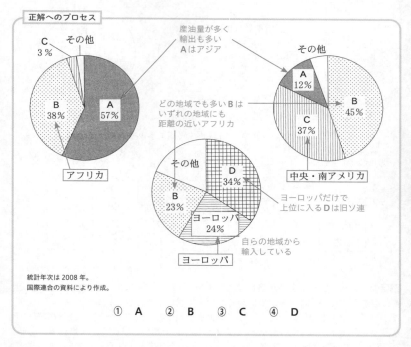

正解へのプロセス

産油量が多く
輸出も多い
Aはアジア

どの地域でも多い**B**は
いずれの地域にも
距離の近いアフリカ

ヨーロッパだけで
上位に入る**D**は旧ソ連

自らの地域から
輸入している

C 3 % その他
B 38 %
A 57 %
アフリカ

その他
A 12 %
B 45 %
C 37 %
中央・南アメリカ

その他
D 34 %
B 23 %
ヨーロッパ 24 %
ヨーロッパ

統計年次は 2008 年。
国際連合の資料により作成。

① **A**　　② **B**　　③ **C**　　④ **D**

解答① まず，ヨーロッパに注目して**D**を旧ソ連とする。次いで，中央・南アメリカに注目して**C**を中央・南アメリカとする。残る**A**と**B**では，どの地域にも距離が近いアフリカを**B**として**A**をアジアとする。もしくは，**B**は，どの地域でも上位となっており，これをいずれの地域にも距離の近いアフリカと決める。次いで，アフリカで割合が高い**A**も距離が近いアジアとする。ヨーロッパだけで上位に入る**D**は旧ソ連。残った**C**を中央・南アメリカとする。

東北地方の工業立地

圏 幹線道路沿いに工業団地が造成されていることに気づいたケイタさんは, 北上市の工業の変遷について調べることにした。次の表は, 1960 年, 1985 年, 2010 年の各年次について北上市における製造品出荷額の上位 5 業種と総従業者数を示したものであり, ア〜ウは電気機器具, 輸送用機械器具, 窯業・土石製品のいずれかである。業種名とア〜ウとの正しい組合せを, 下の①〜⑥のうちから一つ選べ。□□□□

(2016 年度 本試 地理 B 33)

正解へのプロセス

東北地方の工業立地についての設問

1960 年のランク外から：安価な労働力・土地を求めた電気機械器具製造業が進出

順位	1960 年	1985 年	2010 年
1 位	木材・木製品 (55.6)	イ (30.6)	イ (41.8)
2 位	食料品 (17.7)	一般機械器具 (12.6)	ウ (14.3)
3 位	ア (13.5)	鉄鋼 (11.6)	パルプ・紙・紙加工品 (12.3)
4 位	金属製品 (5.5)	パルプ・紙・紙加工品 (11.5)	一般機械器具 (8.7)
5 位	一般機械器具 (1.6)	ア (6.1)	金属製品 (8.3)
総従業者数(人)	1,432	8,224	13,909

ランクダウン 窯業・土石製品製造業

1985 年のランク外から：安価な労働力・土地を求めた輸送用機械器具製造業が進出

ランク外へ

括弧内の数値は, 製造品出荷額全体に占める割合（%）を示す。
業種名は 1985 年時点の分類に統一してある。
『工業統計表』により作成。

	①	②	③	④	⑤	⑥
電気機器具	ア	ア	イ	イ	ウ	ウ
輸送用機械器具	イ	ウ	ア	ウ	ア	イ
窯業・土石製品	ウ	イ	ウ	ア	イ	ア

解答④ 東北地方の工業立地は, 首都圏の過密による安価な労働力・土地を求めた企業戦略の立地移動で, 1980 年代以降労働集約型の機械工業の地方分散が進み, 電気機械器具が 1980 年代に, 輸送用機械器具が 2000 年代に入り上位になった。

産業構造の転換

問 次の図は，いくつかの国における産業構造の変化について，1970年から2000年の期間における産業別就業者割合の変化を示したものであり，A～Cは，アメリカ合衆国，中国*，日本のいずれかである。A～Cと国名との正しい組合せを，下の①～⑥のうちから一つ選べ。□□□

*台湾，ホンコン，マカオを含まない。

(2013年度 本試 地理B 7)

正解へのプロセス

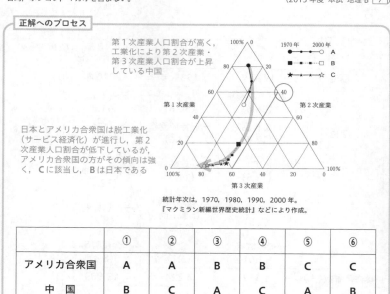

第1次産業人口割合が高く，工業化により第2次産業・第3次産業人口割合が上昇している中国

日本とアメリカ合衆国は脱工業化（サービス経済化）が進行し，第2次産業人口割合が低下しているが，アメリカ合衆国の方がその傾向は強く，Cに該当し，Bは日本である

統計年次は，1970，1980，1990，2000年。
『マクミラン新編世界歴史統計』などにより作成。

	①	②	③	④	⑤	⑥
アメリカ合衆国	A	A	B	B	C	C
中　国	B	C	A	C	A	B
日　本	C	B	C	A	B	A

解答⑤ 経済発展とともに，農林水産業などの第1次産業人口割合が低下し，鉱工業などの第2次産業人口割合，商業などの第3次産業人口割合が上昇する。ある程度工業化が進むと，第2次産業人口割合が低下し，第3次産業（特にサービス業）人口割合が上昇する。これを脱工業化（サービス経済化）とよぶ。日本は，イギリスやアメリカ合衆国などに比べ第2次産業人口割合がドイツとともに高い。

アジア諸国・地域の工業化

問　次の図は，日本からいくつかの国や地域に対する対外直接投資*額の推移を5年ごとに集計して示したものであり，**ア〜ウ**は，アジアNIEs**，ASEAN4***，中国****のいずれかである。**ア〜ウ**と国・地域名との正しい組合せを，下の①〜⑥のうちから一つ選べ。

*ある国の企業が外国で子会社の設立や支店・工場の設置，現地企業への出資や企業買収を行うこと。

**韓国，シンガポール，台湾，ホンコン。

***インドネシア，タイ，フィリピン，マレーシア。

****台湾，ホンコン，マカオを含まない。

(2007年度 本試 地理B 12)

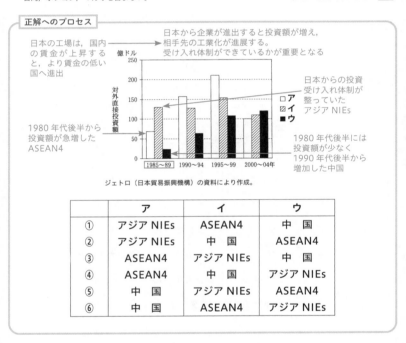

正解へのプロセス

日本の工場は，国内の賃金が上昇すると，より賃金の低い国へ進出

日本から企業が進出すると投資額が増え，相手先の工業化が進展する。受け入れ体制ができているかが重要となる

日本からの投資受け入れ体制が整っていたアジアNIEs

1980年代後半から投資額が急増したASEAN4

1980年代後半には投資額が少なく1990年代後半から増加した中国

ジェトロ（日本貿易振興機構）の資料により作成。

	ア	イ	ウ
①	アジアNIEs	ASEAN4	中　国
②	アジアNIEs	中　国	ASEAN4
③	ASEAN4	アジアNIEs	中　国
④	ASEAN4	中　国	アジアNIEs
⑤	中　国	アジアNIEs	ASEAN4
⑥	中　国	ASEAN4	アジアNIEs

解答③　対外直接投資は，ある国の企業による外国への工場進出と考えてよい。対外直接投資額の推移は，ある年にアジアNIEs，ASEAN4，中国に進出した外国企業が多ければ金額は多くなる。したがって，アジアNIEsは1970年代から工業化が進み，1980年代後半には日本からの直接投資額が多かった**イ**。1980年代後半から工業化が進展したASEAN4が**ア**。残った**ウ**が，1990年代後半から工業化が著しく進展した中国である。

東南アジア諸国の工業化

問 次の図は，いくつかの国における海外直接投資の純流入額の推移を示したものであり，**ア～ウ**は，シンガポール，タイ，ベトナムのいずれかである。**ア～ウ**と国名との正しい組合せを，下の①～⑥のうちから一つ選べ。☐（2013 年度 追試 地理 B 〔12〕）

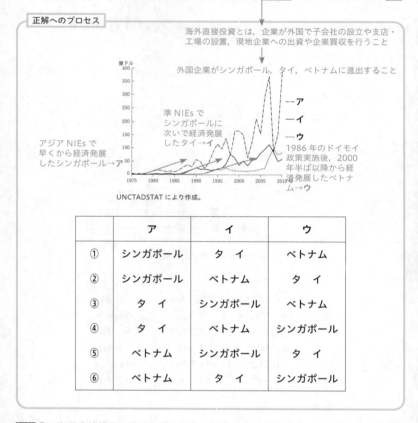

正解へのプロセス

海外直接投資とは，企業が外国で子会社の設立や支店・工場の設置，現地企業への出資や企業買収を行うこと

外国企業がシンガポール，タイ，ベトナムに進出すること

準 NIEs でシンガポールに次いで経済発展したタイ→**イ**

アジア NIEs で早くから経済発展したシンガポール→**ア**

1986 年のドイモイ政策実施後，2000 年半ば以降から経済発展したベトナム→**ウ**

UNCTADSTAT により作成。

	ア	イ	ウ
①	シンガポール	タ イ	ベトナム
②	シンガポール	ベトナム	タ イ
③	タ イ	シンガポール	ベトナム
④	タ イ	ベトナム	シンガポール
⑤	ベトナム	シンガポール	タ イ
⑥	ベトナム	タ イ	シンガポール

解答① 海外直接投資の純流入額の推移は，ある年にシンガポール，タイ，ベトナムに進出した外国企業が多ければ金額は大きくなる。したがって，アジア NIEs とよばれるシンガポールが 1970 年代から（**ア**），準 NIEs とよばれるタイがアジア NIEs の賃金水準がアップした 1980 年代から（**イ**），ベトナムは 1986 年のドイモイ政策実施を経て 2000 年代半ば以降に（**ウ**），それぞれ経済発展が本格化し，海外からの企業進出が加速したと考えて判定する。

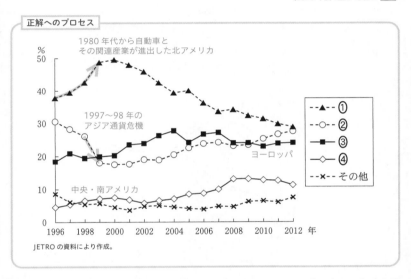

日本の対外直接投資①

問 次の図は，日本の対外直接投資*残高について，世界の地域別割合の変化を示したものであり，①〜④はアジア，北アメリカ，中央・南アメリカ，ヨーロッパのいずれかである。アジアに該当するものを，図中の①〜④のうちから一つ選べ。[　　]

*企業が外国で子会社の設立や支店・工場の設置，現地企業への出資や企業買収を行うこと。

(2015 年度 追試 地理 A ［12］)

正解へのプロセス

1980 年代から自動車と
その関連産業が進出した北アメリカ

1997〜98 年の
アジア通貨危機

中央・南アメリカ

ヨーロッパ

- ▲-- ①
- ○-- ②
- ■- ③
- ◇- ④
- ×-- その他

JETRO の資料により作成。

解答 ②　各地域への日本企業の進出の時期を考慮して判定する。①は 1996 年の段階で金額が多く，1980 年代からの自動車とその関連産業の進出により金額の増えた北アメリカである。アジアは，1997〜98 年のアジア通貨危機により急減していることから判定する（③ヨーロッパ，④中央・南アメリカ）。

日本の対外直接投資②

企業が外国で子会社の設立や支店・工場の設置などを行うこと

問 日本の企業は，経済のグローバル化に伴い，海外への直接投資を積極的に増やしてきた。次の図は，日系海外現地法人の売上高のうち，製造業の売上高について主な国・地域別の構成比の推移を示したものであり，**ア〜ウ**は，ASEAN*，アメリカ合衆国，中国**のいずれかである。国・地域名と**ア〜ウ**との正しい組合せを，下の①〜⑥のうちから一つ選べ。□□

*インドネシア，タイ，フィリピン，マレーシアの 4 か国の値。

**台湾，ホンコン，マカオを含まない。 (2021 年度 共通テスト本試 第 1 日程 地理 B □12□)

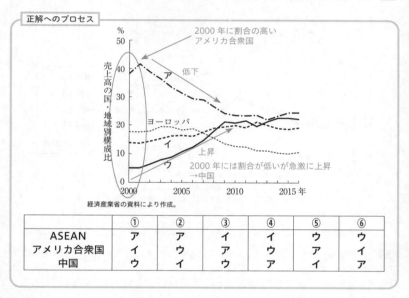

経済産業省の資料により作成。

	①	②	③	④	⑤	⑥
ASEAN	ア	ア	イ	イ	ウ	ウ
アメリカ合衆国	イ	ウ	ア	ウ	ア	イ
中国	ウ	イ	ウ	ア	イ	ア

解答 ③ 図は，日系海外現地法人の売上高のうち，製造業の売上高について主な国・地域別の構成比の推移を示したもので，2000 年の段階で割合が高く現在にかけて割合が低下している**ア**が 1980 年代からの自動車などの貿易摩擦で現地生産が増えたアメリカ合衆国である。残る**イ**と**ウ**のうち，2000 年の段階で割合が高い**イ**がマレーシア，タイ，インドネシア，フィリピンが含まれる ASEAN で，2000 年代初期から現在にかけて著しく増加している**ウ**が中国である。図は 2000 年からはじまっており，2010 年前後から現在にかけて**イ**と**ウ**の差がほとんどなくなっていることや，ASEAN と中国の規模の違いが不明瞭であることなど判定に悩む。しかし，与えられた資料から判断できるのは，工業化の進展の時期の違いであるから，ASEAN の主な国々と比べて工業化による経済発展が遅れた中国を**ウ**と決める。

日本企業の海外現地法人の業種別の地域別割合

問　次の表は，いくつかの業種について日本企業の海外現地法人の世界全体数および地域別構成比を示したものであり，**A～C**は繊維製造業，農林漁業，輸送機械製造業のいずれかである。**A～C**と業種名との正しい組合せを，下の①～⑥のうちから一つ選べ。☐

(2014 年度 本試 地理 A 12)

正解へのプロセス

	世界全体 （社）	アジア （%）	オセアニア （%）	北アメリカ （%）	ヨーロッパ （%）
A	2,365	68.8	0.2	13.6	8.7
B	487	91.8	－	2.3	3.7
C	97	40.2	12.4	9.3	10.3

統計年次は 2018 年。
『海外事業活動基本調査』により作成。

	①	②	③	④	⑤	⑥
繊維製造業	A	A	B	B	C	C
農林漁業	B	C	A	C	A	B
輸送機械製造業	C	B	C	A	B	A

解答 ④　各業種が世界のどの地域と関連が深いかを考えて解答する。アジアはどの業種の現地法人の割合も高いが，**B**は特にその割合が高いことから，安価な労働力を必要とする労働集約的な繊維製造業と決める。同様に，**C**はオセアニアで割合が高く，北アメリカとヨーロッパで低いから農林漁業と決める。**A**は北アメリカで割合が高く，ここでは現地市場向けに自動車やその部品の生産が盛んであることから輸送機械製造業と決める。

衣服に関わる世界の輸出貿易上位国

問　次の表は、世界におけるいくつかの貿易品目について、輸出額の上位5位までの国・地域とそれぞれの世界全体に占める割合を示したものであり、ア～ウは、衣料品、古着、綿花のいずれかである。ア～ウと品目名との正しい組合せを、下の①～⑥のうちから一つ選べ。□□□

(2012年度 本試 地理A ［11］)

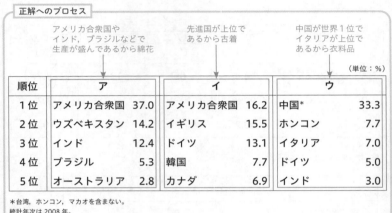

正解へのプロセス

| | アメリカ合衆国やインド、ブラジルなどで生産が盛んであるから綿花 | 先進国が上位であるから古着 | 中国が世界1位でイタリアが上位であるから衣料品 |

(単位：%)

順位	ア		イ		ウ	
1位	アメリカ合衆国	37.0	アメリカ合衆国	16.2	中国*	33.3
2位	ウズベキスタン	14.2	イギリス	15.5	ホンコン	7.7
3位	インド	12.4	ドイツ	13.1	イタリア	7.0
4位	ブラジル	5.3	韓国	7.7	ドイツ	5.0
5位	オーストラリア	2.8	カナダ	6.9	インド	3.0

*台湾、ホンコン、マカオを含まない。
統計年次は2008年。
国際連合の資料などにより作成。

	ア	イ	ウ
①	衣料品	古着	綿花
②	衣料品	綿花	古着
③	古着	衣料品	綿花
④	古着	綿花	衣料品
⑤	綿花	衣料品	古着
⑥	綿花	古着	衣料品

解答 ⑥　ウは中国が世界1位であることから、安価な労働力を背景として発達した繊維工業の製品を中心とする衣料品。ア、イのうち、綿花栽培が盛んなサバナ気候区の広がるインドやブラジルとオーストラリアが上位に入るアを綿花として、先進国が上位のイを古着とする。

中国の輸出入品目

問 次の図は，中国*におけるいくつかの貿易品目の輸出額と輸入額の推移を示したものであり，**ア～ウ**は，衣料品，魚介類，自動車**のいずれかである。**ア～ウ**と品目名との正しい組合せを，下の①～⑥のうちから一つ選べ。□□□□

*台湾，ホンコン，マカオを含まない。

**関連部品を含む。

(2013 年度 追試 地理 B ［22］)

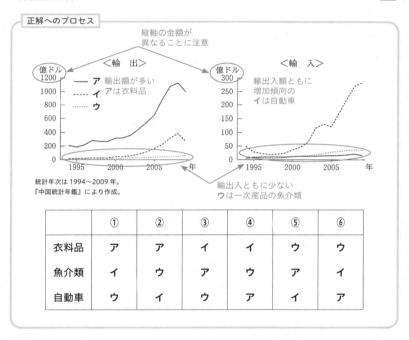

正解へのプロセス

縦軸の金額が異なることに注意

＜輸　出＞
億ドル

― **ア** 輸出額が多い
アは衣料品

＜輸　入＞
億ドル

輸出入額ともに増加傾向の**イ**は自動車

輸出入ともに少ない
ウは一次産品の魚介類

統計年次は 1994～2009 年。
『中国統計年鑑』により作成。

	①	②	③	④	⑤	⑥
衣料品	ア	ア	イ	イ	ウ	ウ
魚介類	イ	ウ	ア	ウ	ア	イ
自動車	ウ	イ	ウ	ア	イ	ア

解答 ②　中国は世界最大の魚介類の輸出国であるが，一次産品の魚介類は衣料品や自動車などの工業製品と比べて輸出入額がともに少ない**ウ**である。縦軸の値が異なるので読み取りにくいが，輸出入額ともにほぼ同じ値で近年増加傾向にある**イ**が自動車で，輸出額が多い**ア**が衣料品である。なお，中国の 2019 年の自動車輸出額は 793 億ドル，輸入額は 855 億ドルであり，近年も輸出入額はほぼ均衡している。

自動車生産台数に占める輸出台数の比率

問 次の図は，いくつかの国における<u>自動車生産台数の世界に占める割合</u>と<u>生産台数に対する輸出台数の比率</u>について，<u>1980 年〜2010 年の推移</u>を示したものであり，①〜④は<u>アメリカ合衆国</u>，<u>中国</u>*，<u>ドイツ</u>**，<u>日本</u>のいずれかである。日本に該当するものを，図中の①〜④のうちから一つ選べ。

*台湾，ホンコン，マカオを含まない。

**1990 年以前は旧西ドイツの値。

（2015 年度 追試 地理 B [10]）

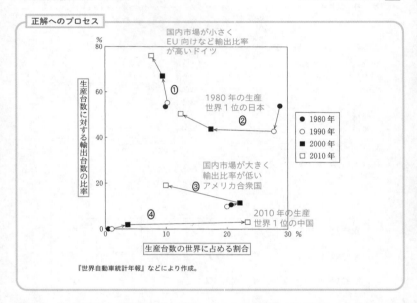

正解へのプロセス

国内市場が小さく EU 向けなど輸出比率が高いドイツ

1980 年の生産世界 1 位の日本

国内市場が大きく輸出比率が低いアメリカ合衆国

2010 年の生産世界 1 位の中国

- ● 1980 年
- ○ 1990 年
- ■ 2000 年
- □ 2010 年

生産台数に対する輸出台数の比率

生産台数の世界に占める割合

『世界自動車統計年報』などにより作成。

解答 ②　④は 2010 年の生産台数の世界に占める割合が高く（2009 年から世界 1 位），生産台数に対する輸出台数の比率が低いから，国内向けの生産が中心の中国。①は生産台数の世界に占める割合が大きく変化しておらず，生産台数に対する輸出台数の比率が高いから，EU 向けの輸出が盛んなドイツ。③は国内市場が大きく，輸出比率が低いアメリカ合衆国。よって②が 1980〜93 年まで世界 1 位の日本で，2008 年のリーマンショックの影響による国内市場の縮小とアジア市場向けの輸出の増加により，一旦低下した輸出比率が再び上昇していることが読み取れる。

アメリカ合衆国と中国の貿易

問 次の図は，輸出入品目の第1位が機械類である，いくつかの国・地域間における貿易額を示したものであり，**A〜C**は，ASEAN（東南アジア諸国連合），アメリカ合衆国，中国*，のいずれかである。**A〜C**と国・地域名との正しい組合せを，下の①〜⑥のうちから一つ選べ。□□□□

*台湾，ホンコン，マカオを含まない。

(2016年度 本試 地理B　11)

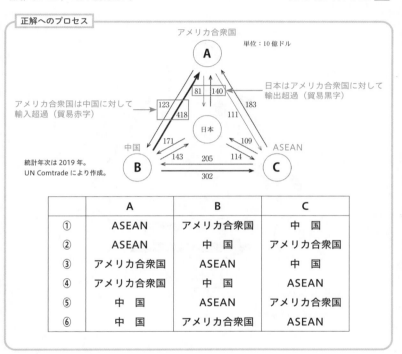

正解へのプロセス

アメリカ合衆国

A

単位：10億ドル

日本はアメリカ合衆国に対して
輸出超過（貿易黒字）

81　140

123　　　　　　183
418

111

アメリカ合衆国は中国に対して
輸入超過（貿易赤字）

日本

中国　　171　　　　109　　　ASEAN

B　143　205　114　　**C**

統計年次は2019年。
UN Comtrade により作成。

302

	A	B	C
①	ASEAN	アメリカ合衆国	中　国
②	ASEAN	中　国	アメリカ合衆国
③	アメリカ合衆国	ASEAN	中　国
④	アメリカ合衆国	中　国	ASEAN
⑤	中　国	ASEAN	アメリカ合衆国
⑥	中　国	アメリカ合衆国	ASEAN

解答 ④　日本・アメリカ合衆国・中国など主な国については，相互の貿易が赤字なのか，黒字なのか程度の知識はもっておこう。アメリカ合衆国は対中国，対日本貿易で大幅な輸入超過（貿易赤字）である。以上で答えが出るので，ASEAN（東南アジア諸国連合）について考慮しなくてもよいが，工業化の進展で ASEAN は先進国に対しては，工業製品や一次産品の輸出が多く輸出超過（貿易黒字）である。日本は ASEAN に対して部品輸出も多いので，輸出入額の差は小さい。

USMCA 加盟国間の貿易

問 次の図は，アメリカ合衆国，カナダ，メキシコの 3 か国間の貿易額と，その第 1 位と第 2 位の品目を示したものであり，**A～C** はそれら 3 か国のいずれかである。図中の **A～C** と国名との正しい組合せを，次ページの ①～⑥ のうちから一つ選べ。

（2009 年度 本試 地理 B 32 ）

正解へのプロセス

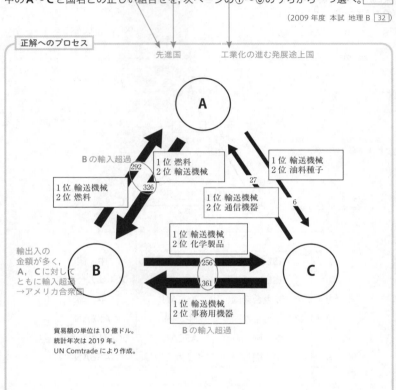

先進国　　　　工業化の進む発展途上国

A

B の輸入超過

292
326

1 位 燃料
2 位 輸送機械

1 位 輸送機械
2 位 燃料

1 位 輸送機械
2 位 油料種子

27

1 位 輸送機械
2 位 通信機器

6

1 位 輸送機械
2 位 化学製品

輸出入の
金額が多く，
A，**C** に対して
ともに輸入超過
→アメリカ合衆国

B

256
361

C

1 位 輸送機械
2 位 事務用機器

B の輸入超過

貿易額の単位は 10 億ドル。
統計年次は 2019 年。
UN Comtrade により作成。

	A	B	C
①	アメリカ合衆国	カナダ	メキシコ
②	アメリカ合衆国	メキシコ	カナダ
③	カナダ	アメリカ合衆国	メキシコ
④	カナダ	メキシコ	アメリカ合衆国
⑤	メキシコ	アメリカ合衆国	カナダ
⑥	メキシコ	カナダ	アメリカ合衆国

解答③　アメリカ合衆国は，世界各国との貿易が盛んで，貿易赤字額が世界最大であり，輸入超過（貿易赤字）となっているので，**B**に当てはまる。近年，アメリカ合衆国はオイルシェール，カナダはオイルサンドの開発が進んで，原油や天然ガスの生産量が増えて輸出量も増えていることから，両国の輸出上位品目には燃料が入る。また，メキシコはアメリカ合衆国，カナダに比べて安価な労働力が豊富で事務用機器などの労働集約的な製品の生産が多い。よって，**A**がカナダで**C**はメキシコである。なお，USMCA（アメリカ合衆国・メキシコ・カナダ協定）加盟国の中でアメリカ合衆国の経済規模が圧倒的に大きいので，カナダとメキシコは対アメリカ合衆国の貿易額は多いが，カナダ・メキシコ間の貿易額は多くないことから，**B**をアメリカ合衆国と決めてもよい。

アメリカ合衆国の貿易相手上位国の変化

問　次の表は，アメリカ合衆国における 1987 年と 2019 年の相手国別輸入額について，それぞれ上位 8 か国を示したものであり，A〜Dは，イギリス，中国*，日本，メキシコのいずれかである。メキシコに該当するものを，下の①〜④のうちから一つ選べ。　□

*台湾，ホンコン，マカオを含まない。

(2012 年度 本試 地理 B　24　)

正解へのプロセス

1990 年代に入り工業化が加速し輸出額が大幅増加

NAFTA の結成，中国の台頭により地位が低下

1994 年発効の NAFTA によりアメリカ合衆国との関係が緊密に

（単位：百万ドル）

1987 年		2019 年	
A	88,072	D 中国	472,465
カナダ	70,644	B	361,321
西ドイツ	28,020	カナダ	326,629
B	20,511	A 日本	146,974
韓　国	17,991	ドイツ	129,857
C	17,827	韓　国	79,948
イタリア	11,633	ベトナム	69,385
フランス	11,177	C	64,133
総　額	422,407	総　額	1,644,276

UN Comtrade などにより作成。

ランク外から

① A　　② B　　③ C　　④ D

解答②　大幅に増える理由がある国とそれ以外に分けて判断する。工業発展が進み貿易が大幅に増加した中国は④ D で，アメリカ合衆国，カナダとの NAFTA（北米自由貿易協定，現 USMCA：アメリカ合衆国・メキシコ・カナダ協定）が発効し貿易額が大幅に増加したメキシコは② B。一方，金額は増えているものの地位が大幅に低下した日本は① A で，残るイギリスは③ C。

EU圏内の貿易と貿易依存度

問　次の表中のA～Cは，オランダ，ドイツ，フランスのいずれかの貿易依存度*と輸出・輸入の貿易額上位5か国を示したものである。表中のA～Cと国名との正しい組合せを，下の①～⑥のうちから一つ選べ。□□□□

*GDPに対する輸出額および輸入額の割合。

(2010年度 本試 地理B 28)

正解へのプロセス

人口が少なく国内市場が小さいほど値が大きくなりやすいオランダ

A，CともにBが輸出入で上位のドイツ

		A		B		C	
		輸出	輸入	輸出	輸入	輸出	輸入
貿易依存度(%)		79.5	70.6	39.5	32.5	20.9	24.2
順位	1位	B	中国**	アメリカ合衆国	A	B	B
	2位	ベルギー	B	C	中国**	アメリカ合衆国	ベルギー
	3位	C	ベルギー	中国**	C	スペイン	A
	4位	イギリス	アメリカ合衆国	A	ベルギー	イタリア	イタリア
	5位	アメリカ合衆国	イギリス	イギリス	イタリア	ベルギー	スペイン

**台湾，ホンコンを含まない。
統計年次は2018年。
『世界国勢図会』により作成。

	A	B	C
①	オランダ	ドイツ	フランス
②	オランダ	フランス	ドイツ
③	ドイツ	オランダ	フランス
④	ドイツ	フランス	オランダ
⑤	フランス	オランダ	ドイツ
⑥	フランス	ドイツ	オランダ

解答 ①　貿易依存度は，脚注にあるように，GDPに対する輸出額および輸入額の割合であり，人口が少なくGDPが少ない国ほど値が大きくなりやすい。よって，人口が約1,700万人で，中継貿易の盛んなオランダがA。また，A，Cとの貿易が盛んなBはドイツと決めて，Cをフランスとする。

中央・南アメリカの国々の輸出額上位品目

問 中央・南アメリカの中には，産業が発展し，資源開発が進む国々も多い。次の表は，いくつかの国における輸出額の上位3品目の変化を示したものであり，①～④は，アルゼンチン，キューバ，コロンビア，ブラジルのいずれかである。アルゼンチンに該当するものを，表中の①～④のうちから一つ選べ。□

(2012 年度 本試 地理 A 22)

正解へのプロセス

(単位：百万ドル)

①

1983 年		2019 年	
コーヒー豆	2,096	大 豆	26,347
植物性油かす	1,863	原 油	24,200
機械類	1,652	鉄鉱石	22,682

中国向けの一次産品の輸出が多くなった
→ブラジル

②

1983 年		2019 年	
コーヒー豆	1,506	原 油	12,980
石油製品	434	石 炭	4,884
バナナ	148	石油製品	2,912

一次産品中心で，中央・南アメリカで石炭が輸出上位
→コロンビア

③

1983 年		2019 年	
小 麦	1,474	植物性油かす	9,444
トウモロコシ	804	トウモロコシ	5,949
肉 類	603	植物性油脂	3,927

パンパにおける小麦生産量が多く，現在は植物性油かすが輸出上位品目に入る
→アルゼンチン

④

1983 年		2019 年	
砂 糖	4,860	製造たばこ	142
石油製品	701	砂 糖	125
ニッケル鉱	347	ニッケル鉱	65

かつて砂糖の輸出が多かった
→キューバ

『国際連合 貿易統計年鑑』などにより作成。

解答③ ブラジルは，2000 年代以降の中国などの発展途上国の工業化により，大豆や鉄鉱石などの一次産品の輸出が増加している①である。アルゼンチンもブラジルと同様に発展途上国向けのトウモロコシや，大豆の搾りかすである植物性油かすが上位の③である。コロンビアは，中央・南アメリカの国々では石炭の輸出が多い②である。キューバは，砂糖やニッケル鉱が輸出上位である④である。

日本の輸入相手先上位国の変化

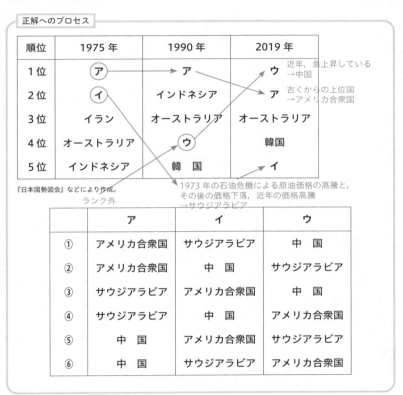

問 次の表は、1975年，1990年，2019年における日本の輸入相手先について輸入額の上位5か国を示したものであり，**ア〜ウ**はアメリカ合衆国，サウジアラビア，中国*のいずれかである。表中の**ア〜ウ**と国名との正しい組合せを，下の①〜⑥のうちから一つ選べ。　□□□□

*台湾，ホンコンを含まない。

(2009年度 本試 地理A 16)

正解へのプロセス

順位	1975年	1990年	2019年
1位	ア	ア	ウ　近年，急上昇している →中国
2位	イ	インドネシア	ア　古くからの上位国 →アメリカ合衆国
3位	イラン	オーストラリア	オーストラリア
4位	オーストラリア	ウ	韓国
5位	インドネシア	韓国	イ

『日本国勢図会』などにより作成。
ランク外

1973年の石油危機による原油価格の高騰と，その後の価格下落，近年の価格高騰
→サウジアラビア

	ア	イ	ウ
①	アメリカ合衆国	サウジアラビア	中　国
②	アメリカ合衆国	中　国	サウジアラビア
③	サウジアラビア	アメリカ合衆国	中　国
④	サウジアラビア	中　国	アメリカ合衆国
⑤	中　国	アメリカ合衆国	サウジアラビア
⑥	中　国	サウジアラビア	アメリカ合衆国

解答① 日本の輸入相手先上位国は，アメリカ合衆国（**ア**）とエネルギー・鉱産資源の輸出国であったが，近年は工業化の進んだ中国（**ウ**）が上位に入るようになった。原油輸出国のサウジアラビア（**イ**）は，原油価格に対応し，1973年の石油危機（オイルショック）による価格の高騰で1975年の順位が上がり，1990年は逆オイルショックによる価格の下落で順位が下がり，近年は価格が高騰して順位が上がった。

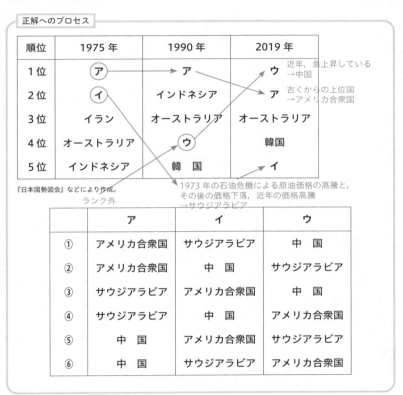

日本の貿易相手国

問　次の図は，日本の貿易相手国について，日本の総輸出額および総輸入額に占める割合を示したものであり，A～Cはアラブ首長国連邦・サウジアラビア，イギリス・フランス，韓国・タイの国群のいずれかである。国群とA～Cとの正しい組合せを，下の①～⑥のうちから一つ選べ。 ◻

（2016 年度 本試 地理A 27）

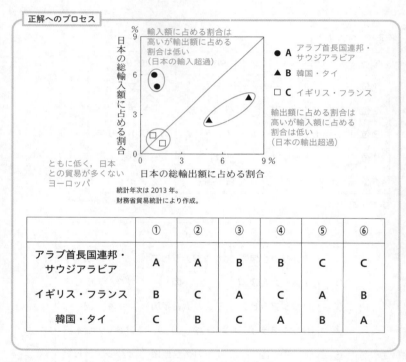

正解へのプロセス

統計年次は 2013 年。
財務省貿易統計により作成。

	①	②	③	④	⑤	⑥
アラブ首長国連邦・サウジアラビア	A	A	B	B	C	C
イギリス・フランス	B	C	A	C	A	B
韓国・タイ	C	B	C	A	B	A

解答 ②　日本の貿易は，エネルギー・鉱産資源の輸入相手国とは，輸入超過（貿易赤字）となっていることが多く，Aはアラブ首長国連邦・サウジアラビアが当てはまる。また，アジアNIEs などの新興工業国との貿易は，工場における生産施設や部品（生産財）などの日本からの輸出が多いため，輸出超過（黒字）となっていることが多く，Bは韓国・タイが当てはまる。残るCがイギリス・フランスとなる。

日本の都道府県の産業立地と県庁所在都市集中度

問　産業の立地傾向の違いは，地域内においてもみられる。次の図は，いくつかの産業の従業者について，都道府県ごとの全従業者に占める割合と，県庁所在都市集中度*を示したものであり，①〜④は，卸売・小売業，情報通信業，製造業，農林漁業のいずれかである。情報通信業に該当するものを，図中の①〜④のうちから一つ選べ。□□□

*県庁所在都市の従業者が都道府県内の各産業従業者全体に占める割合。東京都は特別区部を県庁所在都市とみなす。

（2013 年度 本試 地理 B 〔12〕）

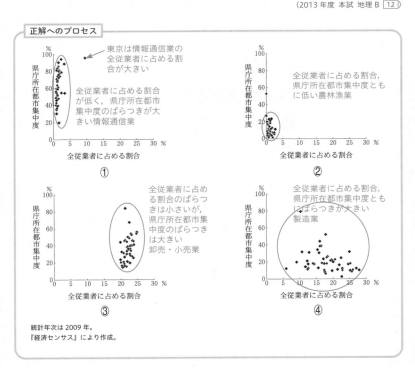

正解へのプロセス

① 東京は情報通信業の全従業者に占める割合が大きい

全従業者に占める割合が低く，県庁所在都市集中度のばらつきが大きい情報通信業

② 全従業者に占める割合，県庁所在都市集中度ともに低い農林漁業

③ 全従業者に占める割合のばらつきは小さいが，県庁所在都市集中度のばらつきは大きい卸売・小売業

④ 全従業者に占める割合，県庁所在都市集中度ともにばらつきが大きい製造業

統計年次は 2009 年。
『経済センサス』により作成。

解答 ①　全従業者に占める割合が小さい①②が，情報通信業か農林漁業で，県庁所在都市集中度の低い②が農林漁業。よって，①が情報通信業。情報通信業が集中する東京都における全従業者に占める割合は大きい。残る③④を比べて，県庁所在都市集中度が高い③が卸売・小売業であり，低い④が製造業である。

商業施設の立地

問 次の図は，日本のいくつかの商業形態の店舗数について，立地する地区の特徴別の割合を示したものであり，**A〜C**は，大型総合スーパー*, コンビニエンスストア, 百貨店のいずれかである。また，図中の凡例**ア**と**イ**は，住宅街とロードサイド**のいずれかである。コンビニエンスストアとロードサイドとの正しい組合せを，下の①〜⑥のうちから一つ選べ。□

*衣食住にわたる各種商品を販売し，売場面積 3,000 m² 以上（特別区及び政令指定都市は 6,000 m² 以上）のもの。
**国道など主要道路の沿線。駐車場を備えた大型店舗

(2021 年度 共通テスト本試 第 1 日程 地理 B □13□)

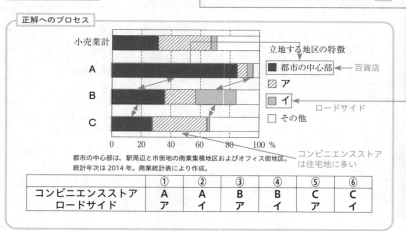

都市の中心部は，駅周辺と市街地の商業集積地区およびオフィス街地区。
統計年次は 2014 年。商業統計表により作成。

	①	②	③	④	⑤	⑥
コンビニエンスストア	A	A	B	B	C	C
ロードサイド	ア	イ	ア	イ	ア	イ

解答 ⑥　図は，日本のいくつかの商業形態の店舗数について，立地する地区の特徴別の割合を示したもので，都市の中心部での立地の割合が高い**A**が，大都市の都心，乗降客の多い駅前，駅上に多くが立地する百貨店（デパート）であり，これにより正答は③〜⑥のいずれかとなる。残る**B**と**C**の違いは，立地する地区の特徴において，**B**は都市の中心部の割合がやや高いもののほぼ平均して立地しているのに対して，**C**は**イ**の割合が極めて低いことである。大型総合スーパーとコンビニエンスストアの大きな違いは，脚注にあるような規模の違いである。売場面積が狭いコンビニエンスストアは買い物客を集める範囲である商圏が狭いことから，都市の中心部の商業集積地区およびオフィス街地区と住宅街に立地が偏る。一方，売場面積が極めて広い大型総合スーパーは商圏が広く，一般に大型駐車場を整備しており，国道など主要道路の沿線であるロードサイドがその典型で，コンビニエンスストアと大型総合スーパーで立地する地区の違いが大きいのはロードサイドである。したがって，コンビニエンスストアが**C**（大型総合スーパーが**B**）であり，コンビニエンスストアで割合が低い**イ**がロードサイド（住宅街が**ア**）で，正答は⑥である。

第3次産業

問　次の表は，いくつかの国における第3次産業就業者割合と第3次産業の業種別構成比を示したものであり，①～④は，アラブ首長国連邦，スイス，デンマーク，フィリピンのいずれかである。スイスに該当するものを，表中の①～④のうちから一つ選べ。□

(2013年度 本試 地理B／8)

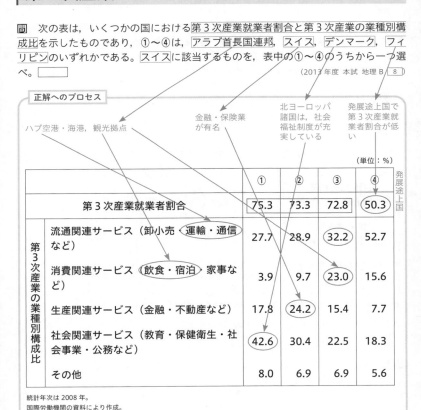

正解へのプロセス

ハブ空港・海港，観光拠点

金融・保険業が有名

北ヨーロッパ諸国は，社会福祉制度が充実している

発展途上国で第3次産業就業者割合が低い

(単位：%)

		①	②	③	④
第3次産業就業者割合		75.3	73.3	72.8	50.3
第3次産業の業種別構成比	流通関連サービス（卸小売・運輸・通信など）	27.7	28.9	32.2	52.7
	消費関連サービス（飲食・宿泊・家事など）	3.9	9.7	23.0	15.6
	生産関連サービス（金融・不動産など）	17.8	24.2	15.4	7.7
	社会関連サービス（教育・保健衛生・社会事業・公務など）	42.6	30.4	22.5	18.3
	その他	8.0	6.9	6.9	5.6

④ 発展途上国

統計年次は2008年。
国際労働機関の資料により作成。

解答 ②　発展途上国のフィリピンは第3次産業就業者割合が低いから④。他の国々は，いずれも第3次産業就業者割合が高いので，業種別構成比に注目し，①は社会関連サービスが高いから北ヨーロッパのデンマーク。②は生産関連サービスが高いから，金融・保険業が有名なスイス。アラブ首長国連邦は，ハブ空港・海港，観光業が有名であるから，流通関連サービスと消費関連サービスの高い③。なお，ペルシャ湾岸の君主国の産油国は，1人当たりGNIが高くても人権が尊重され社会福祉制度が充実している先進国ではないので，注意が必要である。

研究開発費

問 次の表は，いくつかの国における GDP（国内総生産）に占める研究開発費の割合，電気機械産業の研究開発費，バイオ技術に関する特許件数を示したものであり，①〜④は，アメリカ合衆国，韓国，フィンランド，メキシコのいずれかである。韓国に該当するものを，表中の①〜④のうちから一つ選べ。

(2013 年度 本試 地理 B 〔10〕)

正解へのプロセス

人口が約 5,000 万人の韓国と，人口が約 600 万人で，経済規模も小さいフィンランドを比較して，②を韓国，①をフィンランドと決める

先進国で経済規模も大きいアメリカ合衆国

発展途上国で値の小さいメキシコ

	①	②	③	④
GDP に占める研究開発費の割合(%)	3.5	3.2	2.7	0.4
電気機械産業の研究開発費（億ドル）	21.9	130.7	311.8	0.3
バイオ技術に関する特許件数	54.6	255.6	4,385.4	8.8

統計年次は，GDP に占める研究開発費が 2007 年，電気機械産業の研究開発費が 2006 年，バイオ技術に関する特許件数が 2004〜2008 年の平均。
OECD, *Main Science and Technology Indicators* により作成。

解答 ②　GDP に占める研究開発費の割合の高低，電気機械産業の研究開発費，バイオ技術に関する特許件数の多寡を先進国か，発展途上国かの判定の根拠として，わかりやすい④をメキシコ，③をアメリカ合衆国として，残る①②から，より経済規模の大きい韓国を②と決める。

先端技術産業の国内研究開発費

問 近年の産業の発展には，先端技術の開発が重要であり，研究開発の国際競争はますます盛んになってきている。次の表は，いくつかの国における人口1人当たり国内研究費と，国内研究費の財源割合を示したものであり，①〜④はイギリス，ウクライナ，フィンランド，ロシアのいずれかである。フィンランドに該当するものを，表中の①〜④のうちから一つ選べ。[____]

(2015 年度 追試 地理 B 12 改題)

正解へのプロセス

	人口1人当たり国内研究費（ドル）	国内研究費の財源割合*（%）	
		政府	企業
①	(1,359)	29	58
日本	1,347	15	79
②	791	26	54
③	289	67	29
④	60	46	31

政府の割合が低い

政府の割合が高い
→旧社会主義国

*政府，企業以外は省略した。
統計年次は 2017 年か 2018 年。
UNESCO の資料により作成。

解答 ① フィンランドは先端技術産業が発達していることが有名であることから，日本よりも人口1人当たり国内研究費が多い①と決める。②③④の判定はできなくてよいが，日本など先進資本主義国は国内研究費の財源割合で企業からの割合が高いことから，同様の傾向を示す②をイギリスとして，旧社会主義国のウクライナとロシアを③④とする。そして，近年のロシアとの対立などもあり先端技術産業の発達が遅れているウクライナを④として，ある程度発展しているロシアを③とする。

サービス貿易

問 現在の世界では国境を越えたサービスのやり取りが増加し，モノだけでなくサービスも輸出入の対象となっている。次の図は，いくつかの国における金融・保険サービス，輸送サービス，旅行サービスに関する貿易収支を示したものであり，①〜④はオランダ，カナダ，シンガポール，スイスのいずれかである。カナダに該当するものを，図中の①〜④のうちから一つ選べ。 □

(2016 年度 本試 地理 A 25 改題)

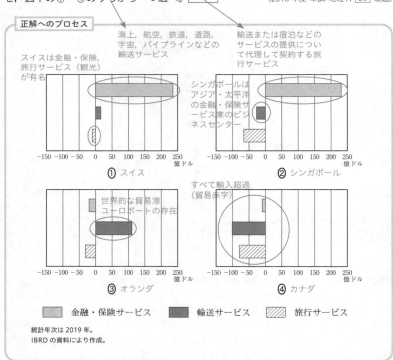

正解へのプロセス

海上，航空，鉄道，道路，宇宙，パイプラインなどの輸送サービス

輸送または宿泊などのサービスの提供について代理して契約する旅行サービス

スイスは金融・保険，旅行サービス（観光）が有名

シンガポールはアジア・太平洋の金融・保険サービス業のビジネスセンター

世界的な貿易港ユーロポートの存在

すべて輸入超過（貿易赤字）

① スイス
② シンガポール
③ オランダ
④ カナダ

□ 金融・保険サービス ■ 輸送サービス ▨ 旅行サービス

統計年次は 2019 年。
IBRD の資料により作成。

解答 ④　スイスとシンガポールは，金融・保険サービス業が盛んな国として有名であり，金融・保険サービス貿易は輸出超過（貿易黒字）である。一方，オランダのロッテルダムには貿易港のユーロポートがあり，EU の玄関口として機能していることで知られ，輸送サービス貿易は輸出超過である。よって，①か②がスイスかシンガポール（①スイス，②シンガポール），③がオランダであるので，残った④がカナダで，サービス貿易全体でも輸入超過（貿易赤字）となっている（2019 年）。

アメリカ合衆国のサービス貿易

問 次の図中の**A～C**は，<u>情報サービス</u>*，<u>知的財産</u>**，<u>旅行</u>***のいずれかの分野について，<u>アメリカ合衆国が支払った金額の割合を相手国別</u>に示したものである。**A～C**と分野名との正しい組合せを，次ページの①～⑥のうちから一つ選べ。　□

*ソフトウェア開発費・データ処理費など。

**著作権料・特許料など。

***滞在国での宿泊費・飲食費・娯楽費・土産品代など。 (2013 年度　追試　地理 A　11)

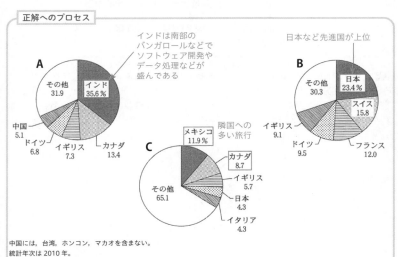

正解へのプロセス

インドは南部の
バンガロールなどで
ソフトウェア開発や
データ処理などが
盛んである

日本など先進国が上位

A
その他 31.9
インド 35.6 %
中国 5.1
ドイツ 6.8
イギリス 7.3
カナダ 13.4

B
その他 30.3
日本 23.4 %
スイス 15.8
イギリス 9.1
ドイツ 9.5
フランス 12.0

隣国への
多い旅行

C
メキシコ 11.9 %
カナダ 8.7
イギリス 5.7
日本 4.3
イタリア 4.3
その他 65.1

中国には，台湾，ホンコン，マカオを含まない。

統計年次は 2010 年。

アメリカ商務省の資料により作成。

	A	B	C
①	情報サービス	知的財産	旅　行
②	情報サービス	旅　行	知的財産
③	知的財産	情報サービス	旅　行
④	知的財産	旅　行	情報サービス
⑤	旅　行	情報サービス	知的財産
⑥	旅　行	知的財産	情報サービス

解答① 　インドは，南部のバンガロールをはじめとする大都市で，ほぼ 12 時間である アメリカ合衆国との時差を活用してソフトウェア開発やデータ処理を行っていること で有名なので，**A**は情報サービス。また，特許・技術使用料などの支払いが多い日本 などの先進国が上位の**B**は知的財産。隣国のメキシコ，カナダが上位の**C**が旅行であ る。

地中海地域の国々の観光

問 地中海地域の国々にとって観光は重要な産業の一つである。次の図は，地中海に面する国々の国際観光客受け入れ数と輸出額*に対する国際観光収入の割合を示したものであり，**A**と**B**の範囲内における点はイタリア，エジプト，ギリシャ，スペインのいずれかである。イタリアの属する範囲とギリシャの属する範囲の正しい組合せを，下の①〜④のうちから一つ選べ。□□□

*物品の輸出だけでなく，観光や情報などの対外的なサービスの受け取り額も含む。

(2013 年度 本試 地理 B 23)

正解へのプロセス

百万人

国際観光客受け入れ数

世界的に観光客数が多い，イタリアとスペイン

トルコ

経済規模が小さく輸出額に対する国際観光収入の割合が大きいエジプトとギリシャ

イスラエル　チュニジア　モロッコ

輸出額に対する国際観光収入の割合

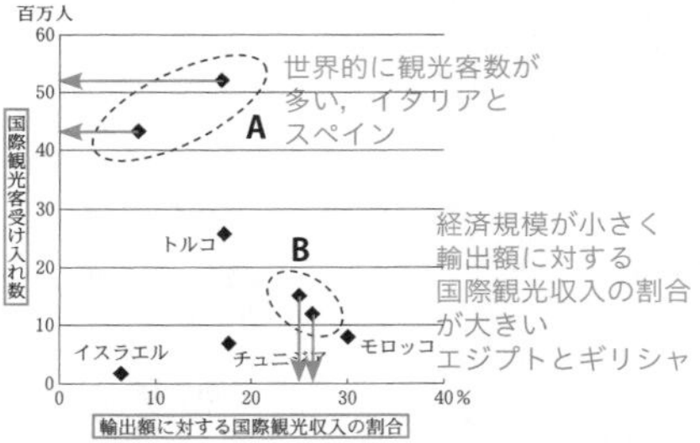

統計年次は 2009 年。
World Development Indicators により作成。

先進国で人口が多く経済規模も大きい

輸出額に対する国際観光収入の割合はエジプト・ギリシャほどは大きくない

	①	②	③	④
イタリア	A	A	B	B
ギリシャ	A	B	A	B

2019 年の国際観光客受入数
スペイン　126,170（千人）
イタリア　 95,399
ギリシャ　 34,005
エジプト　 13,026

解答 ② 　経済規模に注目しよう。イタリアは人口約 6,000 万人，スペインは約 4,700 万人で，1 人当たり GNI は 30,000 ドルを超える先進国である一方，ギリシャは約 1,100 万人で，20,000 ドルを超える程度，エジプトは約 1 億人だが，約 3,000 ドルである。以上より，輸出額に対する国際観光収入の割合は，先進国で経済規模が大きいと低くなると考えられるので，**A**にはイタリア，**B**にはギリシャがそれぞれ属する。なお，イタリアとスペインの国際観光客受け入れ数が多いのは，北西ヨーロッパからバカンスで訪れる人が多いためである（統計年次は 2019 年か 2020 年）。

外国人旅行者の受入と送出

問 次の図は，いくつかの国の<u>外国人旅行者受入数</u>と<u>外国旅行者送出数</u>を示したものであり，①〜④は<u>イギリス</u>，<u>スペイン</u>，<u>タイ</u>，<u>日本</u>のいずれかである。<u>タイ</u>に該当するものを，図中の①〜④のうちから一つ選べ。[＿＿＿]

(2015 年度 追試 地理 A [15])

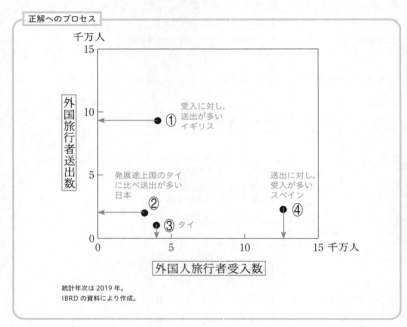

正解へのプロセス

千万人

外国旅行者送出数

外国人旅行者受入数

受入に対し，送出が多いイギリス

発展途上国のタイに比べ送出が多い日本

送出に対し，受入が多いスペイン

タイ

統計年次は 2019 年。
IBRD の資料により作成。

解答 ③　世界的に外国人旅行者受入数の多いスペインを④とする。残る①②③のうち，イギリスは外国旅行者送出数，外国人旅行者受入数ともに多く，受入に対し送出が多い①とする。イギリスなど北西ヨーロッパに位置する国々は，夏のバカンスでの南ヨーロッパへの旅行者の送出が多い。発展途上国のタイは，日本に比べ外国旅行者送出数が少ない③として，残る②を日本とする。

海外旅行と日本滞在中の1人当たりの支出額

問 次の表は，いくつかの国について，人口に対する海外旅行者の割合と訪日外国人の日本滞在中の1人当たりの支出額*を示したものであり，**ア～ウ**は，アメリカ合衆国，韓国，ドイツのいずれかである。国名と**ア～ウ**との正しい組合せを，下の①～⑥のうちから一つ選べ。
_____

*国際旅客運賃は含まれない。

(2015 年度 追試 地理 B 17 改題)

正解へのプロセス

夏のバカンスや，シェンゲン協定により，国境管理を廃止したヨーロッパのドイツ

	人口に対する海外旅行者の割合（%）	訪日外国人の日本滞在中の1人当たりの支出額（万円）
ア	111.7	20.1
イ	52.1	7.6
ウ	28.4	18.9

近隣の韓国は滞在日数が短く少ない

統計年次は 2018 年か 2019 年。
日本旅行業協会，日本政府観光局の資料により作成。

	①	②	③	④	⑤	⑥
アメリカ合衆国	ア	ア	イ	イ	ウ	ウ
韓 国	イ	ウ	ア	ウ	ア	イ
ドイツ	ウ	イ	ウ	ア	イ	ア

解答 ⑥ 人口に対する海外旅行者の割合が高い**ア**には，北西ヨーロッパに位置し夏のバカンスや，シェンゲン協定により国境管理を廃止したことなどにより海外旅行者が多いドイツが当てはまる。一方，訪日外国人の日本滞在中の1人当たり支出額が少ない**イ**は，近隣国で日本での滞在期間が短い韓国が当てはまり，残った**ウ**がアメリカ合衆国で，バカンスなどで国外への旅行の多いドイツと比べると，人口に対する海外旅行者の割合は低い。

ODA の供与額と供与地域

きしゅう 地球的課題を解決する枠組みの一つとして ODA（政府開発援助）があり，その拠出状況は国により異なる。次の表は，ODA 総額，GNI（国民総所得）に対する ODA 総額の比率，供与額が最大となる地域*を，拠出国別に示したものであり，①〜④は，イタリア，オランダ，日本，フランスのいずれかの国である。オランダに該当するものを，表中の①〜④のうちから一つ選べ。[　　　]

*OECD の地域区分によるもので，内訳は，サハラ以南のアフリカ，西アジアおよび北アフリカ，南・中央アジア，東・東南アジアおよびオセアニア，ヨーロッパ，ラテンアメリカおよびカリブ海諸国の 6 地域。

(2011 年度 本試 地理 B [28])

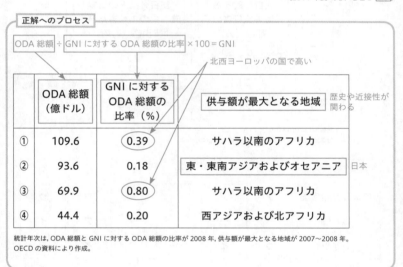

正解へのプロセス

ODA 総額 ÷ GNI に対する ODA 総額の比率 × 100 = GNI

北西ヨーロッパの国で高い

	ODA 総額（億ドル）	GNI に対する ODA 総額の比率（%）	供与額が最大となる地域 歴史や近接性が関わる
①	109.6	0.39	サハラ以南のアフリカ
②	93.6	0.18	東・東南アジアおよびオセアニア　日本
③	69.9	0.80	サハラ以南のアフリカ
④	44.4	0.20	西アジアおよび北アフリカ

統計年次は，ODA 総額と GNI に対する ODA 総額の比率が 2008 年，供与額が最大となる地域が 2007〜2008 年。OECD の資料により作成。

解答③ ODA の拠出先地域・国は歴史や近接性が関わり，アメリカ合衆国や日本は，ヨーロッパ諸国に比べ GNI に対する ODA 総額の比率は低い。②は東・東南アジアおよびオセアニアが供与額が最大となる地域であるから日本。残る①③④は，GNI 総額で比較する。イタリア・オランダ・フランスはいずれも先進国であるが，人口が約 1,700 万人で最も少ないオランダは GNI は少ない。よって，GNI =（ODA 総額）÷（GNI に対する ODA 総額の比率）× 100 により，GNI が最も少ないのは③で，オランダはこれに該当する（①フランス，④イタリア）。

3章 交通・通信

コンテナ貨物取扱量上位の国・地域と港湾

問　次の表は，船舶によるコンテナ貨物取扱量上位の国・地域のうちのいくつかの国について，国・地域別順位，コンテナ貨物取扱量，首位港湾の国際順位，首位港湾がその国のコンテナ貨物取扱量に占める割合を示したものであり，①～④はアラブ首長国連邦，シンガポール，中国*，日本のいずれかである。日本に該当するものを，表中の①～④のうちから一つ選べ。◻️

*台湾，ホンコン，マカオを含まない。

(2014年度　本試　地理A ⎣11⎦)

正解へのプロセス

国土面積が狭く
港湾数が少ない

	国・地域別順位	コンテナ貨物取扱量（千TEU**）	首位港湾の国際順位	首位港湾がその国のコンテナ貨物取扱量に占める割合（%）
①	1位　中国	242,030	1位	18
②	3位	37,983	2位	98　シンガポール
③	6位	21,709	39位	21　日本
④	8位	19,171	11位	74　アラブ首長国連邦

**TEUはコンテナ貨物の容量を示す単位。
統計年次は2019年。
Containerisation International Yearbook により作成。

解答③　首位港湾がその国のコンテナ貨物取扱量に占める割合が高い②④は，国土面積が狭く港湾数が少ない国である。したがって，②は都市国家のシンガポール，④はアラブ首長国連邦。また，コンテナ取扱量が最も多い①は中国である。よって③が日本。

大都市における利用交通手段

問 次の図は，世界のいくつかの都市における人々の利用交通手段を示したものであり，**ア～ウ**は，アムステルダム，シカゴ，東京のいずれかである。**ア～ウ**と都市名との正しい組合せを，下の①～⑥のうちから一つ選べ。☐☐☐ (2014 年度 追試 地理 B 14)

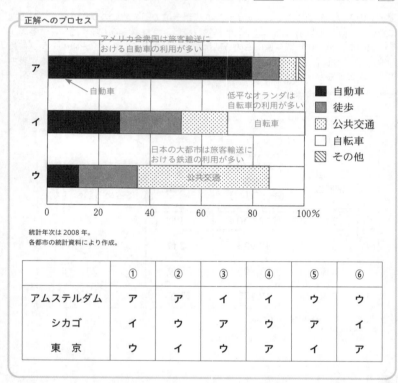

正解へのプロセス

統計年次は 2008 年。
各都市の統計資料により作成。

	①	②	③	④	⑤	⑥
アムステルダム	ア	ア	イ	イ	ウ	ウ
シカゴ	イ	ウ	ア	ウ	ア	イ
東 京	ウ	イ	ウ	ア	イ	ア

解答 ③ シカゴ（アメリカ合衆国）は旅客輸送における自動車，東京など日本の大都市は鉄道の割合が極めて高いから，**ア**がシカゴ，**ウ**が東京。アムステルダム（オランダ）は低平な国土を背景として，自転車の利用が多いことで有名であるから**イ**。

海外送金

問 海外出稼ぎ労働者は，高い賃金を求めて国境を越え，出稼ぎ先の国で得た賃金を本国の親族などへ送金している。次の表は，いくつかの国の<u>海外送金受取額</u>*と<u>海外送金支払額</u>**を示したものであり，①～④は<u>インド</u>，<u>スペイン</u>，<u>ナイジェリア</u>，<u>日本</u>のいずれかである。<u>インド</u>に該当するものを，表中の①～④のうちから一つ選べ。□□

*海外にいる労働者から自国の個人あてに送金された額。

**国内の外国人労働者から海外の個人あてに送金された額。

(2014 年度 追試 地理 B 29)

正解へのプロセス

（単位：百万ドル）

		送金受取額		送金支払額	
人口約 14 億人のインド →	①	49,144	＞	2,479	送金受取額が送金支払額を上回る発展途上国
ナイジェリア	②	17,880	≫	22	
モロッコなど北アフリカや，旧植民地からの出稼ぎが多いスペイン →	③	7,878	＜	11,630	先進国
	④	1,556	≪	4,347	
日本 →					

統計年次は 2008 年。
World Bank, *Migration and Remittances Factbook* により作成。

解答 ① 送金受取額が送金支払額を上回る発展途上国の①②と，逆の③④に分け，インドはナイジェリアに比べ人口が多いので①インド，②ナイジェリアとする。残る③④では，送金支払額の多い③を，モロッコなど北アフリカ諸国や旧植民地のラテンアメリカからの出稼ぎが多いスペインとして，送金支払額の少ない④を日本とする。

経済発展とインターネットの普及

問 インターネットの普及状況は国家間で異なっており，情報格差（デジタルデバイド）が生じている。次の表は，東南アジアのいくつかの国におけるインターネット普及率*，都市人口率，１人当たり GDP（国内総生産）を示したものであり，①〜④はインドネシア，タイ，フィリピン，マレーシアのいずれかである。タイに該当するものを，表中の①〜④のうちから一つ選べ。□□□□

*人口に占めるインターネット利用者の割合。

（2010 年度 本試 地理 B ［36］）

正解へのプロセス

	インターネット普及率（%）	都市人口率(%)	１人当たり GDP（ドル）	
①	84.2	77.2	11,110	← マレーシア
②	66.7	51.4	7,407	← タイ
③	47.7	56.6	4,012	← インドネシア
④	43.0	47.4	3,985	← フィリピン

統計年次は，インターネット普及率が 2019 年，都市人口率が 2020 年，１人当たり GDP が 2019 年。
『世界国勢図会』などにより作成。

解答 ② １人当たり GDP の序列を正しく覚えていれば，正答が得られる設問は多い。本問の場合は，①マレーシア，②タイ，③④インドネシア，フィリピンと判断できればよい（③④の差は小さいので判断できなくてよい）。一般に，経済が発展するとインターネット普及率や都市人口率は上昇すると考えてよいが，本問のインターネット普及率と都市人口率をみると必ずしもそうではない場合もあるので，注意が必要である。

4章 人口

アフリカ・北アメリカ・ヨーロッパの人口増加

圖 現代世界の大きな課題として急激な人口増加があり，その過程は地域により異なる。次の図中の**A～C**は，アフリカ，北アメリカ*，ヨーロッパのいずれかの地域における1700年から2005年の人口の推移を示したものである。**A～C**と地域名との正しい組合せを，下の①～⑥のうちから一つ選べ。□

*アメリカ合衆国およびカナダ。

(2011 年度 本試 地理 B 25)

正解へのプロセス

3.3 億人 + 0.38 億人（2020 年）

20 世紀後半に急増した
Aアフリカ

19 世紀の産業革命期に急増した
Bヨーロッパ

国立社会保障・人口問題研究所の資料により作成。

	A	B	C
①	アフリカ	北アメリカ	ヨーロッパ
②	アフリカ	ヨーロッパ	北アメリカ
③	北アメリカ	アフリカ	ヨーロッパ
④	北アメリカ	ヨーロッパ	アフリカ
⑤	ヨーロッパ	アフリカ	北アメリカ
⑥	ヨーロッパ	北アメリカ	アフリカ

解答 ② 19 世紀の産業革命期に人口が急増したヨーロッパが**B**。20 世紀後半に人口が急増したアフリカが**A**。脚注にもあるように，北アメリカは，人口約 3.3 億人のアメリカ合衆国と人口約 3,800 万人のカナダであるので，人口はアフリカ，ヨーロッパに比べ少ない**C**とする。

アフリカの出生率と死亡率の推移

問 次の図1は，アフリカを5地域に区分して50年間の人口増加指数を示したものである。また，図2はこれらのうち3地域について出生率および死亡率の推移を示したものであり，ア〜ウは，北部アフリカ，中部アフリカ，南部アフリカのいずれかである。地域名とア〜ウとの正しい組合せを，下の①〜⑥のうちから一つ選べ。□

(2015年度 本試 地理B 26)

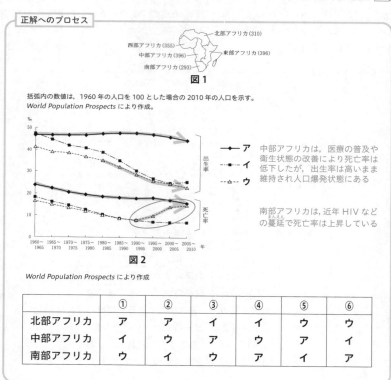

正解へのプロセス

北部アフリカ(310)
西部アフリカ(355) 東部アフリカ(396)
中部アフリカ(396)
南部アフリカ(293)

図1

括弧内の数値は，1960年の人口を100とした場合の2010年の人口を示す。
World Population Prospects により作成。

```
ア
イ
ウ
```

中部アフリカは，医療の普及や衛生状態の改善により死亡率は低下したが，出生率は高いまま維持され人口爆発状態にある

南部アフリカは，近年HIVなどの蔓延で死亡率は上昇している

図2

World Population Prospects により作成

	①	②	③	④	⑤	⑥
北部アフリカ	ア	ア	イ	イ	ウ	ウ
中部アフリカ	イ	ウ	ア	ウ	ア	イ
南部アフリカ	ウ	イ	ウ	ア	イ	ア

解答③ 3つの地域の中で経済発展が最も遅れているのは，内戦などが発生し，政情が不安定で最貧国が多い中部アフリカで，出生率・死亡率ともに他の地域と異なり大きくは低下していない**ア**。一方，1990年代半ばまで出生率・死亡率ともに同じように低下している**イ・ウ**だが，**ウ**は死亡率が1990年代後半から上昇している。これは，HIVなどの感染症が蔓延したことによるもので，南アフリカ共和国など南部アフリカで深刻である。

合計特殊出生率と 65 歳以上人口の割合

問 次の表は，世界のいくつかの地域における合計特殊出生率*および 65 歳以上人口の割合を示したものであり，①～④は，アフリカ，北アメリカ，中央・南アメリカ，東アジアのいずれかである。東アジアに該当するものを，表中の①～④のうちから一つ選べ。 ☐

*女性 1 人が生涯に産む子どもの数に相当する。

(2013 年度 本試 地理 B 25)

正解へのプロセス

高水準の発展途上地域，低水準の先進地域だが，
東アジアは中国・日本・韓国が主な国で，
大多数を占める中国は人口抑制策を採っており，
日本と韓国は少子化が深刻

割合の高い先進地域，
低い発展途上地域

	合計特殊出生率	65 歳以上人口の割合（%）
①	4.44	3.5
西アジア	2.65	5.8
②	2.04	9.0
③	1.75	16.8
④	1.65	13.4
ヨーロッパ	1.61	19.1

北アメリカ（アメリカ合衆国とカナダ）は先進地域

統計年次は，合計特殊出生率が 2015～2020 年，65 歳以上人口の割合が 2020 年。
World Population Prospects により作成。

解答 ④ 各地域に含まれる国を意識して考えよう。東アジアには中国・日本・韓国が含まれるが，大多数を占めるのは中国である。中国は，1960 年代から人口抑制策を採り，とりわけ 1970 年代後半から一人っ子政策を実施してきた（2015 年まで）ため発展途上国だが出生率は低いので，④と決める。残る①②③のうち，合計特殊出生率の低い③が先進地域の北アメリカで，65 歳以上人口の割合はヨーロッパに次いで高い。残る①②のうち，一部の国が人口爆発状態にあるため，合計特殊出生率の高い①がアフリカで，②が中央・南アメリカである。

人口高齢化

問 次の図1は，**A～C**の三つの国における 2000年の64歳までの人口ピラミッド を示したもの，図2は，全人口に占める65歳以上人口の割合の推移と予測を示したものであり，図2中の**ア～ウ**は，図1中の**A～C**のいずれかの国に該当する。**A～C**と**ア～ウ**との正しい組合せを，下の①～⑥のうちから一つ選べ。

(2008年度 本試 地理B 26)

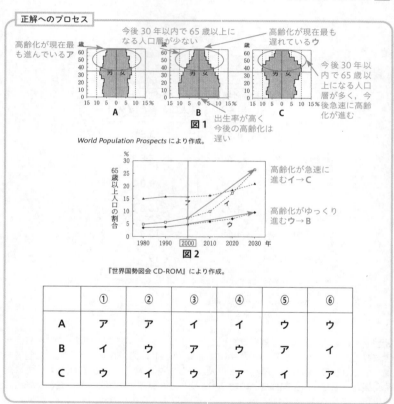

正解へのプロセス

高齢化が現在最も進んでいる**ア**
今後30年以内で65歳以上になる人口層が少ない
高齢化が現在最も遅れている**ウ**
今後30年以内で65歳以上になる人口層が多く，今後急速に高齢化が進む
出生率が高く今後の高齢化は遅い

図1

World Population Prospects により作成。

高齢化が急速に進む**イ→C**
高齢化がゆっくり進む**ウ→B**

図2

『世界国勢図会 CD-ROM』により作成。

	①	②	③	④	⑤	⑥
A	ア	ア	イ	イ	ウ	ウ
B	イ	ウ	ア	ウ	ア	イ
C	ウ	イ	ウ	ア	イ	ア

解答 ② 人口ピラミッドの64歳の幅が広い**A**は2000年の65歳以上人口の割合が高い**ア**で，64歳の幅が狭い**B**は2000年の65歳以上人口の割合が低い**ウ**である。また，今後30年間の人口動態に注目すると，将来高齢化が急速に進むと予想される**イ**は，35～64歳までの人口層が多い。

合計特殊出生率の推移

問 人口動態を示す指標の一つに，合計特殊出生率がある。次の図は，1960〜2000年の合計特殊出生率を示したものであり，①〜④は，タイ，中国*，日本，バングラデシュのいずれかである。タイに該当するものを，図中の①〜④のうちから一つ選べ。

*台湾，ホンコン，マカオを含まない。

(2007 年度 本試 地理 B 25)

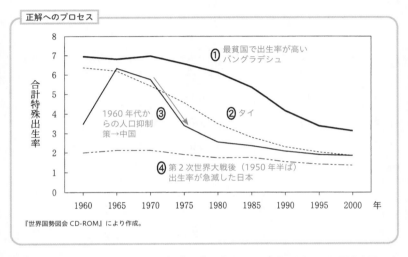

```
正解へのプロセス
```

①最貧国で出生率が高い バングラデシュ
③1960 年代からの人口抑制策→中国
②タイ
④第 2 次世界大戦後（1950 年半ば）出生率が急減した日本

『世界国勢図会 CD-ROM』により作成。

解答 ② 消去法で②タイを選ぶ。①バングラデシュは工業化の遅れる発展途上国で合計特殊出生率は低下しているものの現在も高い。③中国は，婚期・出産時期を遅らせる晩婚晩生や一人っ子政策などの人口抑制策を 1970 年代から採り出生率を低下させた。なお，近年は，将来の急速な高齢化を危惧し，人口抑制策の緩和が行われ，一人っ子政策は 2015 年に廃止され，二人っ子政策に転換した。④日本は第 2 次世界大戦後の第 1 次ベビーブーム（1947〜1949 年頃）の後，1955 年頃から出生率は低下し，第 2 次ベビーブーム以後は少子化が極端となり合計特殊出生率は現在 1.4 程度で推移している。

所得水準と医療事情

問 次の表は，人口 10 万人当たりの結核発症数，人口 1,000 人当たりの医師数，出生児 1,000 人当たりの乳児死亡数*を国別に示したものであり，**A～C** はアルゼンチン，ケニア，フィリピンのいずれかである。表中の **A～C** と国名との正しい組合せを，下の①～⑥のうちから一つ選べ。 [　　　]

*1 歳未満で死亡した乳児数。

(2009 年度 本試 地理 B ［34］)

正解へのプロセス

	アフリカの 最貧国	東南アジアの 発展途上国	ラテンアメリカ の工業国
	人口 10 万人当たりの 結核発症数	人口 1,000 人当たりの 医師数	出生児 1,000 人当たりの 乳児死亡数
A	619　多	0.1　少	79　多
B	293	1.2	26
C	43　少	3.0　多	16　少

統計年次は 2004 年。
World Development Indicators により作成。

	A	B	C
①	アルゼンチン	ケニア	フィリピン
②	アルゼンチン	フィリピン	ケニア
③	ケニア	アルゼンチン	フィリピン
④	ケニア	フィリピン	アルゼンチン
⑤	フィリピン	アルゼンチン	ケニア
⑥	フィリピン	ケニア	アルゼンチン

解答 ④　各国の経済発展の度合いを比較して，アフリカの最貧国のケニアは結核発症数が多く，医師数が少なく，乳児死亡数が多い **A**。指標の値が **A** と逆になっている **C** がこれらの国の中では最も所得水準が高いアルゼンチンである。なお，1 人当たり GNI は，ケニアがおよそ 1,780 ドル，フィリピンが 3,995 ドル，アルゼンチンが 9,680 ドルである（2019 年）。

5歳未満児死亡率

問 世界各国の食料事情や保健衛生事情には大きな差異がある。次の表は，いくつかの国における穀物自給率，1人1日当たり供給栄養量（熱量），5歳未満児死亡率*を示したものであり，①～④は，インド，韓国，サウジアラビア，ドイツのいずれかである。韓国に該当するものを，表中の①～④のうちから一つ選べ。□□□□

*生存出生児1,000人当たりの死亡数。

(2011年度 本試 地理B 26)

正解へのプロセス

ペルシャ湾岸の君主国の産油国は
先進国には分類しない

	穀物自給率 （%）	1人1日当たり供給 栄養量（熱量）(kcal)		5歳未満児死亡率 （‰）
①	113	3,556	ドイツ	④
②	107	2,517	インド	37
③	8	3,194	サウジアラビア	7
④	㉕	3,369	韓国	③

先進国は低く，
発展途上国は
高い

統計年次は2017年か2018年のいずれか。
『世界国勢図会』などにより作成。

日本とほぼ同じ

解答 ④　ペルシャ湾岸の君主国の産油国は先進国には分類せず，アジアNIEsの韓国は先進国に分類する。5歳未満児死亡率が低い①④は，ドイツか韓国のいずれかであり，EUの共通農業政策により穀物自給率が高い①をドイツ，日本と同様に低い④を韓国と決める。また，1人1日当たり供給栄養量が少なく，5歳未満児死亡率が高い②がインドである。インドは緑の革命により穀物自給を達成した。残った③は，全土が乾燥地域で穀物自給率が低いサウジアラビアである。

5歳未満児発育不良率

問 次の表は，いくつかの国の健康に関する指標のうち，5歳未満児発育不良率，糖尿病患者の割合，男女別の喫煙率を示したものであり，**ア〜ウ**は，アメリカ合衆国，インド，サウジアラビアのいずれかである。**ア〜ウ**と国名との正しい組合せを，下の①〜⑥のうちから一つ選べ。□□□□

(2013 年度 本試 地理 B 26)

正解へのプロセス

先進国は低く，
発展途上国は高い

女性の喫煙率は
先進国で高く，
発展途上国で低い　(単位：%)

	5歳未満児発育不良率	糖尿病患者の割合*	喫煙率 男性	喫煙率 女性
ア	47.9 高	7.8	28	1 低
イ	9.3	16.8	22	3
ウ	3.9 低	10.3	25	19 高

発展途上国的な特徴

*糖尿病患者の割合は，20〜79歳人口に占める割合。
統計年次は，5歳未満児発育不良率が2004年〜2009年，糖尿病患者の割合が2010年，喫煙率が2006年。
World Development Indicators により作成。

先進国的な特徴

	①	②	③	④	⑤	⑥
アメリカ合衆国	ア	ア	イ	イ	ウ	ウ
インド	イ	ウ	ア	ウ	ア	イ
サウジアラビア	ウ	イ	ウ	ア	イ	ア

解答 ⑤　なじみの薄い統計であるが，先進国か発展途上国かで判定する。インドは1人当たり GNI が2,000ドル程度の発展途上国であり，アメリカ合衆国は1人当たり GNI が60,000ドルを超える先進国である。よって，5歳未満児発育不良率が高い**ア**をインド，低い**ウ**をアメリカ合衆国と決める。なお，サウジアラビアなどペルシャ湾岸の産油国は，1人当たり GNI が約23,000ドルと高くても男女平等などの人権が尊重されず社会福祉制度などが充実しておらず，先進国的な特徴と発展途上国的な特徴がみられるので注意が必要である。

医療費に占める公的支出の割合①

問 経済状態や政治状況の違いは，医療水準や衛生状態にも大きな影響を及ぼす。次の表は，いくつかの国について，GDP（国内総生産）に占める医療費の割合と，医療費に占める公的支出の割合を示したものであり，**ア～ウ**は，アメリカ合衆国，インド，デンマークのいずれかである。**ア～ウ**と国名との正しい組合せを，下の①～⑥のうちから一つ選べ。[　　]

(2014 年度 本試 地理 B [30])

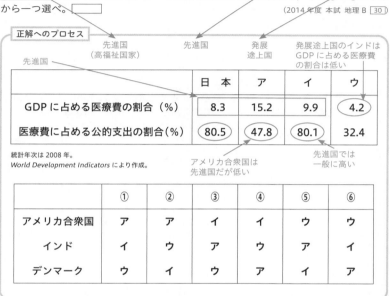

正解へのプロセス

	日 本	ア	イ	ウ
GDP に占める医療費の割合（%）	8.3	15.2	9.9	4.2
医療費に占める公的支出の割合（%）	80.5	47.8	80.1	32.4

先進国（高福祉国家）　先進国　発展途上国　発展途上国のインドはGDP に占める医療費の割合は低い

先進国

統計年次は 2008 年。
World Development Indicators により作成。

アメリカ合衆国は先進国だが低い

先進国では一般に高い

	①	②	③	④	⑤	⑥
アメリカ合衆国	ア	ア	イ	イ	ウ	ウ
インド	イ	ウ	ア	ウ	ア	イ
デンマーク	ウ	イ	ウ	ア	イ	ア

解答 ② 国民皆保険制度のある日本と同様に医療費に占める公的支出の割合の高い**イ**を北ヨーロッパに位置する高福祉国家のデンマーク，GDP に占める医療費の割合が低い**ウ**を発展途上国のインドとする。**ア**のアメリカ合衆国は先進国であるが，国民皆保険制度がなく民間保険が中心で，医療費に占める公的支出の割合は低い。

医療費に占める公的支出の割合②

問 人々の健康を取りまく状況は，生活習慣や医療制度など国により異なる。次の表は，いくつかの国における20歳以上の人口に占める肥満*の人の割合，医療費に占める公的支出の割合，人口1,000人当たりの病床数を示したものであり，①～④は，アメリカ合衆国，アラブ首長国連邦，デンマーク，フィリピンのいずれかである。アラブ首長国連邦に該当するものを，表中の①～④のうちから一つ選べ。 [____]

*体重（kg）を身長（m）の2乗で割って算出される値が30以上の状態。　　　　　(2015年度 本試 地理B [25])

正解へのプロセス

西アジアの産油国は先進国にも
発展途上国にも分類しない

	20歳以上の人口に占める肥満の人の割合（%）	医療費に占める公的支出の割合（%）	人口1,000人当たりの病床数（床）	
①	33.7	74.4	1.9	アラブ首長国連邦
②	31.8	45.9	3.0	アメリカ合衆国（先進国）
③	16.2	85.2	3.5	デンマーク
④	6.4	33.3	0.5	フィリピン（発展途上国）

統計年次は，20歳以上の人口に占める肥満の人の割合が2008年，医療費に占める公的支出の割合が2011年，人口1,000人当たりの病床数が2008年または2009年。
World Development Indicators などにより作成。

解答 ①　まず，人口1,000人当たりの病床数の多い②③を，先進国のアメリカ合衆国とデンマークのどちらか，少ない①④をアラブ首長国連邦とフィリピンのどちらかと決める。ペルシャ湾岸の君主国の産油国のアラブ首長国連邦は，医療費に占める公的支出の割合は先進国と同様に高いので①が当てはまり，④がフィリピンである。アメリカ合衆国は，先進国としては例外的に国民皆保険制度がなく民間保険が中心で，医療費に占める公的支出の割合が低いので②に当てはまり，高い③がデンマークである。

人口移動，旧植民地と近隣諸国

問　次の表は，イギリス，ベルギー，ポルトガルにおける登録外国人について，上位3か国における国籍別人口割合を示したものであり，**A～C**は，インド，ブラジル，フランスのいずれかである。**A～C**と国名との正しい組合せを，下の①～⑥のうちから一つ選べ。 □□□

(2013 年度 本試 地理 A ［12］ 改題)

正解へのプロセス

ベルギーの隣国　　　イギリスの旧植民地　　　ポルトガルの旧植民地

(単位：%)

順位	イギリス		ベルギー		ポルトガル	
1 位	Ⓐ	9	モロッコ	11	アンゴラ	18
2 位	ポーランド	8	Ⓑ	9	Ⓒ	16
3 位	パキスタン	5	オランダ	7	B	11

統計年次は，イギリスは 2018 年，ベルギーは 2019 年，ポルトガルは 2016 年。
OECD, *International Migration Outlook 2020* により作成。

	①	②	③	④	⑤	⑥
インド	A	A	B	B	C	C
ブラジル	B	C	A	C	A	B
フランス	C	B	C	A	B	A

解答②　国際的な人口移動では，かつての宗主国と植民地，近隣諸国が判定の根拠になることがほとんどである。本問であれば，インドはイギリスの，ブラジルはポルトガルのそれぞれ旧植民地で，ベルギーとフランスは隣国であることから判断する。

世界の国・地域からの留学生数

問 次の表は，いくつかの国について，受け入れ留学生数の上位3位までの出身国・地域と，それぞれの国・地域からの留学生数を示したものであり，①～④は，アメリカ合衆国，イギリス，オーストラリア，フランスのいずれかである。オーストラリアに該当するものを，表中の①～④のうちから一つ選べ。□□□

(2012年度 本試 地理A 12)

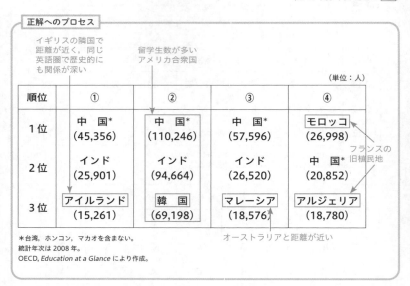

正解へのプロセス

イギリスの隣国で距離が近く，同じ英語圏で歴史的にも関係が深い

留学生数が多いアメリカ合衆国

（単位：人）

順位	①	②	③	④
1位	中　国* (45,356)	中　国* (110,246)	中　国* (57,596)	モロッコ (26,998)
2位	インド (25,901)	インド (94,664)	インド (26,520)	中　国* (20,852)
3位	アイルランド (15,261)	韓　国 (69,198)	マレーシア (18,576)	アルジェリア (18,780)

フランスの旧植民地

＊台湾，ホンコン，マカオを含まない。
統計年次は2008年。
OECD, *Education at a Glance* により作成。

オーストラリアと距離が近い

解答 ③　中国，インドは判定の根拠とはならないので，それ以外の国で判定する。①はイギリスで，イギリスの隣国であるアイルランドが上位であることから判定する。②はアメリカ合衆国で，留学生数が圧倒的に多い。④はフランスで，旧植民地のモロッコ，アルジェリアが上位であることから判定する。残った③がオーストラリアで，近隣のマレーシアが上位である。

賃金と外国産まれの人口の割合

問　雇用や賃金の状況は，その国の経済発展の程度や産業構造によって異なる。次の表は，いくつかの国について，製造業における1時間当たりの賃金，失業率，全人口に対する外国産まれの人口*の割合を示したものであり，①～④は，韓国，ドイツ，日本，ポーランドのいずれかである。ドイツに該当するものを，表中の①～④のうちから一つ選べ。□□□

*日本の外国人労働力人口には永住者を含まない。

（2013年度 本試 地理A [24] 改題）

正解へのプロセス

	製造業における1時間当たりの賃金（ドル）	失業率（％）	外国産まれの人口の割合（％）	
① 先進国	33.7	3.0	(16.0)	EU最大の工業国ドイツは近隣諸国をはじめ，域外からも多く流入
②	21.7	2.3	2.0	
③	18.6	4.1	2.0	
④	7.0	3.5	2.0	

統計年次は2011～2019年。
『世界国勢図会』などにより作成。

日本は諸外国に比べ
失業率が低い

解答 ①　ドイツはEU最大の工業国であり，製造業における1時間当たりの賃金は高い。また，国外からの労働者の流入が多いことでも有名である。よって，①ドイツ，②日本（③韓国，④ポーランド）。

ヨーロッパ諸国の自国民と外国人の失業率

問 ヨーロッパでは国を越えた労働力の移動が盛んで，外国人労働者の就業状態は各国の置かれた状況に応じて多様である。次の図は，ヨーロッパのいくつかの国における自国民の失業率と外国人の失業率を示したものであり，**ア～エ**は，下の①～④の国群のいずれかである。**イ**に該当する国群を，下の①～④のうちから一つ選べ。

(2016 年度 本試 地理 B [22])

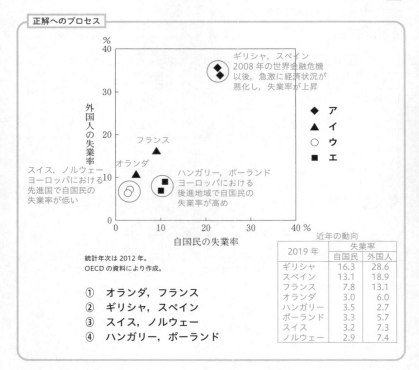

統計年次は 2012 年。
OECD の資料により作成。

① オランダ，フランス
② ギリシャ，スペイン
③ スイス，ノルウェー
④ ハンガリー，ポーランド

近年の動向

2019 年	失業率	
	自国民	外国人
ギリシャ	16.3	28.6
スペイン	13.1	18.9
フランス	7.8	13.1
オランダ	3.0	6.0
ハンガリー	3.5	2.7
ポーランド	3.3	5.7
スイス	3.2	7.3
ノルウェー	2.9	7.4

解答 ① 共通性が強い国の組合せの**ア**，**ウ**，**エ**に対して**イ**は，ワークシェアリングが進み，自国民の失業率がスイス，ノルウェー並みに低いオランダと，旧植民地からの移民が多く外国人の失業率が高いフランス。

日本に在住する外国人の男女別年齢構成

問　次の図は，2010年の日本に在住する外国人について，男女別年齢構成*を示した
ものであり，①〜④はイギリス，中国**，フィリピン，ブラジルのいずれかである。
ブラジルに該当するものを，図中の①〜④のうちから一つ選べ。☐

*国ごとに横軸の目盛りの最大値が異なる。

**台湾，ホンコン，マカオを含む。

(2014年度 本試 地理A 14)

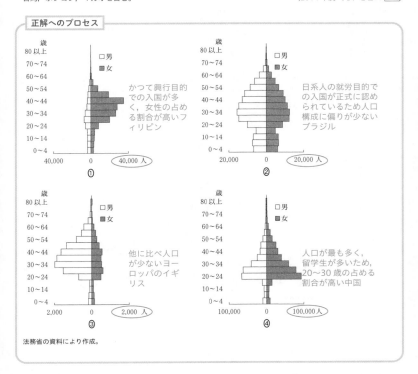

正解へのプロセス

① かつて興行目的での入国が多く，女性の占める割合が高いフィリピン

② 日系人の就労目的での入国が正式に認められているため人口構成に偏りが少ないブラジル

③ 他に比べ人口が少ないヨーロッパのイギリス

④ 人口が最も多く，留学生が多いため，20〜30歳の占める割合が高い中国

法務省の資料により作成。

解答② 　1990年の法改正により日系人は就労目的での入国が認められるようになり，
約200万人の日系人が居住するブラジルを筆頭として入国が急増した。配偶者や子
どもの入国も認められるためその人口構成は偏りが小さい。フィリピンはかつては興
行目的（ダンサーなど）での入国が多く女性の占める割合が極めて高い。

日本に滞在する外国人と海外に滞在する日本人

問 次の図は，日本に滞在する外国人の国別人口*と外国に滞在する日本人**の国別人口の変化を示したものであり，**ア〜ウ**はアメリカ合衆国，中国***，ブラジルのいずれかである。図中の**ア〜ウ**と国名との正しい組合せを，次ページの①〜⑥のうちから一つ選べ。 ☐

*国籍別外国人登録者数。

**日本国籍を有し，外国に3か月以上滞在または永住する者。

***台湾，ホンコン，マカオを含む。

（2009 年度 本試 地理A ⒅）

正解へのプロセス

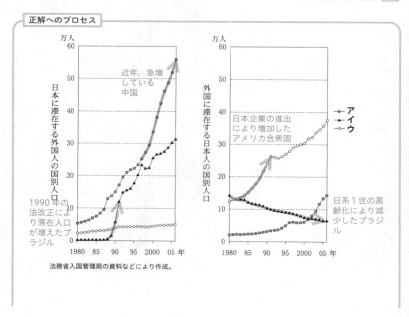

法務省入国管理局の資料などにより作成。

	ア	イ	ウ
①	アメリカ合衆国	中　国	ブラジル
②	アメリカ合衆国	ブラジル	中　国
③	中　国	アメリカ合衆国	ブラジル
④	中　国	ブラジル	アメリカ合衆国
⑤	ブラジル	アメリカ合衆国	中　国
⑥	ブラジル	中　国	アメリカ合衆国

解答 ④　日本に滞在する外国人数は日本の法律や経済状況が大きく影響する。1990年に日本は法改正を行い日系人に対して就労目的の入国を許可した。これにより，大幅に増加したのが，日系人が最も多いブラジルである（**イ**）。また，改革開放政策への転換により中国からの入国も 1980 年代後半から増加し，遅れて 2000 年代に入った頃から中国に滞在する日本人も増加した（**ア**）。残った（**ウ**）がアメリカ合衆国であるが，1980 年代からの自動車とその関連産業の現地生産の増加により，アメリカ合衆国に滞在する日本人数が増加していることが読み取れる。

海外に長期滞在する日本人の職業

問　次の図は，海外に長期滞在する日本人の職業のいくつかについて，それぞれの総人数と滞在地域別の割合を示したものであり，①～④は，政府関係職員，報道関係者，民間企業関係者，留学生・研究者・教師のいずれかである。政府関係職員に該当するものを，図中の①～④のうちから一つ選べ。　□□□□

(2011 年度　本試　地理 A 14)

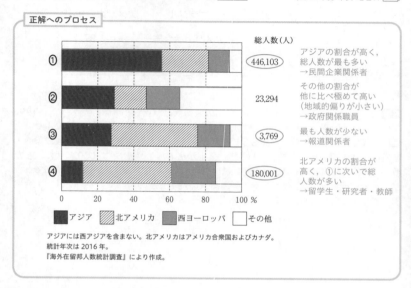

正解へのプロセス

総人数（人）
446,103　アジアの割合が高く，総人数が最も多い →民間企業関係者
23,294　その他の割合が他に比べ極めて高い（地域的偏りが小さい）→政府関係職員
3,769　最も人数が少ない →報道関係者
180,001　北アメリカの割合が高く，①に次いで総人数が多い →留学生・研究者・教師

0　20　40　60　80　100 %

■ アジア　▨ 北アメリカ　■ 西ヨーロッパ　□ その他

アジアには西アジアを含まない。北アメリカはアメリカ合衆国およびカナダ。
統計年次は 2016 年。
『海外在留邦人数統計調査』により作成。

解答 ②　①はアジアの割合が高く，総人数が最も多いことから，工業化が進み日本からの企業進出が顕著となった民間企業関係者とする。④は北アメリカの割合が高く，①に次いで総人数が多いことから，留学生・研究者・教師とする。残った②③のうち，人数が多く，図中で最もその他の割合の高い②が政府関係職員であり，③が報道関係者である。

女性の社会進出①

問 次の図は，国会の議席に占める女性議員の割合を示したものであり，**A〜C**は，割合が10％未満，10〜20％未満，20％以上のいずれかである。**A〜C**と割合との正しい組合せを，下の①〜⑥のうちから一つ選べ。☐☐☐（2008年度 本試 地理B 25）

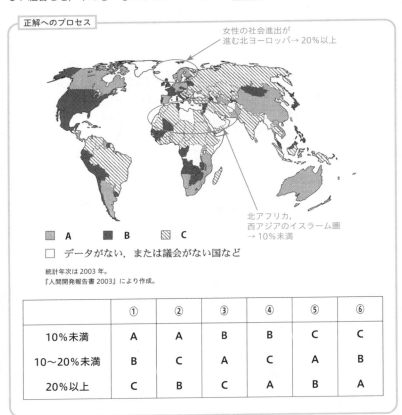

正解へのプロセス

女性の社会進出が
進む北ヨーロッパ→ 20％以上

■ A 　■ B 　▨ C

☐ データがない，または議会がない国など

北アフリカ，
西アジアのイスラーム圏
→ 10％未満

統計年次は2003年。
『人間開発報告書 2003』により作成。

	①	②	③	④	⑤	⑥
10％未満	A	A	B	B	C	C
10〜20％未満	B	C	A	C	A	B
20％以上	C	B	C	A	B	A

解答⑥ 一般に，男女同権の社会づくりを積極的に進めていることで知られるのは北ヨーロッパであるから，**A**は20％以上と判断できる。一方，北アフリカや西アジアなどのムスリム（イスラム教徒）が多数を占める地域は，女性の社会進出が遅れているから**C**は10％未満と考えられる。

女性の社会進出②

問 女性の社会進出は各国の経済状況や宗教，文化などの影響を受ける。次の図中の**ア〜ウ**は，カンボジア，パキスタン，メキシコのいずれかの国における女性の識字率，女性の労働力率*，女性労働人口に占める第3次産業の割合を示したものである。図中の**ア〜ウ**と国名との正しい組合せを，次ページの①〜⑥のうちから一つ選べ。

*労働力率は，15歳以上人口に対する労働力人口の割合。

(2009年度 本試 地理B [37])

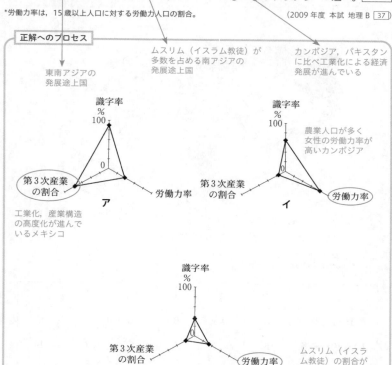

正解へのプロセス

東南アジアの
発展途上国

ムスリム（イスラム教徒）が
多数を占める南アジアの
発展途上国

カンボジア，パキスタン
に比べ工業化による経済
発展が進んでいる

農業人口が多く
女性の労働力率が
高いカンボジア

工業化，産業構造
の高度化が進んで
いるメキシコ

ムスリム（イスラ
ム教徒）の割合が
高く，女性の社会
進出が遅れている
パキスタン

統計年次は，女性の識字率と女性労働人口に占める第3次産業の割合が2000年〜2004年のいずれか，女性の労働力率が2004年。
World Development Indicators などにより作成。

	ア	イ	ウ
①	カンボジア	パキスタン	メキシコ
②	カンボジア	メキシコ	パキスタン
③	パキスタン	カンボジア	メキシコ
④	パキスタン	メキシコ	カンボジア
⑤	メキシコ	カンボジア	パキスタン
⑥	メキシコ	パキスタン	カンボジア

解答 ⑤　経済発展の度合いとムスリム（イスラム教徒）の割合の高い国を考慮して判定する。ラテンアメリカのメキシコは工業化，産業構造の高度化が進んでいる**ア**。東南アジアのカンボジアは農業人口が多く，女性も農業に従事するため，労働力率が高い一方で，女性労働人口に占める第3次産業の割合が低い**イ**。南アジアのパキスタンはムスリム（イスラム教徒）が多数を占め，女性の社会進出が遅れているため，識字率，労働力率ともに低い**ウ**。

女性労働力率と合計特殊出生率

問　女性の出産と労働は，国や地域によって状況が異なる。次の図は，いくつかの地域における人口上位15か国について合計特殊出生率*と女性労働力率**を示したものであり，**ア～ウ**は，アジア，アフリカ，ヨーロッパのいずれかである。図中の**ア～ウ**と地域名との正しい組合せを，次ページの①～⑥のうちから一つ選べ。　□□□

*女性1人が生涯に産む子どもの数の推計値。

**15～64歳の女性人口に占める経済活動に従事する女性の割合。

(2010年度　本試　地理B　32)

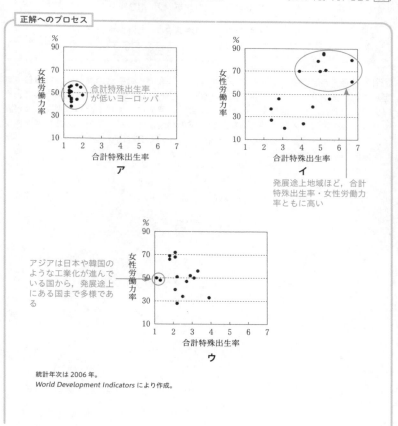

正解へのプロセス

ア：合計特殊出生率が低いヨーロッパ

イ：発展途上地域ほど，合計特殊出生率・女性労働力率ともに高い

ウ：アジアは日本や韓国のような工業化が進んでいる国から，発展途上にある国まで多様である

統計年次は2006年。
World Development Indicators により作成。

	ア	イ	ウ
①	アジア	アフリカ	ヨーロッパ
②	アジア	ヨーロッパ	アフリカ
③	アフリカ	アジア	ヨーロッパ
④	アフリカ	ヨーロッパ	アジア
⑤	ヨーロッパ	アジア	アフリカ
⑥	ヨーロッパ	アフリカ	アジア

解答 ⑥　先進国がほとんどのヨーロッパは合計特殊出生率が低い。一方，発展途上国は農林漁業が盛んで，女性も従事するため女性労働力率は高い。また合計特殊出生率も高い。よって，**イ**が最貧国が多いアフリカ，**ウ**がアジアである。

新聞の発行部数と発行紙数

問 次の表は，いくつかの国における日刊新聞について，発行部数，発行部数の増加率，発行紙数（発行タイトル数）を示したものであり，①〜④は，アメリカ合衆国，日本，ブラジル，マレーシアのいずれかである。ブラジルに該当するものを，表中の①〜④のうちから一つ選べ。[   ]

(2013 年度 本試 地理 B [17])

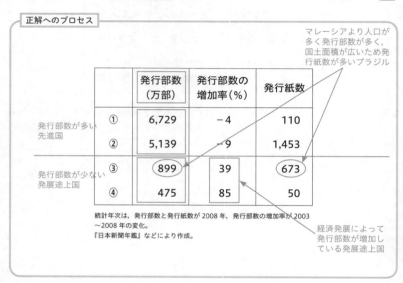

正解へのプロセス

マレーシアより人口が多く発行部数が多く，国土面積が広いため発行紙数が多いブラジル

		発行部数（万部）	発行部数の増加率(%)	発行紙数
発行部数が多い先進国	①	6,729	− 4	110
	②	5,139	− 9	1,453
発行部数が少ない発展途上国	③	899	39	673
	④	475	85	50

統計年次は，発行部数と発行紙数が 2008 年，発行部数の増加率が 2003 〜2008 年の変化。
『日本新聞年鑑』などにより作成。

経済発展によって発行部数が増加している発展途上国

解答 ③　新聞の発行部数は，一般に先進国で多く，発展途上国で少なく，人口の多寡も関係する。よって，①②は先進国で，③④は発展途上国と決めて，人口が 2 億人を超えるブラジルはマレーシアより発行部数が多いと考えられるので，③ブラジル，④マレーシアと決める。なお，発行紙数は，面積が広いほど，地域の情報を扱う新聞社が多い傾向にあり，②アメリカ合衆国，③ブラジルと判定できる（①日本）。

5章 村落・都市

農村人口と都市人口

問 次の図中の①〜④は，アフリカの都市人口，アフリカの農村人口，ヨーロッパの都市人口，ヨーロッパの農村人口のいずれかについて，その推移を示したものである。アフリカの都市人口に該当するものを，図中の①〜④のうちから一つ選べ。　　　　

(2010 年度 本試 地理 B 19)

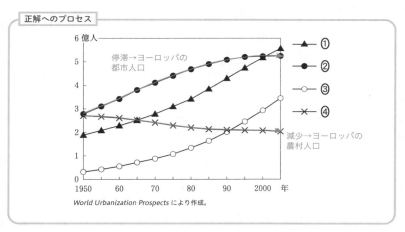

正解へのプロセス

停滞→ヨーロッパの都市人口

減少→ヨーロッパの農村人口

World Urbanization Prospects により作成。

解答③　ヨーロッパは人口増加率が低いから，減少している④をヨーロッパの農村人口，近年停滞している②をヨーロッパの都市人口とする。発展途上地域のアフリカは，都市人口よりも農村人口の方が多いから，①③のうち人口の多い①が農村人口，③が都市人口である。

大都市の分布

問 都市は，社会・経済的条件だけでなく，様々な自然条件のもとで立地している。下の**図2**中の①〜④は，**図1**中の**ア〜エ**のいずれかの範囲における人口100万人以上の都市の分布を示したものである。**イ**に該当するものを，**図2**中の①〜④のうちから一つ選べ。 _____

(2021年度 共通テスト本試 第1日程 地理B 14)

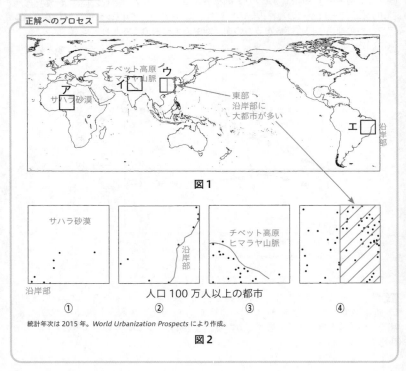

統計年次は2015年。*World Urbanization Prospects* により作成。

図2

解答 ③　世界の 4 つの範囲の人口 100 万人以上の都市の分布が問われている。人口が 10 億人を超える中国やインドは，人口 100 万人以上の巨大都市が多い。したがって，③④が両国のどちらかに当てはまり，ヒマラヤからチベットにかけての高山地域が範囲の北側にあり大都市が少ない**イ**には③，大都市が多い中国東部から沿海部にかけての**ウ**には④がそれぞれ該当する。残る**ア**と**エ**のうち，**ア**は中央部から北部にサハラ砂漠が広がることから巨大都市が北部にない①，**エ**は沿岸部に大都市が並ぶ②がそれぞれ該当する。

国全体と人口第1位の都市の人口構成

問 次の図中の**ア～ウ**は，オーストラリア，韓国，ケニアのいずれかの国における，国全体の人口および人口第1位の都市の人口に占める，0～14歳，15～64歳，65歳以上の人口の割合を示したものであり，**a**と**b**は，国全体あるいは人口第1位の都市のいずれかである。オーストラリアの人口第1位の都市に該当する正しい組合せを，下の①～⑥のうちから一つ選べ。□□□ （2021年度 共通テスト本試 第1日程 地理B 〔15〕）

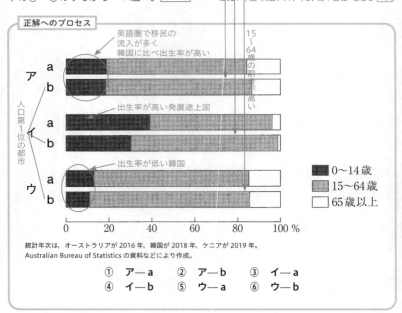

統計年次は，オーストラリアが2016年，韓国が2018年，ケニアが2019年。
Australian Bureau of Statistics の資料などにより作成。

① ア―a ② ア―b ③ イ―a
④ イ―b ⑤ ウ―a ⑥ ウ―b

解答② オーストラリア，韓国，ケニアの国全体と人口第1位の都市の人口構成について問われている。これらの国々のうち，アフリカの後発発展途上国であるケニアは出生率が高く人口の高齢化が進んでいないので，**イ**が当てはまる。オーストラリアと韓国については，韓国に比べ若い移民の流入が多く出生率も先進国としては高いオーストラリアは0～14歳の割合が高い。したがって，**ア**がオーストラリアで，**ウ**が韓国である。アジアNIEsの韓国は，日本から30年ほど遅れて1980年代から現在まで出生率の低下が続いており，将来の急速な人口高齢化が危惧されている。一方，人口第1位の都市の人口構成は，雇用機会を求めて若年層の流入が一般に多いことから国全体に比べ高齢化が進んでいない。よって，**b**が人口第1位の都市の人口構成である。

世界の大都市

問　次の表は，1980 年と 2020 年*の人口 100 万人以上の都市**数を地域別に示したものであり，①～④は，アジア，オセアニア，CIS（独立国家共同体）***，中央・南アメリカのいずれかである。中央・南アメリカに該当するものを，表中の①～④のうちから一つ選べ。□□□

*1980 年と 2020 年の統計値のない国は，できるだけ近い年の値を用いた。

**郊外を含む都市域の人口が 100 万人以上の都市を含む。

***1980 年はバルト三国を除くソ連諸国。

（2008 年度 本試 地理 B　13 ）

正解へのプロセス

地　域	人口 100 万人以上の都市数	
	1980 年	2020 年
①	105 →	321
北アメリカ	37	51
ヨーロッパ	28	40
②	20 →	74
③	20 →	19
アフリカ	11	68
④	2 →	6

①：増加数が多く大都市数が多いアジア
②：増加数が多い中央・南アメリカ
③：CIS
④：大都市数が少ないオセアニア

北アメリカにはメキシコを含まない。
『世界人口年鑑』などにより作成。

解答②　人口が多いアジアは大都市数が多い①。1980 年代末の東西冷戦終結後に人口が停滞したロシアなどの旧ソ連構成国からなる CIS は大都市数が減少している③。残る②④のうち，人口が少ないオセアニアは大都市数が少ない④で，残った②が人口大国のメキシコやブラジルが位置する中央・南アメリカである。大都市数は発展途上国で増加数が多い。

都市人口率と 500 万人以上の都市数

問 次の表は，いくつかの地域における都市人口率と人口 500 万人以上の都市*数を示したものであり，①〜④はアジア，アフリカ，オセアニア，ヨーロッパのいずれかである。アフリカに該当するものを，表中の①〜④のうちから一つ選べ。□□□

*郊外を含めた都市域の人口が 500 万人以上の都市を含む。

(2014 年度 本試 地理 B 13)

正解へのプロセス

経済発展が最も遅れている地域

	都市人口率 (%)	人口 500 万人 以上の都市数	
先進地域 ①	74.9	6	ヨーロッパ
②	68.2	0	オセアニア
発展途上地域 ③	51.1	�51	世界人口に占める割合が 約 6 割のアジア
④	43.5	9	

経済発展が
最も遅れて　→　④
いるアフリカ

統計年次は 2020 年。
『世界国勢図会』などにより作成。

解答 ④　都市人口率は先進地域で高く，第 1 次産業中心の発展途上地域では低い。したがって，①②が先進地域で，人口 500 万人以上の都市がある①がヨーロッパで，②がオセアニアである。発展途上地域の③④では，アジアは世界人口に占める割合が約 6 割で，人口は 46 億人以上であることから人口 500 万人以上の都市数の多い③がアジア，④がアフリカである。

都市人口率の推移

問 次の図は，都市人口率の推移を国別に示したものであり，①～④はイギリス，インド，韓国，フィリピンのいずれかである。イギリスに該当するものを，図中の①～④のうちから一つ選べ。□□□

(2008 年度 本試 地理 B 15)

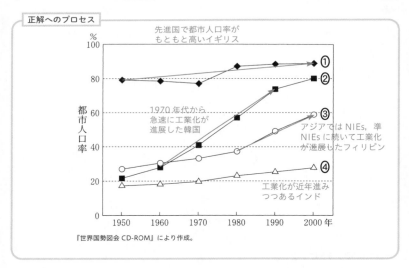

正解へのプロセス

先進国で都市人口率が
もともと高いイギリス

1970 年代から
急速に工業化が
進展した韓国

アジアでは NIEs，準
NIEs に続いて工業化
が進展したフィリピン

工業化が近年進み
つつあるインド

都市人口率（%）／1950・1960・1970・1980・1990・2000 年

『世界国勢図会 CD-ROM』により作成。

解答 ① 発展途上国では農村人口が多いため都市人口率が低い。先進国は都市で第2次産業と，第3次産業が発達するため，都市人口率が高い。したがって，①がイギリスで，1970 年代に工業化による経済発展が進んだ韓国が②，アジア NIEs，準 NIEs に続いて工業化が進んだフィリピンが③，これらの国の中では最も工業化が遅れているインドが④である。

ラテンアメリカの都市人口率

問 次の図は，いくつかの国における1人当たり GDP（国内総生産）と都市人口率の推移を示したものであり，①～④はアルゼンチン，イギリス，ナイジェリア，マレーシアのいずれかである。アルゼンチンに該当するものを，図中の①～④のうちから一つ選べ。 ☐

(2016 年度 本試 地理 B 13)

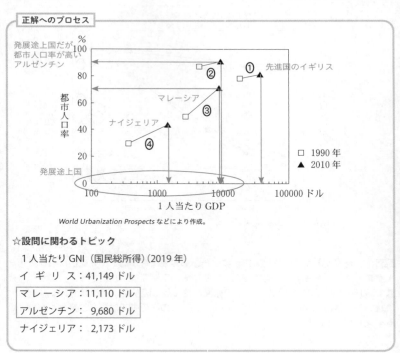

World Urbanization Prospects などにより作成。

☆設問に関わるトピック

1人当たり GNI（国民総所得）(2019 年)

イギリス：41,149 ドル

マレーシア：11,110 ドル
アルゼンチン： 9,680 ドル

ナイジェリア： 2,173 ドル

解答② 都市人口率は，農村人口の少ない先進国で高く，発展途上国で低いが，都市を拠点にヨーロッパ人が入植したラテンアメリカでは，発展途上地域でも都市人口率の高い国が多い。したがって，経済水準を比較する指標として用いられることが多い各国の1人当たり GDP と都市人口率がともに高い①はイギリス，ともに低い④がアフリカのナイジェリアである。1人当たり GDP がほぼ同じ 10,000 ドル程度の②③は，ラテンアメリカに位置するアルゼンチンが都市人口率の高い②であり，③がマレーシアである。

人口上位都市

問 次の図中の**ア〜ウ**は，アメリカ合衆国，タイ，ドイツのいずれかの国における上位20位までの都市人口を示したものである。**ア〜ウ**と国名との正しい組合せを，下の①〜⑥のうちから一つ選べ。□□□□

(2007年度 本試 地理B 14)

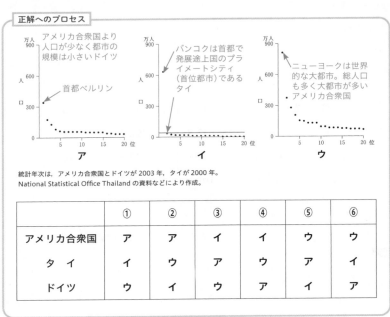

正解へのプロセス

万人 アメリカ合衆国より
900 人口が少なく都市の
規模は小さいドイツ

人 600

首都ベルリン

300

5   10   15   20 位

ア

万人
900

バンコクは首都で
発展途上国のプラ
イメートシティ
（首位都市）である
タイ

人 600

300

5   10   15   20 位

イ

万人
900

ニューヨークは世界
的な大都市。総人口
も多く大都市が多い
アメリカ合衆国

人 600

300

5   10   15   20 位

ウ

統計年次は，アメリカ合衆国とドイツが2003年，タイが2000年。
National Statistical Office Thailand の資料などにより作成。

	①	②	③	④	⑤	⑥
アメリカ合衆国	ア	ア	イ	イ	ウ	ウ
タ イ	イ	ウ	ア	ウ	ア	イ
ドイツ	ウ	イ	ウ	ア	イ	ア

解答 ⑥　発展途上国のタイは首都バンコクがプライメートシティ（首位都市）で第2位以下の都市との人口差が大きい**イ**。アメリカ合衆国はニューヨークが最大都市で，総人口が3億人を超えることから大都市が**ア**に比べ多い**ウ**。残る**ア**がドイツで，アメリカ合衆国よりも人口が少ないため上位都市の人口も少なく，各地に大都市が発達している。

首都と人口上位都市

問 次の表は，いくつかの国について，人口規模の上位4都市における人口を示したものであり，首都を★で表している。表中の①〜④は，イタリア，オーストラリア，トルコ，メキシコのいずれかである。トルコに該当するものを，表中の①〜④のうちから一つ選べ。□

（2012年度 本試 地理B □13□）

正解へのプロセス

首都が人口最大ではない

（単位：万人）

順位	①	②	③	④
1位	★ 2178.2	1519.0	496.8	★ 425.7
2位	517.9	★ 511.8	492.6	314.0
3位	487.4	299.3	240.6	218.7
4位	319.5	198.6	133.6	179.2

統計年次は，2020年。
World Urbanization Prospects The 2018 Revision により作成。

解答② 人口が約2,500万人のオーストラリアの首都は計画都市のキャンベラで，人口は50万人に満たず，メルボルンとシドニーの二大都市がある。また，人口が約8,000万人のトルコ最大の都市はイスタンブールで，首都は内陸のアンカラである。よって，人口規模が大きいトルコが②で，表中首都が人口上位に入っていない③がオーストラリアである。なお，①はメキシコで，人口第1位のメキシコシティと第2位以下の都市との人口差が大きいプライメートシティ（首位都市）の典型である。④はイタリアで，第1位と第2位の人口差が小さく，首都ローマが人口最大で，2位は北部のミラノで経済の中心である。

プライメートシティと高山都市

問 次の図は，いくつかの国における<u>人口の上位3位までの都市</u>について，それぞれの<u>都市の人口と標高</u>を示したものであり，**ア～ウ**は，<u>ドイツ</u>，<u>トルコ</u>，<u>メキシコ</u>のいずれかである。**ア～ウ**と国名との正しい組合せを，下の①～⑥のうちから一つ選べ。

(2014年度 追試 地理B 13)

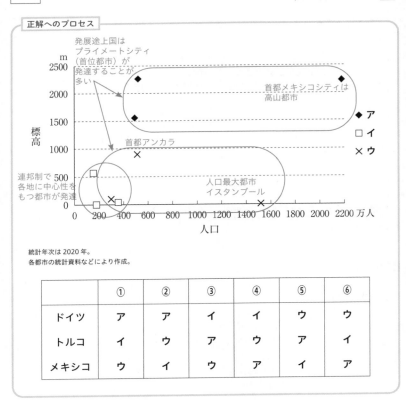

```
正解へのプロセス
```

発展途上国はプライメートシティ（首位都市）が発達することが多い

首都メキシコシティは高山都市

首都アンカラ

人口最大都市イスタンブール

連邦制で各地に中心性をもつ都市が発達

◆ ア
□ イ
× ウ

統計年次は2020年。
各都市の統計資料などにより作成。

	①	②	③	④	⑤	⑥
ドイツ	ア	ア	イ	イ	ウ	ウ
トルコ	イ	ウ	ア	ウ	ア	イ
メキシコ	ウ	イ	ウ	ア	イ	ア

解答④　発展途上国は人口第1位と第2位以下との差が大きいプライメートシティ（首位都市）が発達しやすい。また，メキシコシティは高山都市であることから**ア**をメキシコ，**ウ**をトルコと決める。

国の総人口に占める市域人口の割合

圏　次の表は，いくつかの都市について，<u>売上高が世界の上位 500 位以内の企業本社数</u>，<u>国の総人口に占める市域人口の割合</u>を示したものであり，①〜④は，<u>シャンハイ（上海）</u>，<u>ソウル</u>，<u>ニューヨーク</u>，<u>プラハ</u>のいずれかである。<u>ソウル</u>に該当するものを，表中の①〜④のうちから一つ選べ。☐

(2011 年度 本試 地理 B 〔15〕)

正解へのプロセス

国の総人口が多いと
割合が低い

	売上高が世界の上位 500 位以内の企業本社数	国の総人口に占める市域人口の割合(%)
①	20	2.9
②	13　2020 年は 12	21.0
③	②　2020 年は 7	1.1
④	0	11.5

総人口に占める割合が高く，企業本社数が多い韓国の首都ソウル

統計年次は，企業本社数が 2008 年，市域人口の割合が 2000 年または 2001 年。
中国の総人口には，台湾，ホンコン，マカオを含まない。
FORTUNE などにより作成。

解答② 　国の総人口が 3 億人を超えるアメリカ合衆国のニューヨークは，国の総人口に占める市域人口の割合が②のように 21.0％であれば，6,000 万人を超え，④であっても 3,000 万人を超えることになる。同様に国の総人口が 14 億人を超える中国のシャンハイ（上海）は，②であれば約 3 億人で，④であっても 1 億人を超えることになる。したがって，②④には両都市は当てはまらない（①ニューヨーク，③シャンハイ（上海））。②④のうち，売上高が世界の上位 500 位以内の企業本社数の多い②をアジア NIEs と称され，近年の工業化がめざましく，ニューヨークと同様に企業の本社数の多い韓国のソウルとして，④を旧社会主義国のチェコのプラハとする。なお，韓国の総人口は約 5,000 万人，チェコは約 1,000 万人である。

外国人居住者に占める留学生の割合

問 次の表は，いくつかの都市における 外国人居住者の割合，外国人居住者に占める 留学生の割合，年間労働時間を示したものであり，①～④は，コペンハーゲン，シド ニー，ソウル，ホンコンのいずれかである。シドニーに該当するものを，表中の①～ ④のうちから一つ選べ。□□□□

(2013 年度 本試 地理 B 13)

正解へのプロセス

デンマークの首都　　　オーストラリアの二大都市の１つ

EU 圏内でヨーロッパやアジアなどからの
移民が多いデンマークは外国人居住者の
割合が高い

労働時間は発展途上国で長く，
先進国，特にヨーロッパで短い

	外国人居住者の割合（%）	外国人居住者に占める留学生の割合（%）	年間労働時間（時間 / 人）
東　京	4	10	1,997
①	(13)	4	1,658
②	9	(25)	1,747　先進国
③	7	2	2,295　アジア NIEs
④	2	6	2,312

統計年次は 2009 年。
Global Power City Index などにより作成。

英語圏で留学生が多い
オーストラリア

解答 ②　労働時間は，発展途上国で長く，先進国，特にヨーロッパで短い。また，EU 加盟国でヨーロッパやアジアなどからの移民が多いデンマークは外国人居住者の割合 が高い。よって，①がデンマークの首都コペンハーゲン，②がオーストラリア最大の 都市シドニーで，英語が公用語であるオーストラリアのシドニーは外国人居住者に占 める留学生の割合が高い。なお，③ホンコン，④ソウルは判定できなくてよい。

ロサンゼルスの人種・民族の居住地

問 世界的な大都市の多くでは，人種・民族の分布に特徴がみられる。次の図は，ロサンゼルスにおけるいくつかの人種・民族の居住地*を示したものであり，①〜④はアジア系，黒人，白人，ヒスパニックのいずれかである。それぞれの人種・民族の居住の特徴を説明した次の文を読んで，ヒスパニックに該当するものを，図中の①〜④のうちから一つ選べ。☐

*居住地は各人種・民族が各統計区の人口の50%以上を占める範囲。

(2009年度 本試 地理B ☐24☐)

正解へのプロセス

アジア系	かつては都心に隣接して多く居住していたが，所得水準の向上を背景に居住地の郊外化が進んでいる。
黒人	低所得を背景に，かつては都心部に多く居住していたが，新たな移民の流入により，その居住地は縮小している。
白人	高所得を背景に，人口密度の低い戸建て住宅地区に多く居住している。
ヒスパニック	1970年代以降の人口増加と低所得を背景に，家賃や通勤などの経済的負担の少ない地区への居住が拡大している。

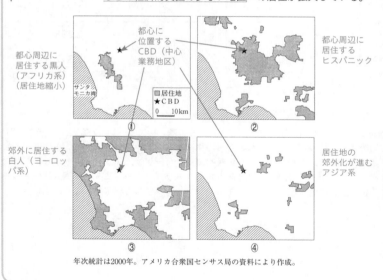

年次統計は2000年。アメリカ合衆国センサス局の資料により作成。

解答 ②　説明文から，ヒスパニックが最も新しい移民で，貧困層が多く経済的負担の小さい地区に居住しており，そこはかつて黒人（アフリカ系）が居住していた都心部で，居住地が拡大していることが読み取れる。本問は，ロサンゼルスの位置するカリフォルニア州がメキシコに隣接し，ラテンアメリカ出身でスペイン語を母語とするヒスパニックの人口割合が高いことが判定の根拠として重要である。

大企業の本社数と都市景観

問 次の表は，世界の主要な都市における<u>大企業*の本社数</u>，<u>国際会議の開催件数**</u>，<u>高層ビルの数***</u>を示したものであり，①～④は<u>東京</u>，<u>ニューヨーク</u>，<u>パリ</u>，<u>ロンドン</u>のいずれかである。東京に該当するものを，表中の①～④のうちから一つ選べ。[ ]

*総利益世界上位 500 位以内の企業。

**国際機関等が主催または後援した会議のうち，一定規模以上のもの。

***35 m 以上，もしくは 12 階建て以上の高層建築。

(2013 年度 本試 地理 B [14])

正解へのプロセス

東京一極集中が進み
大企業の本社が多い東京

	大企業の本社数	国際会議の開催件数	高層ビルの数
①	47	240	1,161
②	23	315	216
③	18	68	5,849 ニューヨーク
④	17	145	533

統計年次は，大企業の本社数および高層ビルの数が 2011 年，国際会議の開催件数が 2010
～2019 年の平均。
JNTO の資料などにより作成。

解答① ヨーロッパでは市街地の景観を保全するため，高層ビルの建築規制が旧市街地で行われていることが多い。そのため，表中で高層ビルの少ない②④がパリかロンドンに当てはまり，高層ビルが突出して多い③が，世界最大の先進国のアメリカ合衆国で最大都市のニューヨークである（②パリ，④ロンドン）。よって①が東京で，政治，経済などの諸機能が一極集中することから大企業の本社数が多い。

日本の大都市の地区の人口ピラミッド

問 次の文は，日本のある大都市に位置する**A〜D**のそれぞれの地区の特徴について述べたものであり，図中の①〜④は，**A〜D**のいずれかの地区の年齢階級別人口構成を男女別に示したものである。**D**地区に該当するものを，図中の①〜④のうちから一つ選べ。□

（2010 年度 本試 地理 B ［22］）

正解へのプロセス

A ウォーターフロントに近年高層マンションが多数建設された地区。
B 古くからの臨海工業地区に隣接する地区。
C 大規模な大学が立地する地区。
D 約 30 年前に開発された住宅団地からなる地区。

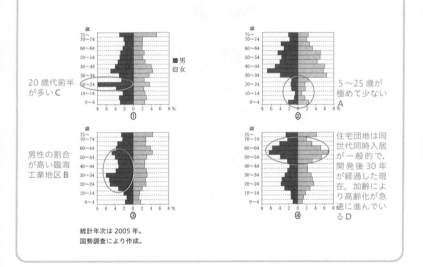

20 歳代前半が多い**C**
① 歳

5〜25 歳が極めて少ない**A**
② 歳

■男 □女

男性の割合が高い臨海工業地区**B**
③ 歳

住宅団地は同世代同時入居が一般的で，開発後 30 年が経過した現在，加齢により高齢化が急速に進んでいる**D**
④ 歳

統計年次は 2005 年。
国勢調査により作成。

解答 ④ 年齢階級別人口構成には，居住地域により特徴がみられる。20 歳代前半が多い①は，**C**の大規模な大学が立地する地区。5〜25 歳が極めて少ない②は，**A**のウォーターフロントに近年高層マンションが多数建設された地区。生産年齢人口層の男性の割合が高い③は，**B**の臨海工業地区に隣接する地区。50 代から 60 代後半の割合が高い④は，**D**の約 30 年前に開発された住宅団地からなる地区。

居住者のいない住宅

問 近年，日本の都市や農村の多くで，居住者のいない住宅が増加している。次の図は，日本のいくつかの市区町村について，居住者のいない住宅の割合とその内訳を，空き家*，賃貸用・売却用の住宅，別荘などの住宅に分けて示したものである。また，下の文 **A～C** は，図中の**ア～ウ**のいずれかの市区町村の特徴について述べた文である。**A～C** と**ア～ウ**との正しい組合せを，下の①～⑥のうちから一つ選べ。　[____]

*人が長期間住んでいない住宅や取り壊すことになっている住宅。

(2021 年度 共通テスト本試 第 1 日程 地理 B [18])

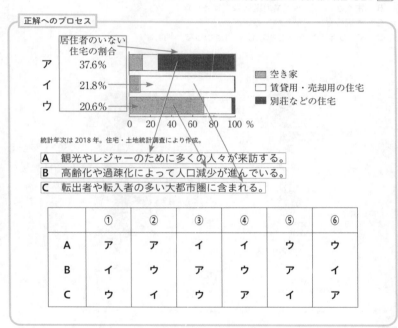

正解へのプロセス

統計年次は 2018 年。住宅・土地統計調査により作成。

A	観光やレジャーのために多くの人々が来訪する。
B	高齢化や過疎化によって人口減少が進んでいる。
C	転出者や転入者の多い大都市圏に含まれる。

	①	②	③	④	⑤	⑥
A	ア	ア	イ	イ	ウ	ウ
B	イ	ウ	ア	ウ	ア	イ
C	ウ	イ	ウ	ア	イ	ア

解答② 居住者のいない住宅が増加していることについて問われている。この設問の形式は，どこの市区町村の統計であるのかわからないが，具体的にわからなくても解答には困らない。図中の居住者のいない住宅の割合が最も高い**ア**は，別荘などの住宅の割合が極めて高いことから「観光やレジャーの…」の**A**が該当する。残る**イ**と**ウ**のうち，賃貸用・売却用の住宅の割合が極めて高い**イ**は，「…大都市圏に含まれる」の**C**，空き家の割合が極めて高い**ウ**は，「高齢化や過疎化…」とある**B**がそれぞれ該当する。

大都市圏内部の都市景観

問 次の文は，京阪神大都市圏に位置するＡ〜Ｃ市の都市景観について述べたものであり，下の表中のア〜ウは，それぞれの都市の昼間間人口比率*と老年人口割合**を示したものである。Ａ〜Ｃとア〜ウとの正しい組合せを，下の①〜⑥のうちから一つ選べ。□□□

*昼間人口÷夜間人口×100

**総人口に占める 65 歳以上人口の割合。

(2014 年度 本試 地理 B 15)

正解へのプロセス　昼夜間人口比率（指数）が 100 を超える都市は中心性が高く周辺から人口を吸引する。逆に 100 を下回る都市は住宅機能中心のベッドタウンと考えられる。

Ａ市　大都市圏の中心に位置し，都心部には高層ビルが建ち並ぶ中心業務地区がある一方，周辺には住宅や工場が密集して混在する地区もみられる。

Ｂ市　都心部への通勤・通学圏に位置し，丘陵地に開発されたニュータウンでは，都心部と結ばれた鉄道沿線に大規模な住宅団地が形成されている。

Ｃ市　大都市圏の外縁部に位置し，中心地として古くからの市街地が発達している一方，農地が広がる郊外には集落が点在している。

都心とその周辺のインナーシティで昼間間人口比率が 100 を超える / 周辺から人口を吸引

	昼夜間人口比率	老年人口割合（%）
ア	132.8	22.5
イ	103.2	29.6
ウ	98.6	19.6

老年人口割合が高い

職住分離型のニュータウンで，住宅機能を担う

統計年次は 2010 年。
国勢調査により作成。

	①	②	③	④	⑤	⑥
A	ア	ア	イ	イ	ウ	ウ
B	イ	ウ	ア	ウ	ア	イ
C	ウ	イ	ウ	ア	イ	ア

解答 ②　昼夜間人口比率は脚注にもあるように「昼間人口÷夜間人口×100」で求められ，夜間人口とは人口のことで，これを昼間人口が上回るような，周辺から人口を吸引する都市は，交通の要衝に位置する中心性をもつ都市である。よって，昼夜間人口比率の高い**ア**は**Ａ**市で，「大都市圏の中心に位置」，「中心業務地区」（CBD），「周辺には住宅や工場が密集して混在する地区もみられる」（インナーシティ，旧市街地）から判断する。一方，昼夜間人口比率が 100 を下回る**ウ**は**Ｂ**市で，「都心部への通勤・通学圏に位置」，「ニュータウン」などから判断する。残った**イ**は**Ｃ**市で，「大都市圏の外縁部に位置」，「中心地として古くからの市街地が発達」，「農地が広がる郊外には集落が点在」などから判断する。

日本の都市の人口構成や産業①

問 人口規模がほぼ同じ都市であっても，人口構成や産業などの特徴は多様である。次の表は，人口50万人程度の都市の特徴について示したものであり，ア～ウは，鹿児島市，八王子市，東大阪市のいずれかである。ア～ウと都市名との正しい組合せを，下の①～⑥のうちから一つ選べ。□□□

(2007年度 本試 地理B 17)

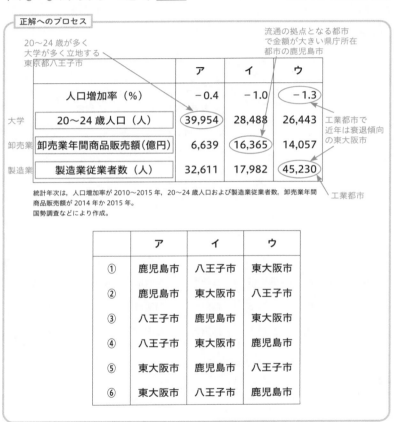

正解へのプロセス

20～24歳が多く
大学が多く立地する
東京都八王子市

流通の拠点となる都市
で金額が大きい県庁所在
都市の鹿児島市

	ア	イ	ウ
人口増加率（％）	−0.4	−1.0	−1.3
20～24歳人口（人）	39,954	28,488	26,443
卸売業年間商品販売額(億円)	6,639	16,365	14,057
製造業従業者数（人）	32,611	17,982	45,230

大学 — 20～24歳人口（人）
卸売業 — 卸売業年間商品販売額(億円)
製造業 — 製造業従業者数（人）

工業都市で
近年は衰退傾向
の東大阪市

統計年次は，人口増加率が2010～2015年，20～24歳人口および製造業従業者数，卸売業年間商品販売額が2014年か2015年。
国勢調査などにより作成。

工業都市

	ア	イ	ウ
①	鹿児島市	八王子市	東大阪市
②	鹿児島市	東大阪市	八王子市
③	八王子市	鹿児島市	東大阪市
④	八王子市	東大阪市	鹿児島市
⑤	東大阪市	鹿児島市	八王子市
⑥	東大阪市	八王子市	鹿児島市

解答 ③ 東京都の郊外に位置する八王子市には多くの大学が位置しており，20～24歳人口が多いア。卸売業は流通の拠点となる都市に集積するので，県庁所在都市の鹿児島市は卸売業年間商品販売額が多いイ。東大阪市は中小零細の町工場が集積する工業都市として有名で，製造業従業者数が多いウ。

日本の都市の人口構成や産業②

圖 人口規模がほぼ同じ都市であっても，人口構成や産業などの特徴は多様である。次の表は，人口40万～50万人のいくつかの都市について，それぞれ人口増加率，第2次産業就業者の割合，65歳以上人口の割合を示したものであり，A～Cは，愛知県豊田市，長崎市，兵庫県西宮市のいずれかである。A～Cと都市名との正しい組合せを，下の①～⑥のうちから一つ選べ。□□□

(2011年度 本試 地理B 17)

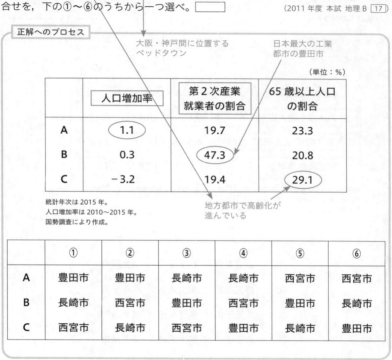

正解へのプロセス

大阪・神戸間に位置するベッドタウン

日本最大の工業都市の豊田市

（単位：%）

	人口増加率	第2次産業就業者の割合	65歳以上人口の割合
A	1.1	19.7	23.3
B	0.3	47.3	20.8
C	−3.2	19.4	29.1

統計年次は2015年。
人口増加率は2010～2015年。
国勢調査により作成。

地方都市で高齢化が進んでいる

	①	②	③	④	⑤	⑥
A	豊田市	豊田市	長崎市	長崎市	西宮市	西宮市
B	長崎市	西宮市	豊田市	西宮市	豊田市	長崎市
C	西宮市	長崎市	西宮市	豊田市	長崎市	豊田市

解答 ⑤ 豊田市は製造品出荷額が日本最大の工業都市であり，第2次産業就業者の割合が高いB。長崎市は県庁所在都市であるが，本問では地方都市の代表として人口増加率がマイナスで，65歳以上人口の割合が高いCとする。西宮市は大阪・神戸間に位置するベッドタウンであり，人口増加率の高いA。

都市の立地と機能

問 都市は，その立地や機能により異なる特徴を有する。次の表は，日本のいくつかの都市について銀行本・支店数，第2次産業就業者の割合，昼夜間人口指数*を示したものであり，**ア〜ウ**は仙台市，千葉市，浜松市のいずれかである。表中の**ア〜ウ**と都市名との正しい組合せを，下の①〜⑥のうちから一つ選べ。　　　　

*昼間人口÷夜間人口×100

(2009 年度 本試 地理 B 25)

5 村落・都市

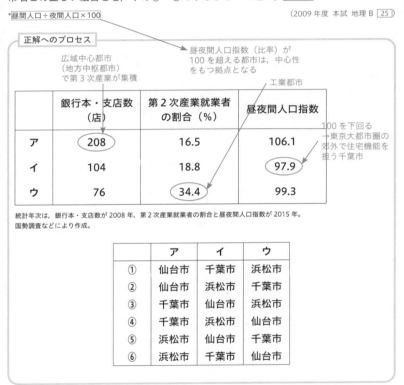

正解へのプロセス

広域中心都市（地方中枢都市）で第3次産業が集積

昼夜間人口指数（比率）が100を超える都市は，中心性をもつ拠点となる

工業都市

100を下回る→東京大都市圏の郊外で住宅機能を担う千葉市

	銀行本・支店数（店）	第2次産業就業者の割合（％）	昼夜間人口指数
ア	208	16.5	106.1
イ	104	18.8	97.9
ウ	76	34.4	99.3

統計年次は，銀行本・支店数が 2008 年，第2次産業就業者の割合と昼夜間人口指数が 2015 年。国勢調査などにより作成。

	ア	イ	ウ
①	仙台市	千葉市	浜松市
②	仙台市	浜松市	千葉市
③	千葉市	仙台市	浜松市
④	千葉市	浜松市	仙台市
⑤	浜松市	仙台市	千葉市
⑥	浜松市	千葉市	仙台市

解答 ① 　仙台市は広域中心都市（地方中枢都市）で，東北地方の中心として第3次産業が集積しているから銀行本・支店数が多い**ア**。千葉市は東京大都市圏の郊外にあって住宅機能を担う都市で，昼夜間人口指数が 100 を下回る**イ**。静岡県の浜松市は自動車などの輸送用機械器具製造業が集積する工業都市である**ウ**。

日本の都市の産業

問 マミさんは，広島市の産業の特徴を明らかにするために，中国・四国地方の主要都市として位置づけられる岡山市，高松市，松山市と広島市とを比較した。次の表は，それぞれの都市の1人当たりの卸売業年間商品販売額，1人当たりの製造品出荷額，農業産出額を示している。広島市に該当するものを，表中の①〜④のうちから一つ選べ。□□□

(2008 年度 本試 地理 A 34)

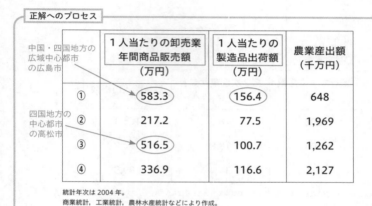

正解へのプロセス

	1人当たりの卸売業年間商品販売額（万円）	1人当たりの製造品出荷額（万円）	農業産出額（千万円）
①	583.3	156.4	648
②	217.2	77.5	1,969
③	516.5	100.7	1,262
④	336.9	116.6	2,127

中国・四国地方の広域中心都市の広島市

四国地方の中心都市の高松市

統計年次は 2004 年。
商業統計，工業統計，農林水産統計などにより作成。

解答 ① 卸売業は流通の拠点となる都市に集積し，中国・四国地方では広域中心都市の広島市が典型例で，1人当たりの卸売業年間商品販売額が多い①に当てはまる。また，広島市は自動車工業とその関連産業が集積していることから1人当たりの製造品出荷額も多い。なお，①に次いで1人当たりの卸売業年間商品販売額が多い③は四国地方の中心都市である高松市である（②松山市，④岡山市）。

日本の三大都市圏と地方との人口移動

問 人口移動から地域間の結びつきを読み取ることができる。次の図中の①～④は，東北，甲信越*，北陸**，中国の各地方の人口移動について，三大都市圏（東京圏，名古屋圏，大阪圏）およびそれ以外***への転出人口の内訳を示したものである。北陸地方に該当するものを，図中の①～④のうちから一つ選べ。□

*新潟県，山梨県，長野県。

**富山県，石川県，福井県。

***自地方内での移動を除く。

(2015 年度 本試 地理 B 18)

> **正解へのプロセス**
>
> 三大都市圏との距離で判定する
>
> 北陸地方，中国地方のうち名古屋圏の割合が最も高い①が北陸地方，大阪圏の割合が最も高い③が中国地方
>
> ④よりも名古屋圏の割合の高い甲信越地方
>
> 名古屋圏と大阪圏の割合の低い東北地方
>
> 東京圏の割合が高いから，距離の近い甲信越地方，東北地方のいずれか
>
> 凡例：
> ■ 東京圏（東京都，埼玉県，千葉県，神奈川県）
> ▨ 名古屋圏（愛知県，岐阜県，三重県）
> ▨ 大阪圏（大阪府，京都府，兵庫県，奈良県）
> □ 三大都市圏以外
>
> 統計年次は 2010 年。
> 『住民基本台帳人口移動報告』により作成。

解答① 転出人口に占める三大都市圏への人口移動に注目すると，北陸地方は東京圏の割合が低い①③に絞り込める。また，北陸地方は名古屋圏に近接することから，その割合の高い①が正答。それぞれの地域と三大都市圏との距離を考えることが求められているが，②④の判定はできなくてよい。

人口分布の時系列変化

問 大都市圏の内部では，人口分布の時系列変化に一定のパターンがみられる。次の図は，島嶼部を除く東京都における 2010 年の市区町村と 1925 年の人口密集地*を示したものである。また，下の表中のア～ウは，図中のA～Cのいずれかの市区町村における 1925～1930 年，1965～1970 年，2005～2010 年の人口増加率を示したものである。A～Cとア～ウとの正しい組合せを，次ページの①～⑥のうちから一つ選べ。□

*1925 年時点の市区町村のうち，人口密度が 4,000 人/km² 以上のもの。

(2021 年度 共通テスト本試 第 1 日程 地理 B 17)

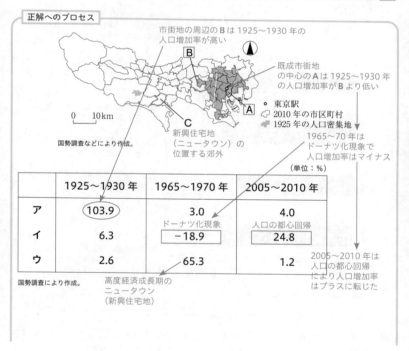

正解へのプロセス

市街地の周辺の B は 1925～1930 年の人口増加率が高い

既成市街地の中心の A は 1925～1930 年の人口増加率が B より低い

● 東京駅
2010 年の市区町村
1925 年の人口密集地

1965～70 年はドーナツ化現象で人口増加率はマイナス

新興住宅地（ニュータウン）の位置する郊外

0　10km

国勢調査などにより作成。

（単位：%）

	1925～1930 年	1965～1970 年	2005～2010 年
ア	103.9	3.0	4.0
イ	6.3	−18.9	24.8
ウ	2.6	65.3	1.2

ドーナツ化現象　　　人口の都心回帰

国勢調査により作成。

高度経済成長期のニュータウン（新興住宅地）

2005～2010 年は人口の都心回帰により人口増加率はプラスに転じた

	①	②	③	④	⑤	⑥
A	ア	ア	イ	イ	ウ	ウ
B	イ	ウ	ア	ウ	ア	イ
C	ウ	イ	ウ	ア	イ	ア

解答 ③　大都市圏の内部における人口分布の時系列変化のパターンについて問われているので，Aを最も早い時期から建物や人口が密集する市街地化が進んだ地区，Bを市街地の周辺，Cを郊外と決める。これにより，1925～1930年に増加率が極めて高いアが既成市街地の周辺部分のB，残るイとウのうち，1965～1970年に増加率が最も高いウが郊外のCで，逆に増加率がマイナスで最も低いイが最も早い時期から市街地化が進んだAで，これらの関係はドーナツ化現象が進むAとその受け皿のCである。なお，2005～2010年の増加率が最も高いイを，1990年代のバブル崩壊による地価下落を背景とした再開発と高層マンション建設による人口の都心回帰現象がみられるAと判定してもよい。

市街地の交通

圏　急速に経済発展した台湾のタイペイ（台北）では，交通網の再編成が政策上の課題になっている。次の**図1**は，タイペイのバス専用レーンの分布を設置時期別に示したものであり，**図2**は，地下鉄路線とバス路線の長さの推移について，1998年の値を100とした指数で示したものである。**図1**と**図2**に関連することがらについて述べた下の文章中の下線部**x**と**y**の正誤の組合せとして正しいものを，次ページの①～④のうちから一つ選べ。

（2021年度 共通テスト本試 第1日程 地理B 19）

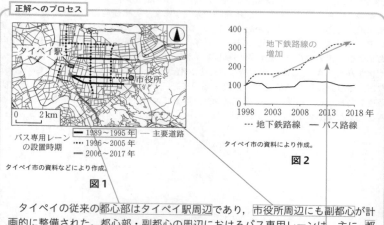

図1

バス専用レーン
の設置時期
― 1989～1995年　― 主要道路
…… 1996～2005年
― 2006～2017年

タイペイ市の資料などにより作成。

図2

地下鉄路線の
増加

…・地下鉄路線　― バス路線

タイペイ市の資料により作成。

　タイペイの従来の都心部はタイペイ駅周辺であり，市役所周辺にも副都心が計画的に整備された。都心部・副都心の周辺におけるバス専用レーンは，主に**x**都心部・副都心と郊外を結ぶ道路から順に整備されてきた。
　市民の移動にかかる環境負荷が小さい都市交通体系への再編が求められるようになり，2000年代半ば以降，**y**大量輸送の可能な地下鉄路線が拡充してきた。

郊外と結ぶ道路はほとんどない。

	①	②	③	④
x	正	正	誤	誤
y	正	誤	正	誤

解答③　タイペイ（台北）の交通網の再編成に関する図の読み取りが求められている。バス専用レーンについて，**x**は，「都心部・副都心と郊外を結ぶ道路から」順に整備されてきた，とあるが，**図1**の範囲で1989〜1995年にかけてのバス専用レーンをみると，タイペイ駅付近の都心と市役所付近の副都心とを結ぶ道路に設置されたものはあっても，既成市街地の外側に広がる郊外地域に設置されたものは存在しないので誤り。続いて，文章は「市民の移動にかかる環境負荷が小さい都市交通体系への再編が求められるようになり」とあるが，環境負荷はバスと比べて鉄道の方が小さいとされることから，2000年代半ば以降に**y**の「大量輸送の可能な地下鉄路線が拡充してきた」のは**図2**から正しいと判断できる。

インド系住民の移住先

問 次の図は，インド系住民*の人口上位 20 か国とその国籍別の割合を示したものである。図とそれに関連することがらについて述べた文として最も適当なものを，下の①～④のうちから一つ選べ。 ☐

*インド国籍を有する者と，インド出身者またはその子孫で移住先の国籍を有する者との合計。

（2021 年度 共通テスト本試 第 1 日程 地理 B 16 ）

正解へのプロセス

イギリスと
旧イギリス植民地に多い

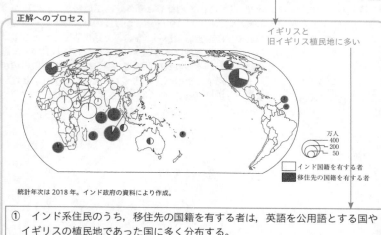

統計年次は 2018 年。インド政府の資料により作成。

	万人
	400
	200
	50

☐ インド国籍を有する者
■ 移住先の国籍を有する者

① **インド系住民のうち，移住先の国籍を有する者は，英語を公用語とする国やイギリスの植民地であった国に多く分布する。**

② 東南アジアやラテンアメリカには，第二次世界大戦以前に，観光業に従事するために移住したインド出身者の子孫が多く居住している。

③ 1970 年代のオイルショック以降に増加した西アジアのインド系住民の多くは，油田開発に従事する技術者である。

④ 1990 年代以降，インド国内の情報通信技術産業の衰退に伴い，技術者のアメリカ合衆国への移住が増加している。

解答① ①正しい。インド系住民のうち移住先の国籍を有する者が多い国は，図からも読み取れるように，かつてイギリスに支配された，南アフリカ共和国，スリランカ，ミャンマー，マレーシア，カナダ，ガイアナなどである。②誤り。ヨーロッパ列強の19世紀前半以降の黒人奴隷を禁止する政策を受けて，世界的にインド出身者などアジア出身者が増加したのであり，東南アジアやラテンアメリカのイギリス植民地ではプランテーション労働に従事するものがほとんどで，観光業に従事するために移住した人々の子孫が現在多く居住しているわけではない。③誤り。アラブ首長国連邦やサウジアラビアなどの西アジアのペルシャ湾岸にある君主国では，石油価格高騰による好景気を受けて，国内のインフラ整備や，リゾート開発などを現在まで進めている。この際，不足した労働力を周辺諸国からの流入でまかなっており，建設現場などの単純労働が多く油田開発に従事する技術者は多くない。④誤り。1990年代以降現在まで，インド国内の情報通信産業の衰退はみられない。インドでは，アメリカ合衆国との約半日の時差を活かして南部のバンガロールだけでなく，ムンバイ，デリーなどの大都市で情報通信産業の集積が進んでいる。

6章 **生活文化**

アメリカ合衆国の人種・民族の社会経済的地位

問　次の表は，アメリカ合衆国のいくつかの人種・民族について，その社会経済的地位に関する現状を示したものであり，①〜④は，アジア系，アフリカ系，ヨーロッパ系，ヒスパニックのいずれかである。ヨーロッパ系に該当するものを，表中の①〜④のうちから一つ選べ。□□□□

（2012年度 本試 地理B [21]）

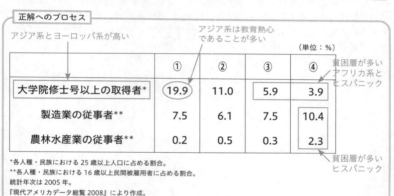

正解へのプロセス

アジア系とヨーロッパ系が高い

アジア系は教育熱心であることが多い

（単位：%）

貧困層が多いアフリカ系とヒスパニック

	①	②	③	④
大学院修士号以上の取得者*	19.9	11.0	5.9	3.9
製造業の従事者**	7.5	6.1	7.5	10.4
農林水産業の従事者**	0.2	0.5	0.3	2.3

貧困層が多いヒスパニック

*各人種・民族における25歳以上人口に占める割合。
**各人種・民族における16歳以上民間被雇用者に占める割合。
統計年次は2005年。
『現代アメリカデータ総覧2008』により作成。

解答 ②　大学院修士号以上の取得者は，貧困層が多いアフリカ系，ヒスパニックはその割合が低い。一方，アジア系は教育熱心であることが多く，修士号の取得者割合が高い①。よって，ヨーロッパ系は②（③アフリカ系，④ヒスパニック）。

初等教育と識字率

問 次の表は，いくつかの国について，初等教育における総就学率*，初等教育における教員1人当たり児童数，15歳以上の識字率を示したものであり，①～④は，アルゼンチン，インド，サウジアラビア，ニジェールのいずれかである。インドに該当するものを，表中の①～④のうちから一つ選べ。☐

*初等教育における総就学率は，年齢にかかわらず実際の就学者数を，当該就学年齢層の人口で割ったもの。したがって，100%を超える場合もある。

（2013年度 追試 地理A 24）

正解へのプロセス

発展途上国で多い

	初等教育における 総就学率（%）	初等教育における 教員1人当たり児童数(人)	15歳以上の 識字率（%）
①	116	16	98
②	113	40	63
③	98	11	86
④	58	39	29

統計年次は，初等教育における総就学率が2007～2008年のいずれか。初等教育における教員1人当たり児童数が2009年。ただし，インドのみ2004年。15歳以上の識字率が2005～2009年のいずれか。*World Development Indicators* などにより作成。

アフリカの最貧国のニジェール

解答 ② 人口や発展途上国の中での経済発展の程度などを考慮して正答を得よう。初等教育における総就学率，15歳以上の識字率ともに低い④をサハラ以南のアフリカのニジェールとする。残る①②③のうち，発展途上国のインドは，ニジェールと同様に初等教育における教員1人当たり児童数が多い②とするが，①アルゼンチン，③サウジアラビアの判定はできなくてもよい。

カナダの州別の母語別人口割合

問 次の図1中の**ア～ウ**は，下の図2中の**A～C**のいずれかの<u>州あるいは準州</u>における<u>母語*</u>別人口の割合を示したものである。**ア～ウ**と**A～C**との正しい組合せを，次ページの①～⑥から一つ選べ。 [　　　]

*幼児期に親などから初めて習得する言語。

(2009 年度 本試 地理 B 31)

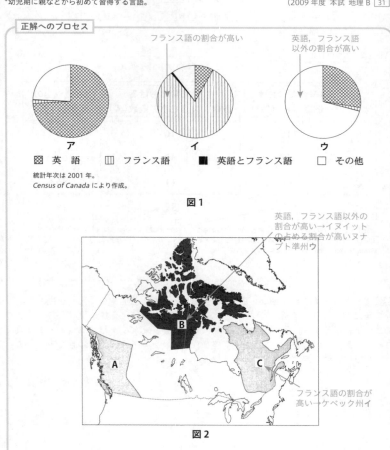

正解へのプロセス

フランス語の割合が高い

英語，フランス語以外の割合が高い

⊠ 英語　　Ⅲ フランス語　　■ 英語とフランス語　　□ その他

統計年次は 2001 年。
Census of Canada により作成。

図1

英語，フランス語以外の割合が高い→イヌイットの占める割合が高いヌナブト準州**ウ**

B

A

C

フランス語の割合が高い→ケベック州**イ**

図2

	ア	イ	ウ
①	A	B	C
②	A	C	B
③	B	A	C
④	B	C	A
⑤	C	A	B
⑥	C	B	A

解答②　図中Cのケベック州はフランス語を母語とする人口が多く，住民に占める割合が高いからイが当てはまる。また，北極海沿岸には先住民のイヌイットが多く居住しており，Bのヌナブト準州では住民による自治が行われている。よって，英語とフランス語の割合が低いウが当てはまる。Aのブリティッシュコロンビア州は英語を母語とする住民が多数を占めるが，中国などのアジア系の住民が多く，その他の割合も高いア。

衛生的なトイレの利用

問 次の図中の①～④は，オセアニア，サハラ以南のアフリカ，南アジア，ラテンアメリカのいずれかについて，1990年と2012年の都市部における衛生的なトイレを使える人の割合と農村部における衛生的なトイレを使える人の割合とを示したものである。南アジアに該当するものを，図中の①～④のうちから一つ選べ。□□□

(2016年度 本試 地理A 24)

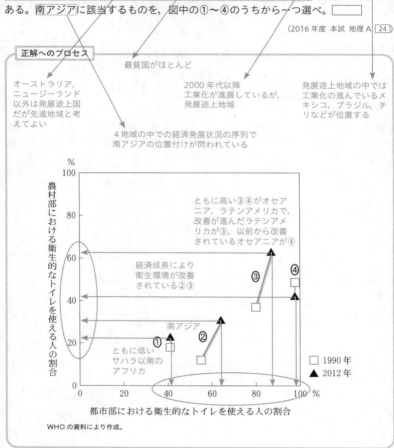

WHO の資料により作成。

解答 ②　これら4地域の中で，最も経済発展が進んでいるのは，先進国のオーストラリア，ニュージーランドが含まれるオセアニアで，次いでラテンアメリカ，南アジアが続き，最も遅れているのはサハラ以南のアフリカである。したがって，値がともに低い①がサハラ以南のアフリカ，③④がオセアニア，ラテンアメリカのいずれかで，③が改善が進んでいるのでラテンアメリカ，④が1990年からの変化が小さい（以前から改善されている）先進地域のオセアニアである。よって，残った②が南アジアであり，ラテンアメリカとともに工業化が著しく，衛生的なトイレを使える人の割合が農村部，都市部ともに増加している。

共通テスト問題に
チャレンジ

気候因子

問 各地の雨温図の特徴に影響を与える<u>気候因子</u>を確認するために，コハルさんの班は，仮想的な大陸と等高線および地点**ア～カ**が描かれた次の資料を先生から渡された。これらの地点から2地点を選択して雨温図を比較するとき，<u>海からの距離による影響の違いが強く現れ，それ以外の気候因子の影響ができるだけ現れない組合せ</u>として最も適当なものを，下の①～④のうちから一つ選べ。 ☐

(2021 年度 共通テスト本試 第1日程 地理B ☐)

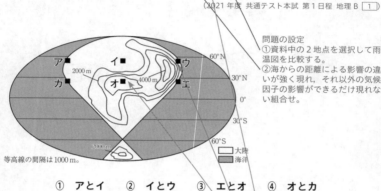

2000 m　4000 m

60°N
30°N
0°
30°S
60°S
4000 m

等高線の間隔は1000 m。

☐ 大陸
■ 海洋

① **ア**と**イ**　　② **イ**と**ウ**　　③ **エ**と**オ**　　④ **オ**と**カ**

問題の設定
①資料中の2地点を選択して雨温図を比較する。
②海からの距離による影響の違いが強く現れ，それ以外の気候因子の影響ができるだけ現れない組合せ。

正答へのプロセス
①気候因子とは，緯度，標高，地形，海流などの，気温，降水量などの気候要素に影響を与える要因。
②**オ**は標高の影響を受ける。
③高緯度で大陸東岸の**ウ**は，**ア**に比べ，冬季に大陸から吹く季節風の影響を強く受け，緯度の割に低温となる。

解答 ① 　資料の図には，中央部分が現実の海洋と陸地の比率に基づいてつくられた仮想の大陸に等高線が描かれている。また，設問文にある「気候因子」とは「緯度」，「標高」，「地形」，「海流」などのことであり，雨温図に示される「気候要素」の「気温」，「降水量」などの分布に影響を与える。資料の6つの地点は**ア～ウ**と**エ～カ**の「緯度」が，前者は60°N付近，後者は30°N付近で揃えてあり，これらの地点は，それぞれ大陸西岸・内陸・大陸東岸に位置している。設問は，資料中の**ア～カ**の「2地点を選択して雨温図を比較するとき，海からの距離による影響の違いが強く現れ，それ以外の気候因子の影響ができるだけ現れない組合せ」を選択させるものである。選択肢のうち，「標高」の影響を受ける3,000m以上に位置する**オ**との組合せの③と④は正答から除外できるので，残る①と②のいずれかが正答である。**ア～ウ**の地点が位置するのは60°N付近であるので，「雨温図を比較するとき，海からの距離による影響の違いが強く現れ，それ以外の気候因子の影響ができるだけ現れない組合せ」は，海洋からの偏西風の影響を受ける中高緯度の大陸西岸の**ア**と内陸の**イ**において，海洋に近い**ア**が冬季温暖であるのに対して海から離れた**イ**が冬季寒冷となるが，大陸東岸に位置する**ウ**は，冬季にシベリア高気圧などの大陸上に発達した高気圧から吹く季節風の影響を受けて寒冷となる。すなわち**ウ**は，海岸に位置するが海からの影響は受けにくく大陸内部と類似した気候となると判断して，**ア**と**イ**の組合せの①を選ぶ。

太陽の南北回帰と気圧帯の移動

問　コハルさんの班は，ある地点 **D** と **E** の二つの雨温図が描かれた次の資料を先生から渡されて，雨温図に示された気候の特徴とその原因となる大気大循環について話し合った。下の会話文中の空欄 **サ** と **シ** に当てはまる語の正しい組合せを，下の①～④のうちから一つ選べ。□□□

(2021 年度 共通テスト本試 第 1 日程 地理 B ［2］)

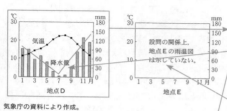

気象庁の資料により作成。

正答へのプロセス
→①Dは北半球の緯度 30°～45° 付近の大陸西岸に分布する地中海性気候（Cs）。
→②太陽の回帰により Cs は冬季に亜寒帯低圧帯（高緯度低圧帯）の影響を受けて降雨。
→③真南に約 800 km とは，緯度 1° が約 111 km であるから，E は約 7° 南側に位置する。
→④イズミ「最暖月や最多雨月は，それぞれ両地点で現れる時期がほぼ同じだね」

コハル 「地図帳で調べてみると，地点 **D** と **E** はどちらも沿岸にあり，地点 **E** は地点 **D** からほぼ真南に約 800 km 離れているようだね」

イズミ 「最暖月や最多雨月は，それぞれ両地点で現れる時期がほぼ同じだね」

ミツハ 「地点 **D** と **E** が位置する緯度帯では，降水量が多い時期の雨は，主に（　**サ**　）という気圧帯の影響を強く受けていることを授業で習ったよ」

コ ウ 「月降水量 30 mm 以上の月が続く期間に注目すると，地点 **E** の方が地点 **D** よりも（　**シ**　）のは，この気圧帯の移動を反映していると考えられるね」

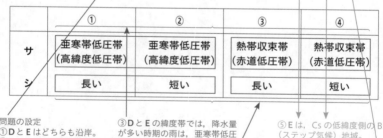

	①	②	③	④
サ	亜寒帯低圧帯（高緯度低圧帯）	亜寒帯低圧帯（高緯度低圧帯）	熱帯収束帯（赤道低圧帯）	熱帯収束帯（赤道低圧帯）
シ	長い	短い	長い	短い

問題の設定
①DとEはどちらも沿岸。
②EはDからほぼ真南に約 800 km 離れている。

③DとEの緯度帯では，降水量が多い時期の雨は，亜寒帯低圧帯と，熱帯収束帯の，どちらの影響を受けるか？
④Dに比べEの雨季の長短は？

⑤Eは，Csの低緯度側のBS（ステップ気候）地域。

⑥亜寒帯低圧帯の影響を受ける期間は，高緯度側のDよりも低緯度側のEの方が短い。

解答 ② 　地球の自転軸が公転軸に対して 23.4° 傾いて公転していることにより，太陽の南中高度が 90° となり太陽からの熱を最も受けて上昇気流が卓越する熱帯収束帯（赤道低圧帯）が南北に移動する。これにより，夏至（6 月 20 日頃）には北回帰線（23.4° N）で南中高度は 90° となり，熱帯収束帯は赤道付近から北回帰線付近までを覆い降雨をもたらし，その高緯度側にある亜熱帯高圧帯（中緯度高圧帯）の影響を受ける 30° N～45° N 付近では少雨となる。一方，冬至（12 月 20 日頃）には南回帰線（23.4° S）で南中高度が 90° となり，南下した熱帯収束帯は赤道付近から南回帰線付近までを覆い降雨をもたらし，北半球側では亜寒帯低圧帯（高緯度低圧帯）に覆われる 60° N 付近～30° N 付近にかけての地域で降雨がみられる。

　資料中の地点 **D** は，雨温図から最寒月の平均気温が 18℃未満で−3℃以上，高日季（夏季）に降水量が少ないことが読み取れ，会話文中にあるように「沿岸」に位置することから，北半球の 30°～45° 付近の大陸西岸に分布する地中海性気候であることが推測される。

　地点 **E** は，会話文中にあるように「沿岸」に位置し，「地点 **D** からほぼ真南に約 800 km 離れている」，「最暖月や最多雨月は，それぞれ両地点で現れる時期がほぼ同じ」であることから，地点 **E** と同じ北半球で，より北回帰線に近い地域であると推測できる。地球を真球とした場合に，全周が 4 万 km であることから，緯度 1° の距離が約 111.1 km であるため，大陸西岸の緯度 30° N～45° N 付近に位置する地点 **D** よりも約 7° 南側の地点 **E** は北回帰線付近～40° N 付近に位置するのである。

　この付近は，上述したような太陽の回帰による熱帯収束帯，亜熱帯高圧帯，亜寒帯低圧帯などの気圧帯の南北移動により，冬季に亜寒帯低圧帯の影響を受けて多雨となる時期がみられ，地点 **E** は地点 **D** よりも低緯度側の北回帰線付近までの範囲に位置していることから，夏季に亜熱帯高圧帯の影響を受ける期間が長くなり，冬季の亜寒帯低圧帯の影響を受ける期間が短くなるとする②が正答である。

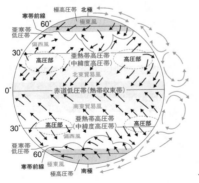

◀大気の大循環

「災害に対する弱さ」と「災害のきっかけ」

問 コハルさんたちはまとめとして、気候変動などに関連した世界各地の自然災害の原因について、各班で調べてカードに書き出した。次の**a～d**は、タカシさんの班とコハルさんの班のカードであり、下の会話文は、その内容について意見交換したときのものである。会話文中の空欄**タ**には**a**と**b**のいずれか、空欄**チ**には**c**と**d**のいずれか、空欄**ツ**には下の文**G**と**H**のいずれかが当てはまる。空欄**タ**と**チ**のそれぞれに当てはまるカードと、空欄**ツ**に当てはまる文との組合せとして最も適当なものを、下の①～⑧のうちから一つ選べ。　□

(2021 年度　共通テスト本試　第 1 日程　地理 B ③)

問題の設定
タカシ「自然災害には複数の原因があり、"災害のきっかけ"と"災害に対する弱さ"に分けられそうだよ」

正答へのプロセス
①コハル「…"災害に対する弱さ"に対応…」から、社会の脆弱性である人為的要因に注目する。

カード

【タカシさんの班が調べた災害】 タイで雨季に起こった大洪水

> **a**
> 河川上流域での森林減少による水源涵養（かんよう）機能の喪失

> **b**
> 低緯度地域で発生した熱帯低気圧（そうしつ）の襲来

【コハルさんの班が調べた災害】 東アフリカで飢餓（きが）をもたらした大干ばつ

> **c**
> 貯水・給水施設の不足や内戦に伴う農地の荒廃

> **d**
> ラニーニャ現象を一因とした大気の循環の変化

タカシ 「自然災害には複数の原因があり、"災害のきっかけ"と"災害に対する弱さ"に分けられそうだよ」

人為的要因　　　　　　　　　　　　　　　　　　　　　　　　　自然的要因

コハル 「なるほど。そうすると、"災害に対する弱さ"に対応するのは、タイの洪水についてはカード（　**タ**　）、東アフリカの大干ばつについてはカード（　**チ**　）だね」

タカシ 「被害を軽減するためには、"災害に対する弱さ"への対策を講じるとともに、"災害のきっかけ"が起こる状況を事前に知っておく必要がありそうだね」

コハル 「タイの洪水については、例えば、タイの雨季に降水量が多かった事例と（　**ツ**　）事例とで周辺の気圧配置や気流などを比較すると、タイでの"災害のきっかけ"を考えるヒントが得られそうだよ」

（　ツ　）に当てはまる文

G 雨季に降水量が少なかった
H 乾季に降水量が多かった

②タカシ「…"災害のきっかけ"が起こる状況を事前に知っておく必要が…」とあるので、同じ時季である「雨季に降水量が少なかった」事例と比較する。

	①	②	③	④	⑤	⑥	⑦	⑧
タ	a	a	a	a	b	b	b	b
チ	c	c	d	d	c	c	d	d
ツ	G	H	G	H	G	H	G	H

解答 ① 　会話文中には「自然災害には複数の原因があり，"災害のきっかけ"と"災害に対する弱さ"に分けられそうだよ」とあり，正答の組合せは，まず"災害に対する弱さ"について，タイで雨季に起こった大洪水と東アフリカで飢餓をもたらした大干ばつに対応するカードの選択が求められている。**【タカシさんの班が調べた災害】**からは，人為的な要因の **a**「河川上流域での森林減少による水源涵養機能の喪失」が当てはまる（**タ**）。同様に，**【コハルさんの班が調べた災害】**についても人為的な要因の **c**「貯水・給水施設の不足や内戦に伴う農地の荒廃」が当てはまる（**チ**）。会話文中の空欄**ツ**には，タイで雨季に起こった大洪水について，タカシさんの発言にある「被害を軽減するためには…，"災害のきっかけ"が起こる状況を事前に知っておく必要がありそうだね」の部分に注目する。ところで，"災害のきっかけ"とは何だろう。ここではそれは，雨季の"洪水のきっかけ"であるから，**H**「乾季に降水量が多かった」事例と比較しても"きっかけ"は明らかにならない。したがって，同じ雨季で降水量が少なかった事例と比較することにより"災害のきっかけ"が起こる状況を事前に知ることができると考えられるので，**ツ**には **G** が当てはまる。

小麦栽培と土地利用

問　次の表は，小麦の主要輸出国について，小麦の生産量，小麦の1ha当たり収量，国土面積に占める耕地の割合を示したものであり，**A〜C**は，アメリカ合衆国，フランス，ロシアのいずれかである。また，下の文**ア〜ウ**は，表中の**A〜C**のいずれかにおける小麦生産の特徴と背景について述べたものである。**A〜C**と**ア〜ウ**との組合せとして最も適当なものを，下の①〜⑥のうちから一つ選べ。□

問題の設定　　　　　　　　　　　　　　　　　　（2021年度 共通テスト本試 第1日程 地理B ⑧ ）
①表中の**A〜C**は，アメリカ合衆国，フランス，ロシア。
②小麦生産の特徴と背景についての文**ア〜ウ**の国は，表中の**A〜C**。

②A，Bは耕地の割合に注目し，森林率が高く，非農業地域が広いロシアがB。

	小麦の生産量（百万トン）		小麦の1ha当たり収量（トン）	国土面積に占める耕地の割合(%)
	1997年	2017年		
A	67.5	47.4	3.1	17.5
B	44.3	86.0	3.1	7.5
C	33.8	38.7	7.3	35.5

正答へのプロセス
①両年次とも小麦の生産量が最も少ないCは土地生産性の高いフランス。

ここでは組合せが困難

統計年次は2017年。FAOSTATにより作成。

ア	生産活動の自由化が進められ，大規模な農業企業が増加した。
イ	農村振興のために，補助金を支払う政策が推進された。
ウ	バイオ燃料や植物油の原料となる他の穀物との競合が生じた。

	①	②	③	④	⑤	⑥
A	ア	ア	イ	イ	ウ	ウ
B	イ	ウ	ア	ウ	ア	イ
C	ウ	イ	ウ	ア	イ	ア

A・B・Cの国名判定 ｝ それぞれ必要
ア・イ・ウの国名判定 ｝
従来この形式はほとんどみられなかった。

③「生産活動の自由化」から**ア**は旧ソ連のロシアで**B**，「バイオ燃料や…他の穀物との競合」から**ウ**はアメリカ合衆国で**A**，「農村振興…補助金を支払う政策」から**イ**はEUのフランスで**C**。

解答⑤　表中で最も小麦の生産量が少なく，1 ha 当たり収量が多い**C**がフランスで，生産量が多い**A**と**B**は国土面積が広く，人口の多いアメリカ合衆国とロシアのどちらかである。アメリカ合衆国とロシアは広大な国土を背景として，大型農業機械を導入するなどの企業的穀物農業のもとで粗放的な小麦栽培が行われ，小麦の1 ha 当たりの収量はともに 3.1 トンでフランスの 7.3 トンに比べると少ない。また，ロシアとアメリカ合衆国はともに寒冷であったり，乾燥していたりする栽培限界付近でも小麦栽培が行われるため，年による生産量の変化が大きい。したがって，生産量と単位面積当たりの収量では両国の判定はできない。そこで，国土面積に占める耕地の割合に注目する。この指標は，寒冷な高緯度地域に国土が広がり非農業地域や，森林面積が広いロシアのような国では割合が低い。よって，アメリカ合衆国の方が，高緯度側に国土が広がるロシアよりも国土面積に占める耕地の割合が高いと判断して，**A**をアメリカ合衆国，**B**をロシアと決める。次いで，**ア〜ウ**の文のうち**ア**には「生産活動の自由化が進められ」とあるので，1991 年に社会主義国のソ連が崩壊して資本主義へ転換したロシアに関する文と決める。残る**イ**と**ウ**のうち，**イ**には「農村振興のために，補助金を支払う政策が推進」とあり，**ウ**には「バイオ燃料や植物油の原料となる他の穀物との競合」とあり，これらはアメリカ合衆国，フランスともに当てはまりそうだが，ここはより可能性が高いものを選ぶことが重要であるので，**イ**の文からは EU の共通農業政策を想起してフランス，**ウ**の文からはトウモロコシを原料とするバイオエタノールやコーン油を想起してアメリカ合衆国と決める。

工業立地

問 工場は，原料や製品の輸送費が小さくなる地点に理論上は立地するとされている。次の図は，原料産地から工場までの原料の輸送費と，市場で販売する製品の輸送費を示した仮想の地域であり，下の条件を満たす。また，図中の①〜④の地点は，工場の建設候補地を示したものである。総輸送費が最小となる地点を，図中の①〜④のうちから一つ選べ。[　　]

(2021 年度 共通テスト本試 第 1 日程 地理 B　10)

原料の輸送費の等値線
（1 万円間隔）

製品の輸送費の等値線
（1 万円間隔）

正答へのプロセス
①「輸送費は距離に比例して増加し，距離当たり輸送費について，原料は製品の 2 倍の費用」より，生産工程で重さが著しく減る重量減損原料。
②「原料産地から工場まで原料を輸送」「工場で生産した製品を市場まで輸送」「市場や原料産地にも工場を建設できる」より，産地が限定される局地原料。
③原料産地に工場を建設すると総輸送費が最小となる。

条 件

・使用する原料は 1 種類であり，原料産地から工場まで原料を輸送し，工場で生産した製品を市場まで輸送する。
・総輸送費は，製品 1 単位当たりの原料の輸送費と製品の輸送費の合計である。
・輸送費は距離に比例して増加し，距離当たり輸送費について，原料は製品の 2 倍の費用がかかる。
・市場や原料産地にも工場を建設できる。

問題の設定
(1) 輸送費に関する「条件」は，「総輸送費は，製品 1 単位当たりの原料の輸送費と製品の輸送費の合計」「輸送費は距離に比例して増加し，距離当たり輸送費について，原料は製品の 2 倍の費用」。
(2) 他の「条件」は，「使用する原料は1 種類」「原料産地から工場まで原料を輸送」「工場で生産した製品を市場まで輸送」「市場や原料産地にも工場を建設できる」。

解答④ 「条件」の輸送費に関する内容は、「総輸送費は、製品1単位当たりの原料の輸送費と製品の輸送費の合計」、「輸送費は距離に比例して増加」するとして、「距離当たり輸送費について、原料は製品の2倍の費用」とあるので、この製品の原料は生産工程で重さが著しく減少する重量減損原料であることがわかる。したがって、その他の条件にある「使用する原料は1種類」、「原料産地から工場まで原料を輸送」、「工場で生産した製品を市場まで輸送」、「市場や原料産地にも工場を建設できる」などを考慮すると、産地が限定され輸送費が高い原料は輸送せず、原料産地の④に工場を建設すると総輸送費は最小となる。なお、正答の④は、原料輸送費0円＋製品輸送費2万円＝総輸送費2万円で最小である。①は、原料輸送費4万円＋製品輸送費0円＝総輸送費4万円。②は、原料輸送費2万円＋製品輸送費1万円＝総輸送費3万円。③は、原料輸送費3万円＋製品輸送費2万円＝総輸送費5万円。

酪製品の工場立地

圖 工業の立地には原料や製品の輸送費が影響し，主な原料が同じであっても製品の性質によって工場の立地パターンが異なる場合がある。次の文**サ**〜**ス**は，飲用牛乳，バター，アイスクリーム*のいずれかの輸送費について述べたものであり，下の表中の**J**〜**L**は，東日本に立地する工場数をそれぞれ地域別に示したものである。**サ**〜**ス**と**J**〜**L**との正しい組合せを，下の①〜⑥のうちから一つ選べ。[　　]

*乳脂肪分 8 % 以上のもので，原料は生乳のほかクリーム，バター，脱脂粉乳など。

(2021 年度 共通テスト本試 第 1 日程 地理 B [11])

問題の設定
(1) 飲用牛乳，バター，アイスクリームは製品の性質により立地のパターンが異なり，局地原料を使用するが，北海道・東北・関東での工場数には相違点がある。

(2) アイスクリームは脚注にあるように生乳以外の原料を使用するので生産工程で重量が増加する。

それぞれ
判定する
必要がある

サ	製品に比べて原料の輸送費が多くかかる。	→ バター
シ	原料と製品の輸送費はほとんど変化しない。	→ 飲用牛乳
ス	原料に比べて製品の輸送費が多くかかる。	→ アイスクリーム

	J	K	L
北海道	51	29	4
東　北	50	6	17
関　東	60	11	26

北海道に多い（K）
どこでも立地（J）
大市場に多い（L）

それぞれ
判定する
必要がある

年間生産量 5 万リットル未満のアイスクリーム工場は含まない。
統計年次は 2018 年。『牛乳乳製品統計調査』により作成。

	①	②	③	④	⑤	⑥
サ	J	J	K	K	L	L
シ	K	L	J	L	J	K
ス	L	K	L	J	K	J

正答へのプロセス
①飲用牛乳は純粋原料を使用するため**シ**で，どこでも工場が立地する **J**。
②バターは重量減損原料を使用するため**サ**で，北海道に工場が多い **K**。
③アイスクリームは生産工程で重量が増加するため**ス**で，大市場に立地する **L**。

解答 ③　飲用牛乳，バター，アイスクリームはいずれも主な原料は生乳であり，この生産が行われる酪農は北海道で盛んであるが，大都市圏でも行われることから，産地が限定される局地原料ではあるものの生産が北海道に限定されるわけではない。飲用牛乳においては，工場で生乳を殺菌してパック詰めすることから，生産工程で重量がほとんど変化しない純粋原料となる。バターにおいては，工場で生乳から水分を取り除くことから，生産工程で重さが著しく減少する重量減損原料となる。アイスクリームにおいては，本問の脚注にもあるように「乳脂肪分 8 ％以上のもので，原料は生乳のほかクリーム，バター，脱脂粉乳など」とあることから，工場での生産工程で重量，容積が増加する。したがって，飲用牛乳は「原料と製品の輸送費はほとんど変化しない」とある**シ**，バターは「製品に比べて原料の輸送費が多くかかる」とある**サ**，アイスクリームは「原料に比べて製品の輸送費が多くかかる」とある**ス**であり，アイスクリームは製品の冷凍輸送が必要であることから，原料に比べて製品の輸送費が多くかかる。次いで表をみよう。**J**は北海道，東北，関東のいずれでも工場数が多い。よって，**J**には純粋原料を使用する**シ**（飲用牛乳）が当てはまる。残る**K**と**L**を比較すると，**K**は北海道に多く東北と関東では少ない一方，**L**は北海道に少なく東北，関東では多い。よって，**K**は重量減損原料を使用する**サ**（バター）であり，**L**は生産工程で重量，容積が増加する**ス**（アイスクリーム）である。

索引

▶本文の解答の語句を中心に，地理の覚えておくべき用語を中心に 50 音順に並べ，基本 基，標準 標 のどこに掲載してあるかを示しています。

▶外国語の表記から始まる語句は，慣用読みに従って並べています。

▶外国語の略語は，慣用読みとアルファベットの両方から引けます。

▶外国語の略語は，わ行の次にアルファベット順に並べています。

ち